Liberal

リベラル世界経済論

尾﨑 正延
【著】

学文社

は じ め に

　本書の世界経済論は金本位制度から始める。なぜなら日本もその制度下で大いに翻弄された歴史があり，それについての言及は不可避的と思えるからである。金本位制度に続く第二次大戦後のブレトン・ウッズ体制についてはさまざまな評価があるが，IMF・世界銀行の役割に変質はあったものの，各国の戦前の近隣窮乏化政策による外国貿易の縮小均衡を避けて，貿易の拡大を志向しつつ戦後の世界経済を曲がりなりにも支えてきた役割は否定しがたい。ただし，IMF の政策が，常にアメリカの国益に沿って実施されてきたこともこれまた厳然たる事実である。アメリカは戦前の金本位制度に代わる国際金融のシステムとして第二次大戦後，「金・ドル本位制」を構築した。このシステムは，アメリカが金・ドル兌換を保証する代わりに，アメリカの金の保有高に応じてドルが発行されるものであった。従って，アメリカに十分な金がなければ，アメリカは自由にドルを発行できないシステムでもあった。

　戦前の日本の愚かなファシズムへの道の果てに辿り着いた第二次大戦により，日本はアジア諸国に多大な損害を与え，大きな犠牲を強いたが，各国は大戦により独立を果たした。仏印，つまりベトナムも独立を目指したが，フランスがベトナムから撤退した後，ベトナムの共産主義化を恐れたアメリカは，ベトナム戦争を引き起こした。当時，金保有の漸減に直面していたアメリカは，戦争継続のための戦費調達に窮し，1971年，遂にニクソン大統領は「金・ドル兌換停止声明」を発した。これによりアメリカは，戦争継続のため金の裏打ちのないドルを好きなだけ発行できる体制を作り上げた。ニクソンショックとは米ドルが不換紙幣の時代に入ったことを意味した。

　ニクソンショックにより不換紙幣となったドルの価値は，時の経過とともに漸減することが不可避的となった。アメリカはドルを希少価値のある石油と結びつけることでドルの価値を保持させようと，「金・ドル本位制」に代わって「ドル・石油・リンク制」を確立した。これはアメリカと OPEC の公然たる秘密合意であり，このことにより OPEC からの石油購入代金の決済は実質的に

i

ドル建てとなり，各国はドル以外の通貨での石油の購入が不可能となった。その見返りとして，OPEC諸国は石油価格を引き上げることができた。この制度から派生した「オイルショック」によって，オイルダラーは一旦OPEC諸国に集積したが，しかしその後，アメリカの意図的高金利政策およびレーガノミクスによる「高金利政策」によってドルは再びアメリカに還流した。主要な米銀は，その資金を主に中南米諸国へ貸し付けたのである。先進国はオイルショックによる石油価格高騰のあおりを受けて経済不況に陥ったが，その後，石油に代わる代替エネルギーの開発により，石油の余剰から石油価格が暴落する。これに続き貴金属や原材料の一次産品価格が暴落して「逆オイルショック」が発生した。一次産品の輸出によって借入資金の返済を目論んでいた中南米諸国は，債務返済不能となり，累積債務問題が起こった。この間，アメリカはアラブ産油国向け石油代金をドルでは支払わず，アメリカ国債の「財務省証券」で支払った。「財務省証券本位制度」と言われる所以である。

　レーガノミクスはアメリカの経常収支赤字と財政赤字の双子の赤字をもたらし，ドル暴落につながった。1985年の「プラザ合意」は，本来ならドルの切り下げ，他国通貨の切り上げという表現が現状に相応したが，アメリカは自国のメンツを保つためドルの切り下げを行わず，各国通貨が切り上げられた。1ドル＝240円と取り決められたが，実は「プラザ合意」の背景には，1ドル≒200円の日米の密約があった。アメリカの意を受けた日本政府は，日銀に対して戦後最低の2.5％への公定歩合の引き下げを要請し，その後，日本はバブル経済に向かうことになる。アメリカは1987年を契機に「世界最大の債務国」に転落した。その後，為替レートは1ドル≒70円にまで暴落し，アメリカの相対的弱体化が顕在化した。ドルによる世界支配の凋落傾向は，EUにおけるユーロの誕生に拍車をかけることとなった。イギリスがEUを離脱することが決まり，EUは27カ国となるが，2020年にはセルビアがEUに加盟する見込みである。

　当初，ユーロが構想されていた時点では，1ユーロ＝2マルクで，1ユーロ＝164円であった。ユーロ参加国は1ユーロ＝1ドルを想定したので，導入時のユーロは過大評価であった。当時，世界の金融界のほとんどの専門家達は，

はじめに

ドル・ユーロの将来の為替レートを，1ドル＞1ユーロと想定していたので，その予想は完全に外れた。ユーロ誕生以前，ユーロは荒唐無稽，非現実的，夢のまた夢としていた多くの金融機関が存在していたのも事実で，「ユーロは壮大な実験室」であるとし，50年存続するかどうかは疑わしいと言及していた学者もいた。

今後，世界経済と国際金融の在り方はどのように変わるのであろうか，温室効果ガスの排出による地球温暖化，周期的に生じるギリシャ危機，中南米のデフォルト等の経済状況，北朝鮮問題，ISのテロ，原発等の政治問題のようなさまざまな不安定要因が世界中に散在している。問題解決に人類の叡智が求められている昨今ではあるが，各国の自国ファーストの時流が勢いを増し，日本を例にとれば，保守化傾向の顕在化が懸念される。戦前のような道を二度と歩まないようにするためにも，市民の覚醒に期待するつもりで本書を執筆した。

2018年2月7日

尾　﨑　正　延

目　　次

はじめに… i

第1章　国際金融の歴史 ……………………………… 1
　第1節　国際金本位制度／1
　第2節　金解禁政策の背景／7
　第3節　金流出とその原因／12
　第4節　金解禁政策についての評価／20

第2章　ブレトン・ウッズ体制（IMF・GATT 体制） …………… 29
　第1節　金・ドル本位制／29
　第2節　ニクソンショック（金・ドル兌換停止声明）／31

第3章　ドル・石油・リンク制とアメリカの経済政策 ………… 33
　第1節　オイルショック—アメリカと OPEC の秘密合意—／33
　第2節　財務省証券本位制度／34
　第3節　アメリカの経済政策／38
　第4節　プラザ合意・ルーブル合意／39

第4章　累積債務問題 ……………………………… 41
　第1節　比較生産費説と累積債務問題／41
　第2節　IMF の失策と累積債務問題—スーザン・ジョージの見解—／43
　第3節　累積債務問題の発生原因／45
　第4節　資本の側の論理／52
　第5節　「ブラッドレー提案」—債務免除の一形態—／57
　第6節　「宮沢構想」から「ブレイディ提案」へ／73
　第7節　HIPC イニシアティブ／100

第5章　ODA の実態　—世界銀行の構造調整アプローチ— ……… 125
　第1節　世銀の持続的成長政策／127

iv

目　　次

第 2 節　貿易自由化と産業育成のバランス／131

第 3 節　政策金融と優遇金利の意義／134

第 4 節　民営化の留意点／137

第 5 節　日本の ODA のあり方／138

第 6 節　「世銀の構造調整アプローチ」について／141

第 6 章　産業空洞化 ……………………………………………… 155

第 1 節　産業空洞化の経緯／155

第 2 節　産業空洞化の防止策／159

第 7 章　EU とユーロ …………………………………………… 163

第 1 節　EU の成立／163

第 2 節　ユーロ誕生／166

第 3 節　ユーロ導入の成果／171

第 8 章　拡大 EU ………………………………………………… 175

第 1 節　第 1 次 EU 拡大／175

第 2 節　拡大 EU の留意点／177

第 3 節　日本企業の EU 進出―マジャールスズキの事例―／179

第 4 節　EU 加盟後の東欧における邦人企業への影響について／187

第 9 章　セルビアの政治・経済情勢と EU への加盟 ………… 193

第 1 節　セルビアの政治・経済情勢とハイパーインフレーション／193

第 2 節　セルビアの内政・外交／197

第 3 節　セルビアの政治・経済情勢／200

第10章　イギリスの EU 離脱 …………………………………… 209

第 1 節　EU 離脱の背景／209

第 2 節　EU 離脱と「清算金」／211

v

補論　ある自由貿易主義理論の若干の問題点について ………… 213

　第1節　絶対生産費説（Theory of Absolute Cost）／213

　第2節　比較生産費説（Theory of Comparative Cost）／213

　第3節　自由貿易理論の理論的支柱／219

　第4節　「比較優位の理論」と累積債務問題の関係／220

おわりに ………………………………………………………… 225

索　　引 ………………………………………………………… 227

第1章
国際金融の歴史

■第1節　国際金本位制度

　金本位制度とは，銀行券を一定量の金と兌換する制度であり，外国貿易の決済を金で行うシステムのことである。金本位制は1816年イギリスで確立され，順次各国に取り入れられた。日本は明治30（1897）年，「貨幣法」によって金本位制を導入した。「貨幣法」では，1円＝純金2分＝11.5742グレイン＝750ミリグラムと決められた。1グレイン（grain）＝0.0648グラムで小麦一粒の質量に等しい。各国通貨は，金と一定の交換比率で直接交換できる兌換紙幣であった。

　金本位制度には制度を維持するための「**金本位制のゲームのルール**」なるものが求められた。仮に，日本の輸出が輸入を上回り，輸出＞輸入の場合なら，日本に貿易収支黒字と為替相場の上昇が生じる。円のレートはドルに対して高くなり，円・ドル為替相場は円高となる。為替相場における**金現送点**[1]（金輸出入点）までの上昇は，金の国内流入と国内通貨量の増大をもたらす。つまりゲームのルールとは，貿易黒字分の金が流入すると，その国は金の流入分に見合う国内通貨を発行しなければならないというものである。国内通貨の増発は「**貨幣数量説**[2]」に基づき国内の物価上昇をもたらす。外国と比べたこの相対的物価上昇は，その国の国際競争力を低下させ，輸出減少と輸入増大をもたらし，輸出＞輸入の状態は，輸出＝輸入に向かう。逆に輸出が輸入を下回り，輸出＜輸入である場合，貿易収支赤字と為替相場の下落が生じる。例えば，日本

が貿易収支赤字の場合であったら，円のレートはドルに対して円安となり，円の対ドル為替相場は下落する。為替相場の金の現送点までの下落は，金の国外流出をもたらす。ゲームのルールに従えば，金流出分の国内通貨量の減少となり，貨幣数量説に基づき国内物価は下落する。外国と比較した場合に，その国の国内物価の相対的下落は国際競争力を高め，輸出増大と輸入減少をもたらし，輸出＜輸入の状態は，輸出＝輸入に向かう。かくして理論上は，金本位制には金の流入・流出と国内物価の上下動を拠り所として外国貿易を均衡化させる**自動調整メカニズム**が存在したのである。

　第一次大戦以前，1870年から1914年までほとんどの主要国は，金本位制を採用していた。各国通貨は兌換紙幣であり，直接的に自由に金との兌換が可能であった。しかし，アメリカは大戦を契機に1917年，金の国外流出を防ぐため一時的に金ドル兌換および金輸出の禁止策をとり，日本も同様の政策をとった。ここに国際金本位制度は一旦幕を閉じることとなった。

　1922年2月のワシントン軍縮条約の締結とそれに続く同年4月〜5月のジェノバ会議において，主要国間で部分的な金本位制への復帰が話し合われた。会議の合意による新たなシステムである**再建国際金本位制**は，以前の金貨本位制ではなく金地金本位制で，中央銀行は保有通貨の一部を直接金貨と交換できる通貨とすることができたが，ただし一般国民は，保有通貨を金貨に交換することができない制度であった[3]。諸外国のこのような動きは，日本に対して金本位制への復帰を求めるものであった。

　第一次大戦終結の2年後の1920年，線香花火のような戦時景気が終わり，日本は早くも戦後の不況に襲われたが，当時の原敬内閣は，大戦による税収増にあぐらをかき，軍備拡張，鉄道・道路建設等の積極的財政政策をとった。また，不況による税収減には，増税と公債発行増で対処した。一方，日銀特融により破綻を免れた不良企業の存続と産業合理化の遅滞によって日本の輸出競争力の低下を招き，国際収支は悪化を見た。原敬の暗殺の後を受けた高橋是清内閣は，緊縮財政と財界整理へと政策の方向転換を図った。だが，1922年のワシントン軍縮条約の成立による軍事費縮小から石井商店が破綻し，取引銀行への取り付

第 1 章　国際金融の歴史

け騒ぎが発生した。折悪しく，大正12（1923年）年，関東大震災が発生した。
政府は勅令「震災手形割引損失補償令」により，日銀に震災地関係の手形を再
割引させ，日銀に対して 1 億円まで政府が保証することを定めた。しかし，こ
の「震災手形」の決済は滞り，1927年の「金融恐慌」の頃までも「財界のガ
ン」と呼ばれ，決済不能であった。大震災はそれまでの政府の緊縮財政・財界
整理の努力を無に帰せしめる一方で，政府は震災復興のために膨大な公債発行
を余儀なくされた。震災復興景気による一時的ブームで1923年 9 月以後の物価
は10％程の上昇をみた。しかし復興資材の緊急輸入の増大，インフレ政策や震
災ブームによる物価騰貴によって日本の輸出は落ち込み，1923年 9 月から1924
年 3 月までに 6 億円余りの空前の輸入超過が生じ，巨額の貿易収支赤字を計上
し，日本の外貨状況は悪化した。日本は為替相場の維持のため**在外正貨**[4]の
払い下げを余儀なくされ，正貨の枯渇に際しては外債募集に頼らざるを得なく
なった。大震災はそれまでの日本経済のジリ貧状態を一層助長させた。時の政
府は在外正貨の払い下げにより赤字収支を決済し，対米為替相場は100円 ≒ 49
ドルを維持し得た。しかし，その後の在外正貨払下げ停止により，1924年には
為替相場は38ドルまで下落した。

　1925年 4 月，イギリスは金兌換と金輸出を解禁し，主要各国も再建国際金本
位制に復帰したが，当時の浜口雄幸蔵相は低為替相場と経常収支不均衡を理由
に，金解禁を時期尚早と考えていた。更なる理由は，第一次大戦による一時的
軍需景気はあったものの，大戦後には不況に陥った企業や銀行が，多額の不良
債権を抱えていたからである。また，大震災の処理に必要であった震災手形が
不良債権化していたことに加えて，中小の銀行は不況による経営悪化で，社会
に金融不安が生じていたからである。しかし，日本が大震災後の疲弊に苦しむ
中，ヨーロッパ諸国は戦後復興を終え，金本位制への復帰により世界経済の再
建が進んでいた。日本は国内経済の衰退と国際的な地盤低下を避けるためにも
金本位制への復帰を望む声が支配層を包み始めた[5]。

　ところが，1927年 3 月14日，片岡直温蔵相の「失言」をきっかけに金融不安
が広がり，中小の銀行に「取り付け騒ぎ」が発生した。4 月，「鈴木商店」が

3

倒産し，続いて台湾銀行が休業に追い込まれ，前述のように銀行の取り付け騒ぎが発生し，日本での金融恐慌が起こった。恐慌により多くの企業や銀行が倒産し，借手不在よる金利低落が生じた。金融恐慌勃発に際して，時の田中義一内閣は「支払延期令」等を公布し，日銀に対しては市中銀行と台湾銀行への預金払戻金の供給を命じた。こうした日銀特融によって，1920年代末期には金融緩慢と低金利の時代を迎えた。大蔵省は小規模の銀行への増資を認めず，日銀特融は三井，三菱等の五大銀行を中心に行われ，銀行の統合が進んだ。これにより慢性的不況下の低金利によって，いわゆる「遊資問題」を引き起こすこととなった。

　日本の為替相場は，1928年には以前からの資本収支の改善と経常収支赤字の減少によって一時的に回復が見られ，為替相場の乱高下に悩まされていた産業界，特に紡績業界から金輸出解禁，通称，**金解禁**への要望が出された。また，当時の対外債務支払い向けの在外正貨の不足並びに国内の兌換準備外正貨の減少もあって，道は金解禁か在外正貨払下げのいずれかの道しかなかったが，在外正貨の枯渇に瀕して，道は金解禁しかなくなった。金解禁への要望は，震災以前から特に輸出産業の中心を占めていた綿糸工業界から強く出されていたが，紡績業は国際競争力が最も強い産業で，金本位制度下でも外国資本と対等に競争できると自信を持っていたのであった。特に綿糸工業界出身の鐘紡社長の武藤三治代議士は，1922年当時からしきりに即時，金解禁の断行を主張しており，「金の輸出禁止は亡国的政策」とまで述べ，論文を『エコノミスト』に寄稿していた[6]。だが後述するが，無責任にも武藤は後日前言を翻し，金解禁政策を酷評し，「荒れ狂う暴風雨に向かって雨戸を開け放つようなもの」であり，「錯誤政策」であると断じている。

　当時の政界を憲政会（1927年民政党に改称）と二分していた政友会の政策は，対内拡大均衡主義によるインフレ政策であり，円安為替相場となれば，工業用基礎資材の輸入業者に不利に働くので，金解禁となった場合にも，円高の旧平価での金解禁を求めざるを得なかった。しかし，円高の旧平価での金解禁は輸出には不利であり，貿易黒字をもたらすためには，国内物価を引き下げるデフ

第1章　国際金融の歴史

レ政策，つまり対内縮小均衡政策をとらざるを得ない。これは対内拡大均衡政策をとる政友会にとって矛盾であった[7]。

　上述のように1925年4月，イギリスは金本位制に復帰し，主要国も再建国際金本位制に復帰したが，当時，日本は金解禁を時期尚早として先送りしていた。理由は，前述のように1923年の関東大震災に伴う円安と輸入超過で大幅な貿易収支赤字が生じていたためであり，低為替相場と経常収支不均衡の下での金流失を警戒したことなどがあげられる。主要国で日本だけ金解禁を行わなかったが，為替相場の不安定性を取り戻すなどのさまざまな理由により，ついに日本も1930年1月11日に金解禁に踏み切った。

　第一次大戦以前，純金2分＝1円であり，金平価は100円＝49.875ドル，つまり1ドル＝2.005円であったが，1928年当時は1ドル≒2.300円の円安であった。金解禁を旧平価の1ドル＝2.005円で行うべきか，円の平価切り下げ後の新平価で金解禁を行うかで意見が分かれた。浜口雄幸内閣の井上準之助蔵相は，大幅な貿易収支赤字に直面していたにも拘らず，国内経済の構造改革を訴えて旧平価による金解禁及び財政緊縮策による意図的デフレ政策を断行した。井上蔵相は，金解禁によって為替相場が安定すれば，貿易が拡大し，国際収支が改善するという金本位制度下の国際貿易の自動調整メカニズムに期待したのである。現状以上に不況に導く意図的デフレ政策によって外国よりも日本の国内物価が下落すれば，輸出が増大し，国際収支が回復して均衡化すると想定したのであった。

　民政党は結党以来，金解禁の政策を党是としていた。しかし，日本は第一次大戦の参戦継続のため1917年に金本位制を事実上停止し，金輸出を禁止していた。総じて1920年代の日本の経済政策は，政友会主導の下で行われ，金本位制離脱後は，不換制による財政支出増大が可能で，折しも日本の軽工業から重工業への産業構造の転換を目指す拡大均衡政策に見合っていたのである。重工業化のためには重工業の基礎的資材の輸入が不可欠で，第一次大戦以前から国際収支は赤字であった。第一次大戦前の1913年時点で外貨は既に枯渇しかけていた。しかし，日本は第一次大戦への参戦により外貨を得ることができた。この

5

外貨は日本が海外で保有する在外正貨の増大を意味した。正貨とは金本位制度下の不換紙幣や中央銀行が保有する金を意味し，在外正貨とは金本位制度下，中央銀行が対外決済のために海外で保有する金や米ドル等に換金できる債権を意味する。この在外正貨の存在が，1920年代の重化学工業化への産業構造の転換のために金輸出禁止の継続と国際収支赤字の構造を可能としたのである。1923年の時点では大戦中に勃興した重化学工業は未熟であり，輸入品の圧力に押しつぶされる懸念があり，世間一般では旧平価での金解禁に対して慎重論が根強かったが，在外正貨が枯渇した場合には，工業用基礎資材の輸入はできないので，正貨の枯渇を防ぐために金輸出解禁が求められ始めた。重化学工業，軍事産業，造船のための基礎的資材を扱っていた三菱財閥のような輸入業者にとって，金解禁への要求は，為替相場が円高の方が有利であり，1920年代後半には旧平価（1ドル＝2.005円）での金解禁が支持されるようになる[8]。

　ところが，1929年10月24日，ニューヨーク株式市場で突如，株式大暴落が発生した。これを契機に世界経済は世界恐慌に向かった。濱口首相や井上蔵相は，イギリスのシティが比較的安定していたため，アメリカの恐慌が長期化，深刻化しないと判断して，昭和6年度の国家予算を14億5,000万円まで大幅に削減した。そして当時の為替相場が一時的に旧平価に近づいたため，金解禁による打撃は比較的軽度であると思い込み，1930年1月11日，日本は旧平価での金解禁を断行した。金解禁の実施のおよそ半年後，世界恐慌が日本を襲った。デフレ政策により日本の国内卸売物価は7％ほど下落し，旧平価での円高によって国際競争力は低下した。この時，アメリカは金ドル兌換を停止していた。当時，アメリカの金融政策当局は，貿易黒字で金が流入していたにも拘わらず，国際金本位制のゲームのルール（"Rules of the game"）を守らず，金ドル兌換停止により貿易黒字分のドルの増発をせず，金を金としてため込むという「金の退蔵」を行った。つまり貿易黒字分の金の流入分を「不胎化」してしまったのである。したがって，アメリカの国内物価は上昇せず，国内卸売物価は2.3ポイントほど下落していて，その後もアメリカの貿易黒字が続いた。一方，日本の大手銀行の投機筋は，アメリカの金ドル兌換停止によるドル安を見込み，円買

6

第1章　国際金融の歴史

いドル売りを行っていた。金解禁後の昭和恐慌の深刻化によって貿易決済の資金需要が増大し，金への兌換と大量の正貨の海外流出が生じた。このような状況下，1930年7月31日，井上蔵相は正貨（金）の現送を条件に，無制限のドル売りによって為替相場を維持するという「為替統制売り」を命じた。金解禁後の半年間で2億3,000万円の金と正貨が国外に流出した（日本が海外に保有していた金の流出を加えると2億8,500万円）。政府の命令により，横浜正金銀行は無制限にドルを売って為替相場の維持を図る「為替統制売り」を行ったのであるが，横浜正金銀行はドルの調達のために円紙幣を正貨（金）に兌換して，それを海外に移送してドル買いを行ったので，金流出に繋がったのである。この金の流出については後述する。

■第2節　金解禁政策の背景

なぜ日本は旧平価による金解禁を断行したのであろうか。その理由は，ある面において日本にとって1929年末には金解禁を必然とする諸条件が整っていたからである。昭和4（1929）年に入り田中義一内閣のインフレ的な景気刺激政策が財政面から破綻に近づき，日本の物価高が貿易の逆調を助長し，当時の日本の為替相場は低落と動揺を繰り返し，不安定であった。この為替相場の動揺は，田中内閣の金解禁に対する定見の欠如により拍車がかかった[9]。

1929年7月2日，張作霖爆破事件などの責任をとって田中義一内閣が総辞職した後を受けて浜口雄幸内閣が誕生した。内閣成立当時の1929年7月時点の為替相場は，100円＝45.215ドルであったが，金解禁の予告があった12月時点では48.971ドルであり，為替相場は一時的に高騰していた。もともと金本位制度下では法定金平価を中心に上下約1％の金現送点の幅で為替相場が変動する。だが，日本は1917年以来，金本位制から離脱しており，金現送点は消滅し，実際の為替相場は，金現送点の1％のゾーンを大きく超えて上下していた。

井上準之助蔵相による旧平価での金解禁は，1920代の不況下の物価高であるスタグフレーションに苦しむ日本経済を，金本位制による輸出＝輸入の自動調整メカニズムに委ねることであり，その手段として緊縮財政政策という意図的

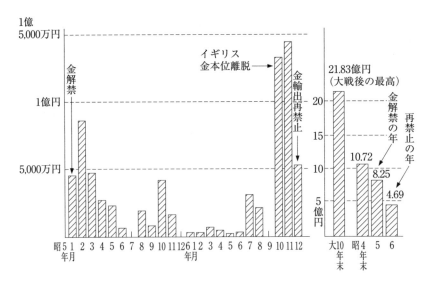

図1-1　金解禁中の金流出（日銀資料・税関ベース）と日銀の正貨準備高（右表）
(出所) NHK"ドキュメント昭和"取材班編『ドキュメント昭和6』角川書店，1986年，p.181より転載

デフレ政策をとることであった。金解禁実施時には世界恐慌の影響は未だ日本へは波及していなかったが，金解禁の半年後，世界恐慌の日本への影響は大きく，物価下落，失業者急増と金の大量流出につながった。このことから後日，旧平価での金解禁は，「荒れ狂う豪風雨に向かって雨戸を開け放つ」で行為であり，「錯誤政策」とも酷評されている[10]。

　為替の低落は輸入品を割高に導き，輸入原料に依存する紡績業，鉄鋼業等には不利となっていた。また，為替の混乱は，低為替で輸出の恩恵を受けていた製糸業のような輸出産業にとっても支障となり，金解禁により安定的為替相場を志向する見解が産業界から強くなっていた。そして金融恐慌後はそれまで金解禁に慎重であった金融界も金解禁を望むようになった。以前，金融界は金解禁が日本の産業に悪影響を与え，企業の倒産を助長すると考えていたが，金融恐慌後，大銀行への資本の集中と長引く景気低迷による融資先，運用先の枯渇によって膨大な遊休資本に直面した。昭和3（1928）年10月，銀行界は金解

第1章　国際金融の歴史

禁を待ちきれず，池田成彬（三井銀行）と矢代則彦（住友銀行）は連名で当時の三土忠造蔵相に金解禁即時断行の建議書を提出した[11]。

　時代の風はその後，金解禁に向かってなびくことになる。井上蔵相は金解禁に向けて全国遊説行脚を行いながら全世帯にビラを配布するなどの世論操作を行った。当時の一般人は，金解禁＝金本位制復帰と緊縮策が一体となったドラスチックな政策が不景気をもたらし，耐え忍ばなければならないことを忘れ，浜口，井上の演説は喝采を博したのである。「金解禁 PR ソング」の「緊縮小唄」までが流行した[12]。

　1929年11月21日，井上蔵相は1930年1月11日付の金解禁実施を発表したが，金解禁は欧米の意に反し，新平価ではなく旧平価で行われた。理由は，当時，この政策は，さまざまな面において日本に有利に作用すると考えられたからである。しかし，旧平価での金解禁は，実施直後に第一次金流出をもたらすことになった。また，金解禁再禁止（1931年12月13日）の直前にも多額の第二次金流出を招いた。ただし，金解禁による金流出が，直接的に「解禁恐慌」をもたらしたことにはならない。そもそも「解禁恐慌」という言葉自体が後世の人々の造語で，金解禁の政策と恐慌とは異次元の問題としてとらえるべき事柄であるからである[13]。何故なら，「同（1929）年末からアメリカ恐慌の影響が現れ始めるが，世界恐慌の波及が本格化するのは，翌三十年一月の金解禁実施後，三—四月の株価下落も小康状態に入った五月以降である。糸暴落は六月，米価下落は十月である[14]」。

　ところで，1920年代においては，日本の対米為替レートは平価（貨幣法に基づく100円＝49.875ドル）を下回り，見かけ上は円安状態にあった[15]。このことで，従来からの旧平価の有利性についての説明は，次のようなものであった。まず当時，約100円＝45ドルであった実勢為替レートが旧平価まで引き上げられ，円高となれば，輸入に有利で，輸出に不利に働く。次に，100円＝45ドルの時点で円買いドル売りを行えば，旧平価での金解禁時に円売りドル買いの逆の取引によって為替差益を得られる。また，旧平価解禁は法改正を要せず，1917年の金本位制離脱の大蔵省令の廃止という行政措置で可能である，という

9

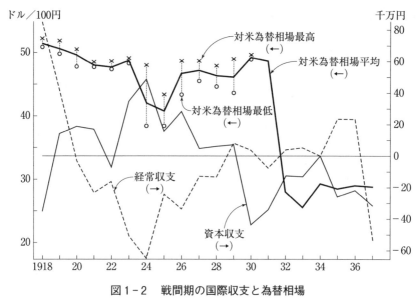

図1-2　戦間期の国際収支と為替相場

(資料) 山本逸平・山本有造『貿易と国際収支』(長期経済統計14) 東洋経済新報社, 1979年による
(出所) 大石嘉一郎編『日本帝国主義史2　世界大恐慌期』東京大学出版会, 1987年, p.84 (橋本寿郎氏作成) より転載

ことである。しかし，旧平価の必然性は，日本の1920年代の経済状況から導く必要があるという[16]。

　「貨幣法」では1円＝金0.75グラムであり，100円≒50ドルの中心レートは，金本位制下では上下約1％の幅の金現送点内(金輸出入点)の範囲で為替相場が上下動する。だが，1917年の金本位制停止以来，金現送点は消滅し，1％の幅を超えて大きく上下動していた。解禁前の1929年7月中の平均為替レートは45.215ドルであったが，解禁予告後の12月には48.971ドルで，円は騰貴していた。旧平価での金解禁は円の平価切り上げであり，デフレーションを引き起こす。債権債務が国内に限定されるなら，デフレ以前からの100円の債権者は，デフレによる物価下落後も100円を回収でき，100円の貨幣価値は高まるので有利である。債権債務が対外的な場合は，逆の関係になる。つまり日本の民間銀行のような金解禁後の新規の対外債権者には有利に働き，金解禁以前に多額の

第1章　国際金融の歴史

対外債務を負っていた当時の日本政府のような既存の債務者にも有利に働いた。しかし，解禁後の新規の債務者及び日本に対する既存の海外の債権者にとっては不利に働くことになる。

旧平価への切り上げが対外の新規債権者に有利に働く理由は，金解禁以前の1円＝0.4ドルの為替相場で1ドルの対外債権を取得するのに2.5円を支払うよりも解禁後の1円＝0.5ドルで1ドル2円を支払う方が有利だからである。また，既存の海外の債権者にとって解禁前に1ドル＝2.5円の債権は，解禁後は1ドル＝2円しか回収できず，1ドルにつき0.5円の為替差損を被ることになる。解禁後，「遊資処分」と低金利に悩む日本の主要銀行は，それ故にドルやポンドを購入する対外投資を積極的に行った[17]。

1920年代の貿易収支は入超であった。恒常的貿易赤字は政府による外債で補塡され，関東大震災以後の外債は23億円に達していた。貿易収支及び国際収支の赤字分の決済のため日本の公債によって外資導入がなされた。金解禁は，赤字分決済用としての在外正貨の枯渇から生じたものである。加えて，旧平価での金解禁は，1円＝0.5ドルの相場で，1ドルの対外債務は2円で決済できるのに，解禁前の1円＝0.4ドルの相場において2.5円で決済しようとはしないからである。つまり旧平価金解禁は，多額の対外債務を負った日本政府には有利に働いたのである[18]。

当時の欧米との外国貿易はドル建て，ポンド建てであったため，金解禁前の大幅な対外債務国であった日本は，金解禁を行い旧平価に復帰するのは当然であった。旧平価による平価切り上げは輸出に不利で，輸入に有利である。しかし，1920年代において産業構造の転換を図りつつあった重化学工業の途上国としての日本が，工業化に要する原材料の恒常的輸入に頼らざるを得なかったことも，旧平価での金解禁を後押ししたことの背景にある。旧平価での金解禁の必然性は以下の通りである。

　1．金融恐慌後の遊資処分のはけ口としての外債投資のため

　2．巨額の対外債務を有した日本政府による返還負担の軽減のため

　3．重化学工業の途上国である日本における原材料の輸入物資のため

11

3の重化学工業化に伴う貿易及び国際収支の恒常的赤字は，金本位制停止下では為替相場の下落をもたらす。下落を阻止するには在外正貨を払い下げる以外に道はなかったのである。

輸入超過の防止なくして為替相場の維持と在外正貨保有高の維持は二律背反で矛盾していた。在外正貨の枯渇の時点で金解禁は不可避的になった。また，貿易業者が為替相場の乱高下による取引上の不利益から逃れるために為替安定化を求めたことも，旧平価での金解禁を後押しした[19]。

■第3節　金流出とその原因

旧平価金解禁それ自体が，その後の世界恐慌の影響に由来する金本位制再停止の原因であるという考え方があるが，金解禁の影響と世界恐慌の影響とは峻別する必要がある。1929年10月24日，「暗黒の木曜日」のニューヨーク株式市場における空前の株価大暴落を契機とした「世界恐慌」は，当時，まだ日本へは波及していなかった。金解禁後の金流出は，1930年7月時点でほぼ停止し，金解禁から半年ほどは日本において現実の恐慌は発生していなかった。「世界恐慌」の襲来は，1930年半ば以降であった。分析を進めるため，金解禁以前を「慢性不況」期，1930年半ばまでを「金解禁・デフレ」期，世界恐慌波及以降を「昭和恐慌」期と区分しよう[20]。

金解禁以前の分析は，1920年代の日米の物価変動と為替相場の変動が鍵であり，金本位制度下の為替相場の変動について一般論を述べる。貿易収支に限定すると，輸入超過は為替相場を下落させ，輸出超過はそれを上昇させる。入超時，円の対ドル平価は円安となり，輸入品の円建て価格を高め，輸入に不利となり，入超は長期化しない。また，出超時，為替相場の上昇によって円高で，輸出品のドル建て価格が上昇し，輸出に不利となり，出超は長期化しない。つまり貿易収支と為替相場は相互に作用し，反復性を有するという実質的な為替相場変動が存在した。しかし，1920年代の日本の対米為替相場は，反復性もなく，不規則的で，実質的変動以外の要因が存在した。つまり為替相場の変動の原因には，貿易収支以外の日米間のインフレ率格差が存在した。貨幣数量説

第1章　国際金融の歴史

（MV＝PT）では，貨幣量Mの増大は，物価Pの上昇（インフレ）→輸出減少→輸入超過→為替相場下落→金（外貨）流出→貨幣量Mの減少→物価P下落（デフレ）→輸出増大→輸出超過→為替相場上昇→金（外貨）流入→貨幣量増大→物価上昇（インフレ）という循環論が主張される。しかしながら，国内物価と為替相場が連動し，輸出超過によるインフレ，輸入超過によるデフレという論理で1920年代の為替相場は説明できない。金解禁以前の10年間に旧平価を下回っていた為替相場にも拘わらず，日本の貿易と国際収支が赤字であった事実は，貨幣数量説と矛盾するのである[21]。

　1920年代の日本の為替相場を説明する上で注意すべき点は，日本は1917年に金本位制を離脱し，日銀による国債の大量引き受けを通じた日銀特融に基づき財政金融政策を行ったが，1918年以降の日本の物価上昇率は，アメリカのそれより高かったことである。また，1920年代の対米為替相場は，日米物価比率（購買力平価を基準とした場合）より高かったので，この為替相場では，日本の輸入に有利に，輸出に不利に働いた。つまり，当時の為替相場が旧平価と比較して低位であったにも拘わらず，事実上円高の状態であったのである[22]。

　貿易収支と為替相場が相互に規定し合って反復性を有することを，実質的為替相場変動という。金本位制度下では，悪鋳や改鋳を除き，一般的にはインフレもデフレも生ぜず，為替相場は金為替平価を中心に小幅な変動しか生じない。しかし金本位制停止下では，金現送は停止し，金の現送点は無くなり，為替相場は大幅に上下する。また，例えばインフレで物価が2倍となった場合，「貨幣法」の1円＝0.75グラムの貨幣名は，金0.375グラム（代表金量の低下）の貨幣名となり，為替平価は，100円＝50ドル（金75グラム）から100円＝25ドル（＝金37.5グラム，ドルの代表金量は不変）となる。このことは，為替相場の変動が，国際収支要因とは無関係に為替平価の変動のみを反映した場合であるので，名目的為替相場変動という[23]。

　国際収支の変動による実質的為替相場変動も為替平価の変化による名目的為替相場変動も為替市場においては一体となって現れるので，現実の為替相場は一つしか成立しない。しかし，1920年代の日本の低為替相場は，国内のインフ

レによる円の減価（代表金量の減少）による為替平価の低下を反映したものであった。従って，1920年代の日本の為替相場の恒常的低位は，貨幣数量説が主張するところの国際収支赤字の結果生じたものではなく，逆に日本の低位の為替相場が国際収支赤字の原因となったのである[24]。

　ここで，日米両国の商品価格が一定と仮定する。ある同一の商品が日本で100円，米国で30ドルとし，その時点での為替相場が100円＝40ドルなら，その商品は割高で，それを日本から米国に輸出できない。逆に米国で30ドルの商品は，100円＝40ドルなら，換算すると日本では75円となり，日本は30ドルの米国商品を輸入する。為替相場が100円＝20ドルに下落すると，30ドルの米国商品は，円換算で150円と割高となり，日本の100円の商品はドル換算で20ドルと割安となり，米国への輸出が可能となる。このように輸出入の採算水準の物価比率は，この場合100円＝30ドルである。ここで物価変動を考慮し，為替相場が100円＝40ドルの時点で，日本の100円の商品がインフレで200円になったとする（米国商品は30ドルのまま）。すると為替相場は円の減価により100円＝20ドルとなる。この為替相場は100円＝40ドルの為替相場より円安であるが，前述の日本の輸出採算水準である100円＝30ドルは200円＝30ドルとなり，100円＝15ドルに変化する。したがって，たとえ100円＝20ドルの為替相場でさえ実は円高状態なのである。1920年代の為替相場が旧平価を下回る低為替相場という事実は，当時の国際収支赤字の結果であると認識されたが，事実は逆であり，表面上は円安に見える1920年代の為替相場は，購買力平価による日米間の物価比率から比較すると円高状態であって，それが日本の輸入に有利に働き，1920年代の貿易及び国際収支の恒常的赤字をもたらしたことになる[25]。

　1929年末から30年初めの国際収支均衡と為替相場の旧平価への接近という一時的好転により，井上蔵相は貨幣数量説の理念を拠り所として金解禁を行っても，打撃は限定的であると想定していた。井上蔵相でなくても，金解禁は貨幣数量説信奉者からすると当然の帰結であった。なぜなら，貨幣数量説信奉者には為替相場変動の二重性の区別が存在しなかったからである。しかし，第一次大戦中から1920年代において底流に流れていた経済事情は，物価の「インフレ

14

第1章　国際金融の歴史

的」性格と事実上の為替平価の低位状態であった。ともすれば1920年代は，物価の漸落が見られ，インフレではなくデフレの時期と捉えられかねない。近代経済学では，持続的物価騰貴をインフレ，持続的物価下落をデフレと定義しているので，1920年代はデフレ期と見なされがちであるが，金本位停止下での銀行券の乱発による名目的高物価による「インフレ的」性格が底流にあったと言える[26]。

　井上蔵相は金解禁に先立って，昭和4年度の予算において減債の方針で緊縮財政政策をとったが，金解禁準備政策の段階においては，金融緊縮策は織り込まれていなかったとされる[27]。既発国債は国家予算の数倍に達していた。金解禁以前には金1匁（3.75g）を買うのに6.5円を要したが，旧平価による金解禁は，それを5円で買えること（兌換すること）を保証するものであった。金解禁は，旧平価であれ新平価であれ，銀行券保有者が誰であれ自由に金兌換が可能なのである。しかし，金兌換は，政府から見ると銀行券の流入＝金の流出を意味した。旧平価解禁は，無制限の金兌換を通じて切り下がっている円の価値を旧平価の価値に回復させることを期待した政策であった。金兌換による金流出の見返りである政府への通貨（銀行券）の流入は，市中に出回る通貨（銀行券）の漸減を通じて意図的デフレーションを発生させ，旧平価に見合う物価体系，つまり金輸出禁止以前の物価体系が成立するまで続くべきものであった。この物価下落は名目的なもので，後に起こる恐慌とは無関係なものであった。ただ，当時，貨幣数量説信奉者であった財政金融当局は，金の流出の原因を投機とみなし，真の原因を理解できなかった。本質は，金価格が以前と比べ2割程度安くなったので，通貨（銀行券）所有者が，金を買う（兌換する）ことにあった[28]。

　「従来，旧平価解禁は，急激な通貨収縮→デフレ→経済活動の停滞と認識され，あたかも恐慌を惹起するかまたはそれを激成するかのように考えられてきた。これは既に，『金解禁恐慌』なる表現に現れており，現在も『錯誤政策』なる批判に反映されているものであって，それ故に対井上蔵相批判（批難）も生じたと言える。また，デフレについても，過剰通貨の投入は物価を名目的に

騰貴させるが，その回収は恐慌を惹起し実質的影響を及ぼすといった，いわゆるインフレ・デフレの非対称性の理解が根強く，名目的物価下落とはなかなか認識されない。しかし，これまで見たように，本質的関係としては，イニシャティヴは銀行券所有者にあり，彼が安くなった金を買う（兌換する）のであって逆ではない。この場合，政府の立場は常に受動的なものである。インフレが，国家が恣意的に行ったことの経済法則的反映であるのと同様，デフレも名目的なものであり，従って物価下落という，インフレの反対現象であるとはいえ，経済法則的貫徹形態としては同じなのである（インフレ・デフレの対称性）[29]」。以上から，吉田賢一氏の見解では，金解禁は，一時多量の金を流出したものの，一応の成功を見たとしている[30]。金解禁の政策に対するさまざまな評価については後述する。

これまで，旧平価解禁による第一次金流出と物価急落について見たが，金解禁の破綻・金本位制再停止の理由は別のところにあった。1931年12月17日，金輸出は再禁止され，金解禁政策はわずか1年11カ月で終止符を打った。金輸出再禁止は井上蔵相の意図するものではなく，再禁止の原因は，「昭和恐慌」の最悪期を迎え，また，満州事変とイギリスの金本位制再停止が生じたからである。

井上蔵相の論理は，リカード（D. Ricardo）＝ミル（J.S. Mill）流の静態的な国際収支均衡論であって，貨幣数量説を拠り所とする金本位制の自動調整メカニズムに信を置くものであった。金本位制度下の自動調整メカニズムとは，以下のような入超→金流出→金利上昇・物価下落→購買力減少→不景気→消費節約→出超→金流入→金利低下・物価騰貴→購買力増大→好景気→消費拡大→入超という図式である。彼は1920年代の日本における危機的状況の原因として，主要先進国が金本位制に復帰し，日本においても金本位制に復帰できる経済的諸条件が整っていたにも拘わらず，政治的理由で復帰が遅れたことを挙げている。金本位制の自動調整作用についての井上蔵相の信念を「幻想的ドグマ」と称する見解がある[31]。井上蔵相は金本位制が入超による金流出によって一時的不況を伴っても，物価騰貴および入超状態の慢性化を防止できると考えていた。

16

第1章 国際金融の歴史

　井上蔵相は『金解禁—全日本に叫ぶ—』という著作の中で次のように述べている。「……あらゆる経済問題の中核をなしている金解禁問題の解決こそは，行詰れる我が国の経済的安定に絶対必須の最大要件であると，私は深く信じている。なぜかならば，およそ一国の金本位制は，当該国の経済上，人体における心臓機関とも見なすべく，もしこれに些々たる欠陥を生じても，その経済上に受ける打撃は甚だ大きい。

　しかるに日本は，その金本位制を一時的に停止して，国際経済の逆道を歩いている。この結果こそ，今日における我国の経済的不安を申告ならしめた最大の原因なのである。

　申す迄もなく，我が国の金本位制が常態であれば，対外的に日本の通貨は調節される。通貨の調節に伴って物価もおのずから調節され，勢い国際貸借のバランスも調節され得るのだ。天然自然に斯かる作用を行うのが金本位制の本質である。……金本位制の妙用が円滑に行われていない結果は経済界全般に天然自然の調節を欠かしめ今日の日本を八方塞りという危機に臨ましめたのである[32]」。

　「為替相場の不安定は，物価の安定を失はしめる。……かかる不安定な状態が永く続けば続くほど，経済界の不安は助長せられ，本来堅実であるべき商取引が全く投機化するに至り……経済界の不景気は深刻を極める。これが今日における我が国経済の如実相なのである。[33]」

　旧平価解禁・デフレは，実物経済には影響しない名目的な物価下落であり，「昭和恐慌」という実物経済への直接的影響とは区別する必要がある。金解禁の時期が，恐慌に起因する企業倒産や失業増大と併存したため，旧平価金解禁の名目的物価下落が覆い隠され，金解禁の名目的物価下落と恐慌による実質的物価下落との同一視が生まれたのである。また，貨幣数量説的解釈では，インフレ→入超→為替相場下落またはデフレ→出超→為替相場騰貴という構図である。名目的性格のインフレが輸入増大という実質的変化につながると解釈された。だが，インフレによる通貨価値の下落は為替平価自体の下落であり，輸入には不利に働く。従って，名目的現象のインフレは実質的現象の入超をもたら

17

すことはない。金解禁は貨幣の問題であり，実質的変化をもたらすものではないのである。金解禁政策の破綻の理由は，井上蔵相の旧平価金解禁の政策それ自体には存在しないのである。破綻の理由は，1930年中頃以後における恐慌の深刻化の中にこそ求めなければならない[34]。

　昭和6（1931）年に入ると，日本の中小の銀行は，長期にわたる低金利と企業倒産で経営危機に陥っていた。大手銀行は「為替統制売り」を利用してドルを手に入れ，外債の購入を行った。同年5月8日にオーストリアのクレディト・アンシュタルト銀行の破綻を契機にヨーロッパは金融危機に襲われた。資金調達が困難となった日本の大手銀はドル買いと海外支店への送金を行った。政府はこれに対応し，為替相場の安定化のために正貨（金）を現送した。円安への大きな流れを感じ取った日本の大手銀や投機筋は，為替差益を求めてドル買いに走った。1931年，イギリスが金本位制を停止し，カナダも同調した。日本が金輸出再禁止に至れば，円相場が下落し，ドルが騰貴する。イギリスの金本位制停止後，三井銀行は横浜正金銀行から2,145ドル（4,324万円）を買った。これを三井の「ドル買い事件」と称している。井上蔵相は，三井銀を中心としたドル買いを「売国的行為」であると非難した。同年12月11日，民政党の内紛により内閣は瓦解した。12月13日，犬養毅内閣が発足し，高橋是清蔵相が再任され，金輸出再禁止の大蔵省令が公布され，12月17日の緊急勅令によって日銀券の金への兌換が停止され日本の金本位制は終焉を迎えた。禁輸出再禁止までに日本から流出した金の量は実に600トンに上ったという[35]。

　後世の人間が，金輸出再禁止後の世界史的事実を基に井上蔵相批判を行うのは容易である。しかし，当時は未曾有の世界恐慌によって貨幣数量説に基づく金本位制の自動調整メカニズムが崩壊することを予知することは不可能であったと思われる。

　1930年半ばから31年秋にかけ「昭和恐慌」は猛威を振るい，大量の企業倒産・失業と冷夏による農業の大不況に追い打ちをかけた。恐慌による財政不足は予算編成を困難にし，当時の若槻礼次郎内閣は1億3,000万円の財源不足に陥った。増税と赤字国債で埋め合わせるしかないのであるが，民政党の党是に

18

第1章　国際金融の歴史

は減債主義があり，赤字国債発行には踏み切れなかった。また，貨幣数量説的
理念では，赤字国債発行による貨幣増発→インフレ→入超→金流出→恐慌助長
と金本位制再停止への循環が想定されたからである。しかし，井上蔵相の政策
は，恐慌下では余りにも硬直的過ぎたのである。井上財政は恐慌による歳入減
少と歳出削減のデフレスパイラルを甘受しなければならなかった。必然的に破
綻の危機に瀕していたのであるが，金解禁の実施直後には未だ世界恐慌は襲来
せず，時間的ずれがあったわけで，金解禁当初は，財界金融界は政策を支持し
ていた。ただし，財閥金融資本は満州事変の勃発及びイギリスの金本位制再停
止により井上財政を見限る行動に出た。金融資本は金解禁によって交換比率が
有利になったためドル及びポンドへ投資したが，イギリスの金本位制再停止は
ポンドの下落となるので，リスク回避のためポンド売り円買いに走った。また，
日本の金本位制の先行きの不安からドル買い円売りに出た。これに対して井上
蔵相は横浜正金銀行を通じて無制限のドル売りを行った。「正金銀行が，1930
年7月から翌年12月12日までに売却したドル（円換算で7億6,000万円）のうち，
イギリス金本位制再停止以後のそれは，5億1,000万円（67％）に上った[36]」。
日本の金輸出再停止直前の第二次金流出がいかに巨額であったかが分かる。

　井上蔵相による金解禁政策が破綻した原因は，「昭和恐慌」の激化とそれに
対して貨幣数量説の理念に基づく緊縮的財政金融政策を適用した矛盾にある。
井上蔵相は，「昭和恐慌」に対して財政金融緩和策ではなく財政金融緊縮策を
講じたが，彼は緩和策によってインフレ→入超→金流出という経路を恐れたか
らであった。しかし，1920年代の慢性的不況下に行われた日銀による特融にも
拘わらず，当時，物価騰貴は生じなかった[37]。

　以上をまとめて，要約すると次のようになる。つまり，日本は1920年代を日
銀特融で切り抜けてきた一方，産業構造は重化学工業への途上にあり，工業化
のための原材料の輸入は不可欠であった。だが，この輸入は第一次大戦中に獲
得した豊富な在外正貨によって可能であったのであり，それが枯渇した場合に
は，金解禁が不可避的政策となったのである。また，金融資本や貿易業者およ
び既に金本位制に復帰した国々の要請により金解禁を断行したのである。しか

19

も金解禁は旧平価で行われたが，それには以下の有利性が存在した。第一に，金融恐慌後の巨額遊資に苦慮した金融資本が対外投資（外貨獲得）を行う上で，旧平価での平価上げによる高為替相場が有利であった。第二に，第一次大戦後の不況以来，巨額対外債務を負った政府が外債を償還する上でも円高状態が負担軽減上有利であった。第三に，重化学工業化に要する基礎資材の輸入価格の引き下げとなったことである[38]。

　井上蔵相は，1929年半ばの為替相場が旧平価へ接近したことで，金解禁を決行しても悪影響は微小であると想定していた。だが，実際の金流失は想定を超えていた。多量の金流出は貨幣数量説的理念の誤りを明示することになった。金流出量の多寡から判断すれば，石橋湛山や高橋亀吉が主張したところの円の切り下げによる新平価金解禁の方が，旧平価金解禁より勝ったと言えよう。また，井上蔵相は「昭和恐慌」を緊縮的財政政策で対応した[39]。

　これまで，井上蔵相の金解禁に対する評価は，金解禁と世界恐慌とが結び付けられ，恐慌がもたらした結果が，金解禁がもたらした結果と同一視され，多量の金流出をもって金解禁政策の失敗と裁断してきた。これにより，金解禁政策は「錯誤政策」の誹りを受けて来た。だが，金解禁は決行時と恐慌波及下では二重の性格を有し，決行時の金解禁の効果と恐慌波及下の金解禁の効果とは区別する必要がある。決行時の金解禁は「錯誤政策」ではなく，恐慌下での緊縮的財政政策が誤りであったのである。井上蔵相は金解禁決行の準備段階で取った緊縮的財政政策を恐慌下にも適用したのであり，それが後の破綻をもたらすことになったのである。金本位制そのものと貨幣数量説的理念に基づく政策は，大恐慌の前では無力であったと結論付けられる[40]。

■第4節　金解禁政策についての評価

　井上蔵相による金解禁政策に対する評価はさまざまであるが，その政策は1920年代の慢性不況からの脱却を目指した「独占資本主義のいわば最後の平和的努力」とする見解がある[41]。金解禁は，1920年の反動以来の不況過程を合理化の徹底による物価の引き下げ，輸出の増大によって切り抜けようとする最

第1章　国際金融の歴史

後の平和的努力を示すものとみてよいが，しかしそれによって所期の効果をあげ得ない場合には，危険な結果をもたらす可能性を内包していたことを注意しなければならない。そもそも国内市場の狭隘と原料不足という二つの側面から，生誕以来のわが国資本主義は，海外市場の確保にその活路を求めざるを得なかったのであり，日清戦争以来数回にわたって戦われた戦争は意義的であるか否かを問わず，武力によって特定の海外市場を独占するという結果をもたらした。しかも欧米諸国に対して遅れて出発したわが国の資本主義が上向線を辿り始めた頃には，欧米の資本主義は既にいわゆる帝国主義的段階に入っていた関係もあって，軍備の拡充により蓄積された武力を背景とした独占的な海外市場の拡大を図ろうとする方向が促進される基盤は十分に熟していたのであるから，金解禁がもし失敗する場合，ファシズムがその姿を現し，満州事変のような形で戦争が勃発する可能性は多分に潜在していたのである[42]」。

大島清によれば，「金解禁はちょうど日本へ来襲した恐慌をいっそうげきかせしめることとなったから1930年の金融市場は警戒と沈滞のうちに推移し，銀行の警戒によって事業会社の資金難はますます激しく，前記のごとき減資，解散を増加せしめることとなったのである[43]」。

金解禁を一応必然的とする見解には「新平価で金解禁を実行していたならば，あれほど激しい不景気も招来されずもう少し成果をあげることができたのではないかと思われるが，あまりに理想すぎて旧平価で解禁し，為替相場の上昇によって物価の暴落を生じるという結果が生じた点に，彼の政策のゆきすぎがあったようである[44]」。

大内力は井上蔵相の認識不足を指摘し，金解禁を「まずいときにおこなわれた無謀な措置であった[45]」としている。井上蔵相は，インフレ財政と為替安に支えられた日本経済の脆弱的体質を見誤り，不況の過程で大企業への集中の進行と産業合理化の努力によって対外競争力があると過信し，中小企業等の合理化の不徹底を過小評価したと論じている。こうした事実から「たとえ世界恐慌の影響がなかったとしたところで，急激なデフレ政策と金解禁による金融の逼迫および外国の競争の激化は，日本経済にそうとう強いショックを与えたに

21

ちがいない[46]」と評している。

井上蔵相の政策は，世界恐慌の本質について科学的認識を持ちえなかったのであり，「井上財政は内外金融資本の要求と支持によって登場したにもかかわらず，その実施後においては次第にその支持が失われていったということである。これは金解禁実施後，世界恐慌とイギリスの金本位制離脱の事態に対応しつつみられた正貨の大量流失，資本の海外逃避，いわゆるドル買いという現象にも端的に反映しているが，井上蔵相はじめ浜口内閣の必死の工作にもかかわらず，野党のみでなく『財界』一般に再禁止論が台頭して来たことでも明らかである[47]」。「そもそも井上財政の基調をなす『安価なる政府』の論理はその金本位制論とともに，資本主義の独占段階なかんずく全般的危機も第三期を迎え，いわゆる国家独占資本主義の体制が必然化しつつある時期においては，すでにアナクロニズムとなりおわっているということである。……そのような理論があたかも通用するかのごとく説くのは，錆びついた理論かさもなくんば欺瞞に過ぎないのである[48]」。

「第一次大戦後，資本主義の存立しうる条件がいちじるしく変化してきたのだが，日本だけでなく，むしろいずれの国の指導者もが，それをじゅうぶんには認識していなかった。しかも1920年代の各国の金本位制への復帰は，まえにみたように，多分に偶然的な条件に支えられたためではあったが，ともかく成功し，安定期を実現しえたのであった。そこに資本主義にたいする安易な信頼が生まれたのは，ある意味で当然であった。世界の為政者にしても，資本主義の変化を身をもって感じるようになるのは，大恐慌の苦い経験を経てからのことだったのだから，ひとり井上だけを責めるのは酷といえば酷であろう。[49]」

「井上の経済思想の中心は，『金本位制の妙用』＝『経済界全般への天然自然の調節』にたいする絶対の信頼である。それは，きわめて粗奔に，しかし端的に，表現されたリカード＝ミル流の静態的な国際収支均衡論であり，いわゆる数量説的前提によりかかった金本位制の自動調節論である。マルクス経済理論による批判はもとより，この段階においてはケインズ（J. M. Keynes）による銀行主義的な批判（たとえば A Tract on Monetary Reform, 1923を見よ）もあら

22

第 1 章　国際金融の歴史

われているのだから，理論的には，井上の素朴にさえみえる"天然自然の調節論"の紹介と批判にここで数行を費す必要はないだろう[50]」。また，金本位制の自動調節作用に対する井上の信念を，前述のように「幻想的ドグマ」と断じる捉え方もある。「深井（英五）の"開放性"に対応する井上の"閉鎖性"は金本位制に対するドグマ的信条に凝結している。従って，井上の思想はその開放性（合理性ないし科学性）の故にではなく，その閉鎖性（その理論の論理整合性ではなく，究極的信条（ドグマ）としての合目的性─優れて時論的・イデオロギー的な性格）において捉えられねばならないであろう[51]」。

【注】
1 ）日本の「貨幣法」では 1 円＝純金 2 分＝金0.75グラムであり，アメリカでは 1 ドル＝金1.50462グラムであった。円・ドルの金平価は， 1 円＝0.4985ドルで， 1 ドル＝2.0062円であった。金の輸出入は自由であったので，日本から金を輸出してドルに換えることも，アメリカで金を買いそれを輸入することも可能であった。しかし，実際の金の輸出入には輸送費，保険料，輸送期間中の金利等の「現送費」が生じる。したがって，日本からアメリカへの金輸出によってアメリカで 1 ドルを入手するのに必要な円の金額は，現送費分だけ金平価より高くなり，逆にアメリカで金を買い，金輸入をして得る 1 ドルは円換算すると現送費分だけ費用が掛かるので，金平価より低くなるのである。もし仮に現送費を 1 ％と仮定すれば，金輸出を通じたドルの入手に要する日本円の交換は，前述のドル・円交換率 1 ドル＝2.0062円から 1 ドル＝2.0262円となり，逆に，金の輸入を通じた交換率は， 1 ドル＝1.9861円となるのである。前者の交換率を金輸出点，後者の交換率を金輸入点と言い，両者を総称して金現送点と呼ぶ。このように円・ドルの交換比率と金平価とは必ずしも等しいとは限らないのである。
2 ）貨幣数量説は広義と狭義さまざまな説があるが，一般的にはI.フィッシャーの交換方程式が有名である。一定期間の経済的取引行為の総額は，取引量をT（Transaction），財・サーヴィスの平均取引価格である物価水準をP（Price）とすると，ＰＴで表せる。一方，取引に必要な貨幣総額は，貨幣量M（Money）とその貨幣が一定期間に何回取引で使用されたかを示す使用回転数，つまり貨幣の流通速度V（Velocity）との積であるMVで表せる。従って，ＭＶは一定期間における貨幣量Mを媒介とした取引総額ＰＴと等しくなり，ＭＶ＝ＰＴという交換方程式が成り立つ。ＶとＴが一定と仮定されるなら，貨幣量Mが増大するにつれ，貨幣がすべて取引に使用されるなら，物価水準Pは比例的に上昇する。これが素朴型の貨幣

23

数量説の考え方である。

　金本位制度下，輸出＞輸入による貿易黒字が生じ，黒字分の金の流入に見合った国内通貨Mが増大すると，貨幣流通量が取引総額に対して相対的に増大し，国内物価水準Pが上昇する。すると輸出は減少して輸入は増加し，支払い超過となって為替相場は低下傾向を示す。その低下は金現送点を限界として，それ以下には低下せず，その点に至れば金が流出し，国内貨幣流通量は減少し，一般物価水準は国際的物価水準にまで低下する。逆に輸出＜輸入による貿易赤字が生じ，赤字分の金の流出に見合った国内通貨Mが減少すると，貨幣流通量が取引総額に対して相対的に減少し，国内物価水準Pは下落する。すると輸出は増大して輸入は減少し，受け取り超過となって為替相場は上昇傾向を示す。その上昇は金現送点を限界として，それ以上には上昇せず，その点に至れば金が流入し，国内貨幣流通量は増大し，一般物価水準は国際的物価水準にまで上昇する。以上のように，金本位制度下では，為替相場はそれぞれの法定平価を中心に安定し，その変動は上下の金現送点の範囲内に限られ，各国の国内物価は国際的物価水準の平準化作用のために変動して，一定の水準に落ち着く傾向がある。金本位制には外国貿易を均衡化する自動調整メカニズムが存在すると信じられていたのである。それを簡略に図示すると以下のようになる。

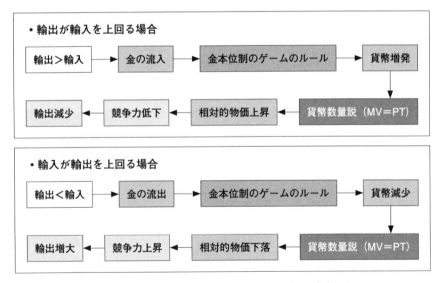

金本位制には，貿易収支の自動調整メカニズムが存在した
図1-3　金本位制の概略図

第1章　国際金融の歴史

3）変動為替相場制度と固定為替相場制度について触れておこう。国際収支で輸出超過や輸入超過で不均衡が生じる場合，その調整は，一つは為替レートの変動を通じて国際収支の均衡を実現する変動為替相場制度と，一つは為替相場を固定するかあるいは一定の範囲内で固定して収支不均衡に対して国内の所得や物価の変動を通じて調整するという固定為替相場制度によって行われる。金本位制度は，固定為替相場制度の典型と言える。金本位制度は金貨本位制度，金地金本位制度，金為替本位制度に分類される。金貨本位制度は銀行制度の発達に伴い，利便性から金貨の使用，鋳造を止め，金貨と交換可能な中央銀行による兌換銀行券に基づく金地金本位制に移行した。この制度は1925年にイギリスで再建国際金本位制として導入され，金は金貨ではなく地金のまま兌換銀行券の発行準備と対外決済準備として中央銀行によって管理され，金の輸出入は金地金で行われた。しかしその後，このシステムは金保有の乏しい国では不便であるので，各国の中央銀行が，金地金あるいは金地金本位国の銀行券で決済可能な外国為替である金為替を金に代わって銀行券の発行準備と対外決済準備として保有するという金為替本位制度が広まった。つまり，要求に応じて金為替を一定の価格で無制限に売買する制度である。

4）正貨とは，もともとは兌換紙幣または中央銀行保有の金を指す。そして，ある国の中央銀行が一定の価格で他の金本位国への為替手形の売買に応じて，対外的に金本位制度を実質的に維持しようとする制度のことを金為替本位制度という。この制度の下では，政府または中央銀行は，対外決済のため金の他にもそれと同等の価値を有し，金や米ドル等に換金できる債権を在外正貨として国外に保有し，それを貿易のための為替手形の購入資金に使用する。

5）大内力『日本の歴史』24「ファシズムへの道」中央公論社，1974年，pp.55-60参照。

6）大内力，同上書，p.61参照。

7）大正時代に日本の政治は二大政党の政友会と憲政会（後に民政党に改称）によって執り行われ，前者の経済政策は，インフレ政策に基づく国内の経済振興と生産力増強を柱とする「対内拡大均衡主義」をとり，在外正貨維持および為替相場下落放任の政策であり，後者のそれは「対内縮小均衡主義」で，在外正貨払下げおよび為替相場下落阻止の政策であった。

8）吉田賢一「金解禁（昭和5年～6年）の歴史的意義—井上準之助の緊縮財政政策—」『北海道大学経済学研究38-3』1988年，pp.53-57参照。

9）大内力，前掲書，p.183参照。

10）吉田賢一，前掲稿，p.48参照。「無理をせず当時の円の実力にあった最近の円安相場で解禁すべきだとする『新平価』論も，一部には出されていた。これについては，在野のエコノミスト，石橋湛山，高橋亀吉，小汀利得，山崎靖純の，いわゆる新平価四人組が有名である。その論拠は，『井上の旧平価解禁は，荒れ狂う暴風雨に向かって雨戸を開け放つようなもの』という武藤山治の国会質問の名文句に集約

25

される。しかし，新平価解禁論は，当時ひとにぎりの意見にしかすぎなかった。この論争は，『日本経済は，昭和二年の金融恐慌の後遺症ものこり，まだ弱体化しているので，旧平価でわざわざ円高にすれば，深刻な不況に陥る』（新平価論），『景気の現状は決してよくないが，多少の円高には苦しくともたえられる』「（旧平価論）といった経済診断の違いもあるが，浜口が国民に訴えた"国民精神の緊張"といった精神論，強烈な信念が，何にもまして圧倒的な説得力をもったのである。旧平価でやるにせよ新平価でやるにせよ，そののち世界恐慌の大波をまともに受けることになろうとは，まったく気づかないまま，日本は金解禁の実施に向かったのであった。」（NHK"ドキュメント昭和"取材班編『ドキュメント昭和』6—潰え去ったシナリオ—』角川書店，1986年，pp.162-163参照）。

11）金融界からの金解禁即時断行論の台頭については，高橋亀吉・森垣淑『昭和金融恐慌史』（講談社，1993年，pp.260-266）を参照されたい。

12）NHK"ドキュメント昭和"取材班編，前掲書，pp.114-120，およびNHK取材班編『金融小国ニッポンの悲劇』角川書店，1995年，pp.123-137を参照されたい。

13）吉田，前掲稿，pp.58-59を参照。しかし，「解禁恐慌」という言葉自体は広く使われている。「日本の昭和恐慌の特徴の一つは，世界恐慌の波及が全面化する前に，金解禁政策と金解禁実施によって『解禁恐慌』と呼ばれる一種の安定恐慌に突入していたこと，しかも，その『解禁恐慌』に突入する直前に好況末期のブームをもたなかったことである。」（大石嘉一郎編『日本帝国主義史2　世界大恐慌期』東京大学出版会，1987年，p.10）。

14）大石嘉一郎，同上。

15）1-2図（資料）山沢逸平・山本有造『貿易と国際収支』（長期経済統計14）東洋経済新報社，1979年，大石嘉一郎，前掲書，p.84における橋本寿郎氏作成のものを転載。

16）吉田賢一，前掲稿，p.59参照。

17）同上稿，p.61参照。

18）同上稿，p.62参照。

19）同上稿，pp.62-63参照。

20）同上稿，pp.63-64参照。

21）同上稿，pp.64-65参照。

22）同上稿，p.65参照。

23）同上稿，pp.65-66参照。

24）同上稿，p.66参照。

25）同上稿，p.67参照。

26）同上稿，pp.68-69参照。

27）同上稿，p.69参照。しかしその後，金解禁による景気好転への期待は，失望に至り，金輸出再禁止，平価切下げの要望が出るようになり，人々は円の将来を不安視

第1章　国際金融の歴史

するようになった。これに対して井上蔵相は公定歩合を引き上げることで金融緊縮策を取った。金解禁実施後の昭和6年には円売り・ドル買いの傾向が顕著になった。また同年9月には満州事変勃発とイギリスの金本位制離脱があり，日本も追随するとの思惑からドル買いが強くなった。当時，井上蔵相は横浜正金銀行を通じ無制限のドル統制売り（円を売りドルを買いたい人には横浜正金銀行を通じて断固としていくらでもドルを売り対抗するという操作）を行った。「井上の考えによれば，金融を引き締めればドルを買いたいと思っても，やがて買入れに必要な円資金がなくなるであろうというわけで，日本銀行もこの方針に即応し前後二回公定歩合を引き上げ，金融を引き締めた。そうすればドル買いをやっていたものも逆にドルを売って円を買い戻さざるをえないというのが彼の信念だったのである（吉野俊彦『歴代日本銀行総裁論』講談社学術文庫，2014年，p.177）。

28）吉田，前掲稿，p.69参照。

29）吉田，同上稿，pp.69-70参照。

30）同上稿，p.70参照。

31）長幸男『日本経済思想史研究』未来社，1963年，p.160。

32）井上準之助『金解禁―全日本に叫ぶ―』先進社，1929年，pp.71-73。

33）井上，同上書，p.76。

34）吉田，前掲稿，pp.72-73。

35）「『トラックに積んだ金塊の上に，若い行員がでんと座って，外国に現送（げんそう）のため横浜の港に向かったのでした……』と三井銀行元副社長飯野匡氏（いいのただし）が証言するとおり，日本から六〇〇トンもの金が流出したしたのである。」（NHK"ドキュメント昭和"取材班編，前掲書，p.181）

36）吉田，前掲稿，p.74。

37）吉田，同上稿，pp.74-75参照。

38）同上稿，pp.76-77参照。

39）同上稿，p.77参照。

40）同上稿，pp.76-78参照。なお，古典派の貨幣数量説においては，貨幣を交換経済における単なる中立的な仲立ちと見なす貨幣ベール感に基づき，貨幣需要は交換手段や支払い手段つまり流通手段としての貨幣需要の存在のみに限定され，投機的動機に基づく価値保蔵手段としての資産貨幣需要については，その存在を考えずゼロと仮定していた。今日の経済学の常識では，恐慌下において，価値保蔵手段としての流動性選好つまり資産貨幣需要は無限大になり，たとえ中央銀行による金融緩和策で貨幣供給量が増大しても，貨幣は「タンス預金」の形態で不活動貨幣として現金の形態で退蔵されてしまうので，物価騰貴が生じないことは明らかである。

41）同上稿，p.47参照。

42）吉野俊彦『日本銀行制度改革史』東京大学出版会，1962年，pp.196-197。

43）大島清『日本恐慌論』下，東京大学出版会，1955年，pp.350-351。

44）吉野俊彦，前掲書，pp.170-171。

45）大内力，前掲書，p.190。

46）大内力，同上書，p.191。

47）安藤義雄『太平洋戦争の経済史的研究』東京大学出版会，1987年，p.33。

48）同上。

49）大内力，前掲書，p.192。

50）長幸男「昭和恐慌2―金解禁と恐慌の深化―」隅谷三喜男編『昭和恐慌』有斐閣，1974年，p.217。

51）長幸男『昭和恐慌―日本ファシズム前夜―』岩波書店，2001年，p.81。なお，井上蔵相の理論の核心については，pp.84-87を参照されたい。そこには井上の理論が古典派の正統派理論の域を脱せず，マルクス経済学，ケインズ経済学の視点から見ると稚拙であった点が指摘されている。そして井上の行動を「空中楼閣に戦いをいどむドン・キホーテさながらの蛮勇ではないか」（p.87）と評している。

第2章
ブレトン・ウッズ体制
（IMF・GATT 体制）

■第1節　金・ドル本位制

　1944年7月，アメリカのブレトン・ウッズでの連合国通貨金融会議における協定を経て，国際通貨基金 IMF（International Monetary Fund）と国際復興開発銀行 IBRD（International Bank for Reconstruction and Development）が創設された。後者は通称，世界銀行で，略して世銀と呼ぶ。また，自由貿易を拡大するため関税・貿易一般協定 GATT（General Agreement on Tariffs and Trade）を創設した。これらの組織は，第二次大戦以前の近隣窮乏化政策，ブロック経済，各国が孤立し，分裂したアウタルキーつまり自給自足経済が大戦をもたらした主因であるとの認識の下，各国の完全雇用と生活水準の向上を目指して，国際協調による国際貿易の拡大を図ることを目的として設立されたものである。このブレトン・ウッズ協定では，ケインズの立案によるイギリスの国際清算同盟案とアメリカのホワイトによる国際為替安定基金案とが検討された。ケインズ案は国際清算同盟を設立し，各国の債権・債務関係を清算し，差額は同盟に対する債権・債務として扱い，国際的信用供与を行うというものであった。ケインズは，金との交換性をもたないバンコール（Bancor）という国際通貨単位を主張した。ヨーロッパ諸国も，対外決済能力の不足で，金に依存しない国際通貨制度を目指した。ホワイト案は，金と各国通貨のプールによる国際安定基金を設立し，その資金プールから国際収支赤字国に資金貸し付けを行い（追加的信用創造は行われない），一定の限度内で金と交換性を持つユニタスを単位と

29

定めた。結局，アメリカの国力，ドルの力を背景にホワイト案に沿ってIMFが設立された。IMFが経常収支赤字国への短期融資を行うことによって国際経済の発展を図る仕組みに対し，世界銀行は長期融資によって各国経済の復興と開発を支援するために設立されたものである。

第二次大戦前の金本位制度は，1931年のイギリスの金本位制離脱をもって終焉し，戦後の国際金融システムは，「金・ドル本位制」に移行することとなった。戦前は各国通貨が一定のレートで直接的に金と結び付いていたが，戦後はドルのみが金と結び付いたシステムとなった。金1オンス（1トロイオンス≒31グラム）は35ドルと交換が約束され，金・ドル兌換システムが構築された。日本は1949年4月25日から1ドル＝360円の単一固定為替レートによる固定為替相場制を取り入れた。この「金・ドル本位制」のシステムは，1971年8月15日のニクソン大統領による金・ドル兌換停止声明，いわゆるニクソンショックまで継続することになる。以上を図示すると図2-1となる。

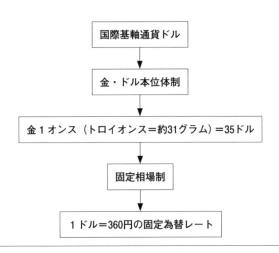

金・ドル本位制……ドルは金と兌換可能である一方，金1オンスがないと35ドルを発行できないシステム。

図2-1　ブレトン・ウッズ体制（1944年〜1971年）

第2章　ブレトン・ウッズ体制（IMF・GATT 体制）

■第2節　ニクソンショック（金・ドル兌換停止声明）

　第二次大戦の終戦からニクソンショックに至る経緯は複雑であるが，主な出来事を時系列で追ってみよう。日本は大戦でアジア諸国を侵略し，多大なる損害を与えたが，終戦でアジア各国は次々に独立を果たした。しかし，仏印，つまりベトナムはフランスの植民地のままであった。ベトナムの人民は独立を目指してフランス軍に抵抗するが，四方を山で囲まれた難攻不落のディエンビエンフーの要塞があったため，フランスに対し軍事的優位に至らなかった。しかし，粘り強いベトナム人は周到な準備の末，要塞を粉砕し，フランス軍はベトナムから撤退した。その後，ベトナムの共産主義化を恐れたアメリカは，ベトナムに傀儡政権を樹立し，ベトナムは南北に分断された。アメリカのマクナマラ国防長官はベトナム戦争の終結が数年もかからないと想定したが，ベトナム人民の反撃に遭い，争いは長期化した。アメリカは戦費の調達に苦慮していた。ベトナム戦争当時，アメリカの金保有高は101億ドルに止まり，債務は440億ドルを超えていた。アメリカは自由にドルを発行できる状況にはなかった。つまり，「金・ドル本位制」とは，アメリカに35ドルを持ち込めば，原則として金1オンスと交換できるシステムであったが，裏を返せば，アメリカは金1オンスがなければ，35ドルを勝手に発行できないシステムでもあった。アメリカは金の保有不足から金1オンス35ドルでの交換が不可能になった。東西の冷戦下，アメリカはドルを金の鎖から解き放ち，ドルを発行したいだけ発行する金融システムを構築する道を選ぶことになる。ニクソンショックとは，金・ドル兌換停止声明によって不換紙幣の時代に突入したことを意味する。ここに IMF・GATT 体制は変質を余儀なくされ，ブレトン・ウッズ体制は崩壊をみる。当然，ドルと金との兌換停止に伴い，1ドル＝360円の為替レートの維持は困難となった。アメリカは「金・ドル本位制」に代わる新たなる国際金融システムを模索することになる[1]。

　1971年8月のニクソンショック後，一時的に変動相場制に移るが，同年12月18日ワシントンのスミソニアン博物館における10カ国蔵相・中央銀行総裁会議

31

でドルの金平均の切り下げ，円，マルク等の対ドル切り上げ合意が成立し，対ドル・セントラル・レートを設立し，為替変動幅をその上下2.25％とする固定相場制に復帰した。これにより，円の対米ドル基準レートは1ドル＝308円に決定され，変動幅の範囲内で1ドル301.7円から314.93円の範囲で変動することとなった。この「スミソニアン協定」の特徴は，金兌換性を停止したまま，各国が対ドル為替相場を固定したことである。しかし，ドルによる為替投機が生じて，1973年3月，各国は変動幅の限度での市場介入を停止し，一時しのぎの暫定的な「スミソニアン体制」は崩壊し，変動相場制に移行することとなった。変動相場制は管理された「フロート制」（managed floating rate system）であり，主要国通貨の対ドル・フロート制である。

【注】
1）矢島鈞次編『日本が再び孤児になる日』グリーンアロー出版社，1984年，pp.11-12参照。

第3章
ドル・石油・リンク制と
アメリカの経済政策

■第1節　オイルショック―アメリカとOPECの秘密合意―

　ニクソンショックのあった1971年，アメリカとサウジアラビアとの間で「秘密軍事協定」が締結された。1971年に陸軍，72年に海軍，73年には空軍との軍事協定が結ばれ，74年には軍事，技術，経済などを織り込んだ総合協定が締結された。1973年10月17日，サウジアラビアなどOPEC加盟中東6カ国は石油価格を4倍に引き上げた。1974年6月，南米エクアドルのキトでOPEC総会が開催され，アメリカの意向を酌んだサウジアラビアは，キト総会でOPEC急進派を抑え込み，OPEC穏健派諸国にアメリカの提案を説得した。1975年半ば，その提案とは，OPECからの原油購入を事実上ドル建てに特化することの見返りとして，アメリカがOPECのカルテル化，つまり独占価格を認めるという驚くべき内容のものであった。アメリカはOPEC諸国に白紙の小切手を手渡したことになる。すなわち，OPEC諸国，とりわけサウジアラビアは，白紙の小切手に石油価格を2倍と書き込むことも，3倍と書き込むことも，4倍と書き込むことも自由となったのである。イギリスは北海油田を有していたため敢えて反対を唱えず，西側先進国はアメリカの圧力によってOPECの石油カルテル化を不承不承認めざるを得なかった。アメリカとOPECとの公然たる秘密合意の結果，「ドル・石油・リンク制」が確立されたことで，もはや日本やフランスやドイツは，OPECからの石油購入がドル以外の自国通貨では購入できなくなり，ドル需要が高まり，一時的にドル高基調が生じた。しかもア

33

メリカは不換紙幣のドルを好きなだけ印刷するだけで，いくらでも石油購入ができるシステムが構築されたのである。1973年10月，OPECによる石油価格引き上げは，第一次オイルショックを惹起させた。1979年には第二次オイルショックが生じた。その結果，世界は同時不況に陥ることとなった[1]。

「ドル・石油・リンク制」の結果，OPEC諸国への石油代金の支払いでアラブ産油国に膨大な量のオイルダラーが溜まり込んだ。そこで，国外のドルを管理したいアメリカは，1977年12月28日，「インターナショナル・エマージェンシー・エコノミック・パワーズ・アクト（IEEPA）」という法律を制定した。この法律の目的は，OPEC諸国等がアメリカの戦略に逆らった場合には，アメリカの金融機関はもとよりアメリカ系銀行の海外支店に預けられたすべてのドル資産を凍結するものであった。これに対しサウジアラビアは，自国のドル資産の凍結を免れるため，余剰ドルでアメリカの国債である財務省証券を購入することで，この法律の適用をかろうじて免れ得たのであった[2]。

■第2節　財務省証券本位制度

オイルダラーをはじめとするアメリカの国外に流出したドルをアメリカ国内に還流させる仕組みとして，アメリカは大量のドル保有国に高金利のアメリカの財務省証券を購入させるという方法を用いた。オイルショックによる世界同時不況と物価高のスタグフレーションが進行する最中，不況の克服には通常，低金利政策が順当な政策であるが，アメリカは逆に「意図的高金利政策」を打ち出していた。アメリカにおいて高金利で運用可能なアメリカの財務省証券は，ドル保有者には魅力的で，手持ちのドルをアメリカ財務省証券に投資したのである。これはドル・石油・リンク制の下，高金利政策を通じてアメリカからのドルの流出を阻止し，アメリカへのドルの還流を図り，加えてドル紙幣の代わりに高金利のアメリカ財務省証券を買わせる仕組みであった。アメリカはこの仕組みを構築するため脅し，すかしなどありとあらゆる手段を用いた。たとえばサウジアラビアに対しては通貨ドルの代わりに低利での財務省証券を引き受けさせ（高金利の14％財務省証券ではなく，6％の財務省証券），その見返りにサ

34

第3章　ドル・石油・リンク制とアメリカの経済政策

ウジの軍事的安全保障を約束し，AWACS（空中早期警戒管制機）を供与した。背景には，1979年2月に起きたイランでのホメイニ革命の煽りで，同年11月20日に起きたメッカ事件（シーア派を含む反サウド王家のイスラム教徒によるメッカのアル＝ハラム・モスク占拠事件）などで，サウジアラビアがイランに対して警戒する事情があったからである。

　オイルダラーのアメリカへの還流ということは，言い換えればアメリカ財務省証券の他国への売却であり，こうした現象から，国際通貨システムを「財務省証券本位制度」と呼ぶ学者もいる。つまりオイルダラーは，アメリカがサウジアラビアなどに兵器や軍事サービスを販売し，代金の回収でアメリカに還流され，未回収のドルは，産油国が高金利の財務省証券を買うことでアメリカに還流してくるという仕組みであった[3]。

　アラブ産油国に集積されたオイルダラーだけではなくユーロダラーもまた，高金利に引きつられ一瞬のうちにアメリカの銀行に吸い寄せられた。シティコープ銀行，チェースマンハッタン銀行，JPモルガン銀行，コンチネンタル・イリノイ銀行，バンク・オブ・アメリカといった主要銀行の本店に吸い込まれた。あらゆる取引のほぼすべての決済は，ニューヨークの銀行本店の口座間で行われるため，アメリカはオイルダラーとユーロダラーを管理下に置くことができるようになったのである。そもそも銀行の営利事業とは，自行が保有する預金を他者に貸し付けることを生業とするものである。アメリカの銀行は還流した膨大なオイルダラーを何処に貸し付けたのであろうか。それは中南米を中心とした途上国である。当時，自国の工業化を目指したメキシコやブラジルは，工業化に向けた資材を先進国から輸入せざるをえず，多額の資金需要に迫られた。IMFといった国際金融機関の後押しもあって，アメリカの銀行を先頭に，ヨーロッパや日本の銀行も「みんなで貸せば怖くない」との合言葉で中南米を中心とした途上国に大量に融資された。日本などは途上国の工業化により機械受注等で輸出を増大することができ，他の先進国もオイルショックの不況から脱却し，一応の景気回復を見たのであった。また，石油価格の高騰に苦しんだ先進国は，石油に代わる代替エネルギーの開発に取り組み，石油の需給にアン

35

バランスが生じる事態になった。余剰となった石油により,「逆オイルショック」が生じることとなった。これは石油に止まらず貴金属の価格の暴落に繋がり,やがて農産物のような一次産品全体に拡散し,世界中の一次産品価格の大暴落をもたらした。この暴落は後述する IMF の途上国向け経済政策の失敗も主要な原因であった。先進国の銀行から多額の融資を受けた途上国が資金を返済するには,一次産品の輸出に頼るしかなかったが,一次産品の価格暴落は,債務返済を不可能に導いた。ここに第 4 章で後述する中南米を中心とした累積債務問題が発生することになる。図 3 - 1 は累積債務問題に至る経緯を素描した図である。

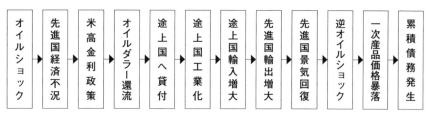

図 3 - 1　累積債務問題への経緯

1979 年 1 月,アメリカを後ろ盾とするイランのパーレビ国王体制への反体制運動の激化によって,国王はエジプトに亡命した。1979 年 2 月,ホメイニ革命が起き,同年 11 月 4 日,アメリカがパーレビ国王の入国を認めたことに反対した学生らがテヘランのアメリカ大使館を占拠し,国王の身柄引き渡しを求めてアメリカ大使館人質事件が起きた。パーレビ国王の 70 億ドルの資産をはじめイランの海外資産は,アメリカの IEEPA 法によって凍結されたのは言うまでもない。ジミー・カーター政権は人質救出作戦を試みたが失敗した。カーター大統領の政策を軟弱と見たアメリカ国民は,1980 年「強いアメリカ」を標榜するドナルド・レーガンを大統領に選出した。

　レーガンによるレーガノミクスは,市場原理に基づく自由主義経済政策によって不況下の物価高であるスタグフレーションを乗り越えようとしたもので,サプライサイド,つまり需要ではなく供給サイドに重きを置くマネタリスト達

第3章 ドル・石油・リンク制とアメリカの経済政策

によるアメリカの戦略であった。1981年2月に出された米国経済再生計画は，軍拡・減税と社会保障費削減に加え，前述の意図的高金利政策であった。図3-2はアメリカがレーガノミクスから債務国へ転落した経緯を示した図である。

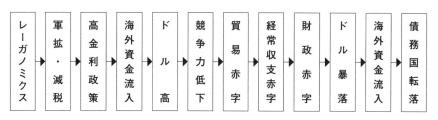

図3-2　レーガノミクス

つまるところ，レーガノミクスはアメリカの債務国への転落，アメリカの相対的弱体化をもたらすことになった。ここで，ニクソンショック以降の経緯を以下に表にしてみよう。

表3-1　アメリアの戦略年譜

1971年8月	ニクソンショック（アメリカの新経済戦略，強いアメリカを目指した再構築開始）
同年12月	スミソニアン協定（ドルの切り下げのない他国通貨の切り上げの協定）
同年	サウジアラビア対アメリカの秘密軍事協定（陸軍）
1972年	同上（海軍）
1973年	同上（空軍）
同年10月	第一次オイルショック
同年	変動相場制へ移行（ドルによる他国通貨操作準備）
同年	連邦金融銀行法成立（FFB：Federal Financing Bank Act）
1974年5月	連邦金融銀行操業開始
同年6月	サウジアラビア・アメリカ総合協定締結
同年6月30日	224日期限15億ドル相当の連邦金融銀行証券発行
同年9～11月	アメリカと11カ国との2国間経済協定（常設）そのうち6カ国は中東（イラン，エジプト，イスラエル，サウジアラビア，チュニジア，ヨルダン）
1975年6月5日	連邦金融銀行証券発行中止
1975年6月	オランダ銀行業大会でのサイモン財務長官のアムステルダム演説

同年	アメリカと OPEC 秘密合意（石油代金ドル建ての見返りとして石油価格高騰容認）
同年	ドル・石油・リンク制確立
1977年12月28日	インターナショナル・エマージェンシー・エコノミック・パワーズ・アクト成立（IEEPA：対アメリカ敵対行為に対するアメリカ金融機関の資産凍結）
1979年11月	同法律をイラン資産凍結に適用（パーレビ国王の資産凍結）
1980年	通貨統制法成立（Monetary Control Act）
同年	エネルギー補償法成立（Energy Security Act）
同年	合成燃料会社（Synthetic Fuels Corporation）
1981年	総括的予算調整法（Omnibus Budget Reconciliation Act）
同年	戦略石油備蓄会計
1981年	ボストン連邦銀行はドイツ・スイスの3カ月証券を別抵当として信用創造を行った。

（出所）矢島鈞次『ドルによる世界支配戦略』プレジデント社，1984年，p.115を参照して作成

■第3節　アメリカの経済政策

　アメリカは金・ドル兌換停止以降，「強いドル」を維持するために国際競争力のある国内産業基盤の構築を目指した。「外交問題評議会」を中心に「1980年代プロジェクト」が設立され，1978年3月，「国際産業政策会議」を起点にロックフェラー財団，フォード財団，A・W・メロン財団等からの資金を背景にアメリカの政財界が参加して，一大プロジェクトが始動した。これは「強いアメリカの再現」を目指したアメリカの中・長期の世界戦略であった。アメリカは先端技術型産業構造への転換を図ろうとした。つまり宇宙産業，原子力産業，新素材産業，IT 産業，新軍需産業，光通信，バイオ・テクノロジーを生かした医薬関連産業，海洋産業，宇宙産業等の先端技術集約型産業へ力点を置く政策であった。一方，鉄鋼，造船，家電，自動車，雑貨等の産業は従来型産業に属し，後者は前者を補完する位置付けであった。「1990年代プロジェクト」では「1980年代プロジェクト」よりもさらにアメリカの産業構造の転換が推進された[4]。

　しかし，アメリカのこうした一連の戦略は，アメリカの国内産業にある種の

歪みをもたらすことになった。この歪みはアメリカの産業空洞化と相まって，第6章で後述するようにアメリカの家電産業等の消滅に繋がった。

■第4節　プラザ合意・ルーブル合意

アメリカはレーガノミクスによる軍拡・減税，意図的高金利政策および従来型産業に見切りを付ける一連の政策を通じて，国力の相対的弱体化を招くことになる。意図的高金利政策による一時的ドル高と従来型産業の切り捨てによって貿易収支は入超に転じ，軍拡・減税によって財政赤字に転じた。経常収支赤字と財政赤字の双子の赤字に直面したアメリカは，先進各国に協力を求めた。1985年9月，ニューヨークのプラザホテルのスイートルームにG5の蔵相と中銀総裁が集まった。会議では，「強すぎるドルの是正」，「非ドル通貨が強くなることが望ましい」という表現が使われた。実際は各国通貨の切り上げとドルの切り下げであったにも拘らず，アメリカの要請により，「ドルを切り下げる」，「ドルを安くする」という表現は使われなかった。結局，1ドル＝240円の為替レートが決定された。プラザ合意の背景は，米国の経常収支赤字と財政赤字の双子の赤字の解消である。プラザ合意直前に，竹下蔵相とベーカー財務長官の秘密合意があったとされる。合意内容は，米国の貿易赤字解消のため日本の内需拡大を約束させ，1ドル＝240円から1ドル＝200円の範囲で日本は円高を黙認するというものであった。だが，実際の為替レートは1ドル＝160円台まで円高となり，その後，日本は「円高不況」に陥った。G5の会議においては政策協調，為替相場への協調介入の合意をみたが，実際には各国の政策協調は実施されず，為替相場への協調介入のみが実現しただけであった。日本は大蔵省の反対で政策協調である財政政策に頼ることができず，結局，金融政策に訴えることとなった。宮沢蔵相は日銀に対して公定歩合を戦後最低の2.5％に引き下げることを要請し，ここに日本のバブル経済が始まった。

プラザ合意後の1987年2月，パリのルーブル宮殿において再び各国の蔵相と中央銀行総裁が集まり，通貨問題が話し合われた。為替レートは各国の経済のファンダメンタルズに概ね合意した範囲であるとの認識の下，変動相場制下の

対外不均衡是正のため政策協調（黒字国の内需拡大，赤字国の内需抑制）と，当面の水準（1ドル＝約150円）での為替安定化を図ることが合意された。しかし，各国の国内的政策目標と矛盾をきたし，結局，国際協調はここでも個別の国ごとの為替相場への協調介入に止まった。

【注】
1）矢島鈞次編『日本が再び孤児になる日』グリーンアロー出版社，1984年，pp.13-14参照。

　矢島鈞次『ドルによる世界支配戦略』プレジデント社，1984年，p.116及び矢島鈞次編，前掲書，p.118参照。

　矢島鈞次・新開徹夫編『アメリカの裏戦略を読む』ダイヤモンド社，1983年，p.53参照。また，視点は異なるが，ドル・石油リンク制については，副島隆彦『ドル覇権の崩壊　静かに恐慌化する世界』徳間書店，2007年を参照されたい。

2）矢島鈞次編，前掲書，pp.15-16，および矢島鈞次，前掲書，p.118参照。

3）矢島鈞次編，前掲書，pp.16-17参照。

4）矢島鈞次編，前掲書，p.19参照。

第4章
累積債務問題

■第1節　比較生産費説と累積債務問題

　国際経済学の分野においては，理論的拠り所である比較優位の理論が，長らく途上国向け開発理論の主流を形成し続けてきた。万国に遍く利と恩恵とをもたらすと流布されてきたこの比較優位の理論に基づいて，IMF，世界銀行並びにその他の国際金融機関は，累積債務問題に取り組んできた。にも拘らず，実際にその理論を適用された多くの途上国においては，貧困と飢餓が解消に向かうどころか，いっそう悪化の一途を辿っている。「南」の最も貧しい人々が「北」の最も豊かな人々を資金的に援助するという構造は，修正されるどころか，ますますもって強固になりつつある。つまり現行の主流の開発モデルが拠って立つ比較優位の理論は，第二次大戦後一貫して久しく「南」に適用されてきたものの，途上国の民衆の苦悩と抑圧とを緩和するどころか，逆にそこでの不正と圧制とを助長する尖兵の役割を果たし続けているのである。もはや比較優位の理論に立脚する主流の開発モデルを途上国に適用しようとする経済学者（IMF お抱えの経済学者たちを含め）は，自ら意識しようとしまいと，世界経済を支配し，「南」から吸血鬼のように利潤を吸い上げる「北」の富者の手先と成り下がってしまったと言われても反論のしょうがないであろう。支配的な旧パラダイムは，強者をますます強者にするイデオロギーに立脚している。また，比較優位の理論に依拠する開発モデルから利益を得ている途上国内の支配層は，自国民に対して裏切り行為をしており，一般住民は債務地獄で断末魔の

叫び声を上げている。

　事実，今や IMF・世銀が推進する比較優位の理論に立脚した途上国向け開発モデルでは，先進国のＡ国と途上国のＢ国の双方共に利益を享受できないケースが生じたのである。つまり比較優位の理論は，希なケースにのみ妥当する特殊理論であることが現実のものとなったのである。このことはブラッドレー米国上院議員（U.S. Senetor Bill Bradley）が指摘するまでもなく，IMF・世銀が実施している途上国向け施策は，途上国を利払い不能に陥れる一方，途上国による先進国からの輸入を激減させ，先進国にも多量の失業者を生み出すに至っていることからも明白であり，双方の国に利をもたらすなどとはおよそ無縁の様相を呈しているのである[1]。途上国に対し比較優位の理論に基づく適性作物を生産するように命じ，その作物の輸出をもって債務返済に充てるように仕向けた IMF のお抱え経済学者は，比較優位の理論の特殊性を無視するか，知っていても知らぬふりをしているか，あるいは全くその特殊理論としての限界を知らないかのいずれかであろう。この理論は現実の国際経済に当てはめてみると，決して普遍性を有す一般理論たり得るとはどうしても思えないのである。無論，比較優位の理論に従って労働集約型産業を育成したことで，アジア NIES 諸国が発展を遂げたという反証は可能である。しかしながらこのケースは，いくつかの幸運が重なった特殊なケースとして捉えるべきであろう。

　次節以下で見るように，IMF が途上国に課した比較優位の理論による施策が，途上国のデット・サービス・レーシオ（Debt Service Ratio ＝年間元利返済額÷財・サービスの輸出額）を上昇させ，負担を増大させた事実は動かし難く，これまでの IMF プログラム一本槍の政策は転換されるべき時期に来ていると言えよう。だが，現在のように旧パラダイムに支配され続ける限り，袋小路から抜け出すことは不可能であろう。したがって，変革を目指す新たなパラダイム造りが必要であり，そのためにも危機を生んだ債務累増の発生原因の究明が肝要となるのである。

42

第4章　累積債務問題

■第2節　IMFの失策と累積債務問題—スーザン・ジョージの見解—

　スーザン・ジョージ（Susan George）は，自著『債務危機の真実—なぜ第三世界は貧しいのか—[2)]』において，現状の袋小路を脱却し，変革を訴える新たなパラダイムを模索している。この労作は，累積債務問題をフォローする者に警鐘を鳴らし，共感を呼び起こすのみならず，今己れが何をなすべきかの教訓と勇気とを与えてくれる[3)]。彼女の業績を評価し，支援するつもりでその見解を分析してみた。分析の過程で彼女の見解は偏向的であるとする批判の存在も考慮した[4)]。そこで公平を期すために彼女とは正反対の立場に立脚した債務累増の発生原因の分析を併記した。双方の相違点を浮き彫りにすることで，より明確な原因究明が可能となり，累積債務問題の解決の糸口が見つかると考えたからである。

　通常われわれは，累積債務問題を考察する場合，これを国際金融秩序の崩壊の危険性から捉える傾向が強いが，この問題を世界食糧会議（WFA）の視点から見ると，第三世界に生じた飢餓の根底には債務問題が横たわり，したがって，この問題は政治・経済を含めた包括的な南北問題の枠組みで捉えなければならない[5)]。

　今日の累積債務を発生させた主因に IMF が幾多の途上国に対して課した均一的かつ画一的経済調整政策が挙げられる。なぜ途上国側は，この破壊的な調整政策に組み込まれたのであろうか。スーザン・ジョージによると，その理由は，各途上国政府とその国の支配層が外資を国内の民主的開発に投入せず，自分たちの利益に結び付く分野に投入したからであるという。かれらエリートはコソーシアム（国際借款団：複数の国家及び銀行プラス国際機関と特定機関の連合体）と完全に協力し合っている。また，国際借款団を構成する各債権銀行は，債務危機を利用し，自らの結束力の強化と債務各国の孤立化を進めるため共同歩調をとって来た。これに対し債務各国の政府は，統一的協調活動をとることを回避してきた。その理由は，IMF のプログラムが債務国のエリートに利益を提供し，そのエリートは自国の産業の振興とは無縁の立場を貫いており，し

43

かも厳しいIMFの調整過程から首尾よく免れていたからである[6]。

新国際経済秩序（NIEO）等による要求がなされた場合でさえ，海外からの資金供与は主に債務国のエリートに対して行われ，この移転の累積的結果が債務危機を招いたとしている。IMFの官僚を含め，国際機関の管理者たちは，己の活動が債務国の住民の生死を分かつことを考慮するように訓練されていない。かれらは有能にして高給取りで，現場から隔離されており，「安全装置付爆撃機のパイロット」（encapsulated bomber pilot）なのである[7]。債権国，債務国及び国際金融機関の官僚たちは，長年にわたる南北間の不法な政策，ハイリスクの貸し付け，一次産品価格の低迷，「南」の経済停滞等に対して何ら責任を感じていない。彼らの仕事とは，正統派と称される経済理論に従って「南」に妙薬を投じることであり，その結果，失業，飢餓，耐乏生活による暴動が発生してもかれらの関知するところではない。われわれは，それを誰かの関知するところとする必要がある[8]。

S. ジョージは，累積債務の発生原因として様々な要因を挙げている。だが，以下に示す原因は，それぞれ独立して個別に作用することによって累積債務を生ぜしめたのではなく，それらの複合的要因によって，さらにまた各要因の相乗作用と増幅作用が重なった結果生じたものである。

さて，累積債務の発生原因を究明する場合，債務国にとっての外部要因と内部要因とに分類するのが普通である[9]。しかし，外部要因としてただ単に一次産品の価格低迷，世界的高金利だけを指摘し，それがリスケジュール（債務返済繰り延べ）を多発させた主因と見なす見解が債務問題研究の大半を占めてるが，そうした見方だけでは，IMFの失策と，軍拡に象徴されるレーガノミクスが途上国の債務累増に大きく影響した点を見落とし，債務累増の責任を主に債務国の内部要因に求めがちである。外部要因と内部要因のいずれかにプライオリティーを与えるかは，論者の置かれた立場によって意見の分かれるところである。ただし，一方にのみ責を帰す見解は例外であって，両方の複合要因によって累積債務が発生したという認識が，左右の論者の間で一致している。

S. ジョージが挙げた諸要因は，どちらかと言うと外部要因に累積債務の責

第4章 累積債務問題

任の所在を置いているように思えるが，以下10項目の原因を列挙してみよう。

■第3節 累積債務の発生原因

1．日常の浪費的消費

　この要因は，総じて中南米諸国に共通しているが，S. ジョージはチリを例にして論証している。1977年～1982年にかけてチリの経済は GDP の拡大，インフレ率の低下，輸出の多様化等によって表面的には一時的に順調に見えた。ピノチェト軍事政権は，この成果をマネタリズムに裏打ちされた「経済の奇蹟」と自画自賛していた。だがチリ政府は，同時に輸入奨励策，ペソ・ドル兌換策を採用し，ペソは過大評価されていた。そこで以下の一連のコースを辿ることとなった。ペソの過大評価は，犠牲を伴わないでドル表示の商品の購入を増大させた。これは高率のインフレを発生させ，インフレに連動した賃金上昇を招き，結果として固定為替レートのせいで給与所得者の購買力は増大した[10]。とりわけ中産階級の輸入品嗜好の伸長は，国内企業の倒産，貿易赤字及び失業の増大，貿易赤字のファイナンスのための借り入れ増大という連鎖過程を経て，チリは中南米最高の一人当たり1,540ドルの債務を負うことになった。チリの190億ドルの債務の内，110億ドルは浪費に原因があるとしている[11]。つまり奢侈品を中心とする日常の浪費的消費をカバーするためのファイナンスが行われる限り，途上国に明日はないのである[12]。

2．間違った開発モデル（食糧保障を軽視した工業化）

　途上国の工業化開発モデルは，総じてどの国のモデルも模倣的，画一的，均一的で弾力性に欠け，各国の国内事情を無視したモデルが多い。このモデルは対外指向的（世界市場と国際資本の標準的要求に従ったもの）で，途上国における小規模農業切り捨て策に繋がり，以下のような結果をもたらした。途上国政府による国際機関及び先進国の官僚の特定嗜好への追随→均一的・一律的開発モデル→浪費的巨大プロジェクトへの投資[13]→資本コスト膨張→官僚の汚職→一例として，あるアジアの国の砂糖工場建設の入札の際のフランス企業によ

45

る最高値の落札→高値が安値を駆逐するという工場上のグレシャムの法則の確立→高価格維持の独占・寡占体制の確立。つまり，汚職・収賄と結び付いた工業化のための誤った開発モデルが，途上国に累積債務をもたらす頭金となったのである[14]。

3．IMF の調整プログラム

　この原因は前述の原因である「間違った開発モデル」と密接に結び付いており，S. ジョージはこの二つの原因の相互関連を考え，一つの大きな範疇で捉えている。しかし筆者はこれらを二分してみた。その理由は，「間違った開発モデル」という原因を，主として浪費的プロジェクトを典型とする債務国側の失策に起因するものとして，別の範疇に分けたかったからである。

　S. ジョージはモロッコを例にとり，豊富な資源と肥沃な土地を有し，潜在的成長が十分可能であった国が，IMF プログラムに沿った輸出指向型開発モデルによってどのようにして低開発を余儀なくされ，失業，栄養不良，絶対的貧困，そして暴動への道を歩んだのかを解き明かしている。今日，途上国に革命が起こるとしたら，それはマルクス主義に起因するよりもむしろ IMF・世銀主導の開発プログラムから派生する緊縮調整プログラムによって勃発する可能性のほうがより大きいという[15]。

　債務の減少を試みる IMF・世銀及び債務国政府によって推進された開発プログラムが，不可避的に悲劇的累積債務を生み出したことは正に皮肉という他はない。このモデルは債務各国の国内市場を無視し，たえず変動する国際市場という対外的要求に債務国の経済を連動させようとする。選択肢が限定され，模倣的，均一的モノカルチャーの生産物供給を強いられた債務各国同士の国際競争は熾烈で，賃金はローコスト生産の追求のため抑制された[16]。投資は輸出部門に片寄り，生活必需品の部門では資本不足が生じた。同一の一次産品の供給過剰による価格暴落を不可避的にした苛酷とも思える国際競争が，IMF・世銀が保証した国際市場を枯渇させ，この枯渇によって灌漑，輸送手段，エネルギー供給等のインフラ整備のための借入金の利払いは，不可能になってしまっ

第4章 累積債務問題

た。一方，IMF の政策は，債務国の国内市場を軽視して景気停滞を生ぜしめ，賃金抑制と購買力低下によって大量失業と貧困を助長させた[17]。かくして，次のような悪循環の構図がモロッコを典型とする債務国に定着したのである。つまり，IMF プログラムの強制→対外指向型経済政策の導入（国内自給自足体制の放棄）→各国一律のモノカルチャー生産様式の定着→国際市場への同一作物の供給過剰→一次産品価格の暴落→国際市場の枯渇→インフラ整備用の借入金の利払い不能という構図である。もう一方の構図は，IMF プログラムの強制→輸出指向型経済への転換→国内市場軽視→国内景気停滞→賃金抑制策→購買力低下→大量失業の発生→貧困の増大→暴動の発生という構図である[18]。

モロッコの対外債務は160億ドルにのぼると言われているが，その原因を調べてみると次のようになるという。モロッコは，1956年に独立後，農業に比較優位を有すという IMF・世銀の勧告を受け入れ，農場近代化，柑橘類及び野菜の輸出作物の生産を指向した。農場近代化による開発政策は，ダム建設による灌漑であった。ダム政策とは，2000年までに100万ヘクタールの灌漑を目指し，この近代化計画に公共投資全体の4分の1から3分の1，農業部門の全投資額の3分の2が注がれた。だが，灌漑施設を利用できるものは主として大地主だけで，農民向けクレジットは専ら大規模生産者に与えられた。農業部門の税金は，輸出農産物に対してさえほとんど無に等しく，国家歳入の基盤を脆弱にした。政策が輸出農産物に有利であったことから，小麦栽培に適した穀倉地帯であり，フランスへの穀物供給国であったモロッコは，食糧輸入国に転落した。モロッコ産オリーブ油は米国産大豆油に取って代わられた[19]。160億ドルの返済手段は，低廉な労働コストに頼るしかなく，1983年以来，債務返済のために IMF の緊縮プログラムを導入し，更なる対外指向型経済政策に邁進したモロッコ政府は，債務返済の履行→貿易黒字確保の努力→対外指向型経済政策の導入→賃金抑制策→賃上げに代わる価格政策の採用というコースを模索した。だが実際には，人口増大→小麦消費の拡大→小麦輸入の増大→外貨不足の発生→小麦価格の引き上げ→消費者への転嫁→賃上げ要求の発生→国際競争力の低下→外国企業の投資意欲の減退というコースを辿った。1981年に引き続き1984年1

47

月，モロッコ政府は IMF の勧告に従って食糧価格の再度の引き上げを声明した。これに伴って国中で暴動が発生し，数百名の死亡者を出すに至った[20]。

そこでモロッコ政府は，賃上げの代わりに食糧補助金で問題を解決しようとした。ところで，賃上げ回避による食糧補助金は，生産者である途上国内の企業及び多国籍企業に恩恵を与えるのみか，補助金の分だけ輸出品の価格を低く抑えることによって，途上国の輸出品を輸入する豊かな国の人々にも補助金を与えることを意味する。ただし，緊縮調整プログラムを進める IMF は，補助金の撤廃を強要するという矛盾した行動に出る。そもそも IMF が輸出指向型モデルを押し付け，そのモデルの帰結として補助金が必要になったにも拘らずにである[21]。

4．資本逃避

この行為は金を取って逃げる最悪の犯罪行為である。この不正行為は，債務国から債権銀行への二重の返済（ローンの元利払い及び逃避資本による貯金）のうちの一つを構成している。BIS（国際決済銀行）の調べでは1977年～1983年に中南米から550億ドルの資本逃避があり，モルガン銀行の試算によると，1983年～1985年に中南米10大債務国から新規ローンの70％が逃避したと言われる[22]。因みに，メキシコのロペス前大統領自身が10億ドル以上を自国から持ち逃げしたと言われている[23]。

5．債務国内の軍拡

通常，IMF は債務国政府が行う軍拡政策に対し干渉しない。しかしながら，必要以上の軍事支出が前述の「間違った開発モデル」を支えていることは確かである。「間違った開発モデル」と兵器購入の結び付きが明らかであるにも拘らず，IMF のプログラムには，軍備削減の要求は存在しない。軍事予算に手をつけない理由を IMF の職員に問うと，それは「主権国への内政干渉にあたる」とたじろぎながら答えるのが常である。

一方，債務国に対する血の出るような IMF のコンディショナリティーの賦

課については.内政干渉には当たらないという矛盾した論理を展開する。債務国の債務の20％近くは軍備に起因していると，ストックホルム国際平和研究所は1985年版の年鑑で結論づけている[24]。

また，債務国における民衆への飢餓の接近は，国内に不満を醸成せさ，それを抑制するためにも武器の購入が必要となる。当初，アメリカによる債務国への武器援助は，常套手段として無償ないし債務国の現地通貨払いで行われるケースが多かった。しかし，将軍たちのお好みの玩具が現実に債務国内の不満抑圧に必要になった途端，米国の武器無償援助は，ある日突然ドル建て即金払いとなる[25]。重債務国には以下のようなパターンの連鎖的悪循環が存在する。つまり国内政策の失敗→社会不安→軍事費の増大→軍部強化→軍拡と文民政府弱体化の相乗作用→軍事政権の成立→本格的軍拡路線→国家の財政基盤の破綻→民衆の貧困化と飢餓の発生→文民政府の成立→不満分子抑圧のための軍事予算→債務累増というお決まりのコースである。

6．米国の軍国主義化

債務累増を惹起させる一因となった上述の債務国内の軍拡は，実はペンタゴン・コネクションによって米国の軍国主義化と密接に結び付いている[26]。レーガノミクスの導入に伴って，米国は減税政策を実施する傍ら，強いアメリカの再生を目指し専ら軍拡に狂奔した。これによって米国の財政は必然的に大幅に逼迫し，財政赤字を初めとする三つ子の赤字国（財政赤字，貿易赤字，資本収支赤字）に転落した。財政赤字の結果，米国はクラウディングアウト効果（締め出し効果）による不可避的高金利を迫られたのと同時に，自ら意図的・恣意的高金利政策を採用し，これが債務国の高金利負担増加を経て債務累増に繋がった。

7．IMF の失策

従来から今日に至るまで，IMF は三重の重大な誤ちを犯している。第一は，米国の債務国転落に伴って，国際金融システムに最大の不安定要因が発生した

にも拘らず，IMF はこれを座視し，傍観し続けたことである。これには二通りのシナリオが考えられる。つまり，シナリオ(1)…米国の三つ子の赤字→米国の幾何級数的利払い増加→米国の破産→国際金融システムの崩壊→米国からの外国資本の撤退と米国内の預貯金の帳消し。シナリオ(2)…米国の債務累増と輸出停滞→三つ子の赤字継続→大量ドルの発行→ドル価値の徹底的下落による債務返済→全世界的インフレーションの発生である。いずれのケースについてもIMF が座視し，黙認すべき事柄ではない。しかし当時，IMF は G 5 の道具に成り下っており，自らの責任を回避していた。

第二に，IMF の役割自体が変質したことである。本来は一国の国際収支の改善が役目であったが，米国の収支悪化には目をつぶり続けている。またIMF の融資も米国の意向を反映して偏向的傾向が強い。

第三に，前述のシナリオ(2)に基づくドルの大量発行は，IMF 体制を根幹から揺るがす事柄であるから，IMF は米国の国防予算を監視するか，債務国に対して強要したのと同様に米国に対しても緊縮的調整策を策定し，その実施を米国に迫るべきなのである[27]。

8．国際的高金利

1970年代に途上国は変動レートで資金を調達していた。当時，仮に名目利子率が10%であり，国内インフレ率が15%であったなら，実質利子率はマイナス5 %である。しかし，前述のごとく80年代に入って米国がレーガノミクスの一環として高金利政策を開始すると，実質利子率も上昇した。1 %の実質金利の上昇は，債務各国に数十億ドルにのぼる雪だるま式の債務累増をもたらした[28]。

9．石油価格の高騰

第一次及び第二次のオイルショックに基づく石油価格の急騰は，第三世界の累積債務の4 分の1 を発生させた。とりわけ非産油途上国への影響は尽大であった[29]。

50

第4章　累積債務問題

10. 銀行のレミング　（集団自殺をする北欧産の鼠）的行動

　銀行はまるでレミング（北極圏に住むネズミ）のように集団で行動する。リーダーの9大米銀のマネー・センター銀行（MCB）は，主として資本を当時およそ2兆ドルにのぼる超国家的貨幣形態をとるユーロ市場で調達した。MCBは直接投資には力点を置かず，又貸し業を営む金融ブローカー的存在である。MCBによる米国内向け貸し出しは限度があるのに対し，途上国向けは無制限であったため，大銀行は政府の監視がないので，率先して途上国向け融資を競い合った。そして米国の地銀がこれに追随した。特に地銀は，70年代に入ると米国内の自行の取引企業が途上国へ進出する際，その取引相手の海外業務に融資するために途上国ローンへ引きずり込まれたと言われている[30]。

　米銀の第三世界向け融資は，1978年の1,100億ドルから82年末4,500億ドルと4倍増に膨張した。銀行員の営業成績は，融資対象国のカントリーリスクを考慮に入れることなく，自分の上司には内緒で最大限の融資活動を行うことによって向上した[31]。1984年時点で9大米銀は，メキシコ，ブラジル，アルゼンチン，ベネズエラだけで自己資本の100％以上を融資していた。通常，途上国への大型シンジケート・ローンには1,000行以上が参加すると言われている。銀行は「皆で貸せば恐くない」との論理の下，「たやすく利潤にありつけると思われる虹を追い求めて，盲目的に突進した」[32]。債務の返済不能が表面化した時，いくつかの銀行が大やけどをし，震え上がった。そもそも銀行経営などというものは，やくざが経営する麻雀屋程度の先見性（スーザン・ジョージは「ピザの屋台の経営をする程度の先見性」と言っている）があれば十分なのである[33]。

　以上の累積債務の発生要因を整理し，要約すると図4-1のようになる。

　以上の債務累積の諸要因を内部要因と外部要因に分けると次のようになる。内部要因として，①日常の浪費的消費，②間違った開発モデル，④資本逃避，⑤債務国内の軍拡を挙げている。一方，外部要因として，③IMFの調整プログラム，⑥米国の軍国主義化，⑦IMFの失策，⑧⑨金利及び石油価格の上昇，⑩銀行のレミング化を挙げている。あえて債務累積の最大の要因を指摘すると

51

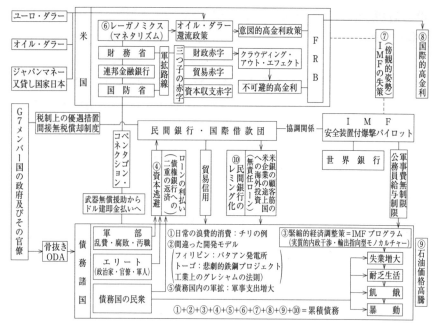

図4-1　累積債務発生の構図

すれば、それは比較優位の理論に基づくIMF主導による各国一律のモノカルチャー的な輸出指向型農業政策を中心とするIMFの調整プログラムということができよう。次に債務国のエリートによる間違った開発モデルを挙げるべきであろう。それらの二大要因をその他の要因が後押しして、債務が雪だるま式に加速したのである。

■第4節　資本の側の論理

公平を期すため、ここでS.ジョージとは正反対の視点に立って債務累積の原因を分析したコメントを紹介しよう。綾川正子氏は、自著『ソ連・東欧・中南米の債務と金融』（東洋経済新報社、1990年）において次のように分析している。

「七〇年代後半から八〇年代初頭にかけて出現した一次産品価格の低迷と高

第4章　累積債務問題

金利という外的環境の悪化が、確かに八〇年代に入ってからの途上国のリスケジュール多発の引き金となったことは否めない[34]」。しかし「外的環境が必ずしも中南米諸国にとってのみ不利な状況にあったわけではなかったことを勘案すると、中南米諸国を中心とする累積債務国の今日の苦境の原因は海外要因だけではないということになろう[35]」。

しかしながら、このような視角からすると、一次産品価格低迷の直接的原因であるIMFの均一的プログラムについても、世界的高金利を意図的に演出したレーガノミクスの役割についてもその視界から外れてしまうことになろう。かくして、債務累積の主因は専ら内部要因に比重が置かれ、次のような諸要因が列挙される。

(1)　インフレ抑制よりも成長優先の経済運営

総じてアジア諸国がオイルショックによるインフレ圧力を価格転嫁を通じて国内需要の沈静化を計ったのに対し、中南米諸国はインフレ圧力に対して価格凍結策で対抗し、総需要抑制策を怠った。さらに、概して中南米諸国は、インフレ抑制よりも経済成長を優先させ、その結果開発資金のコストが嵩み、インフレを加速させた[36]。「インフレの昂進は、国内貯蓄の低下をもたらす重要な要因となった。たとえば七〇年代後半におけるブラジルの貯蓄―投資ギャップの推移をみてみると、投資水準の低下を上回る貯蓄水準の低下がみられ、対外借入必要額の拡大を招いている[37]」。かくして、インフレを放置した成長政策によって、貯蓄の低下と共に対外借入依存度が飛躍的に増大した。

(2)　産業政策面での対応のまずさ

(ⅰ)　資本集約型工業化政策の偏重

中南米諸国は第一次オイルショック後、開発の中心に鉄鋼・石油化学等の資本集約型の重化学産業を置いた。農業部門を軽視した重化学工業化政策は、オイル・マネーを有したメキシコをさえ、輸入財の増大と80年代の石油価格の低迷を通じて貿易赤字国に転落させた（78年に既に22億ドルの貿易赤字を計上していた）。アジアNIESが繊維産業等の労働集約型産業の育成から工業化をスタートさせたのに対し、中南米の重債務国は必ずと言っていいほど70年代の工業化

の過程で雇用創出効果の比較的小さい資本集約型の重化学工業化を優先させた[38]。

（ⅱ）　農業部門の軽視と土地改革の遅れ

メキシコは1960年代に食糧自給を達成後，農業部門の停滞によって71年以降再び食糧輸入国に転じた。またブラジルも70年代には大豆の輸出国であったが，生産の伸びは一部富農による換金作物に偏向し，小規模農による基礎的食糧品生産は低迷した。一方，フィリピンを除くアジア NIES は，労働集約型産業の推進による雇用創出と，工業化の前段階としての農業部門の自営農の育成と近代化に力を注いだ結果，自立的経済発展基盤構築のメカニズムが確立したのである[39]。

ところが中南米諸国は，農業部門を軽視し，工業部門偏重の予算編成，基礎食糧品価格の低位据置きといった政策を実施した。また大土地所有制の存在は，自作農層の形成並びに農業と工業間の好ましい循環の形成を妨げた。資本集約型産業への偏重に起因する工業部門の雇用吸収力の脆弱さと農業部門の停滞は，国民の大多数を占める低所得層の所得水準の引き上げの失敗を招き，貯蓄にとっての重大な阻害要因となった。かくして，労働集約型産業の育成，農村所得の向上，国内物価安定という３条件の欠如が致命傷となり，自立的経済発展基盤の構築に失敗したのである[40]。

(3)　**放漫財政**

累積債務はブラジルのような所得格差の大きい国に集中している。貯蓄低迷に基づく民間部門の資本蓄積の停滞は，債務国の国家財政の役割を否応なく高めた。しかも所得格差の大きい国ではエリートへの富の集中によって政治・経済が支配され，自己に不利な税制が阻止され，税収基盤は極めて脆弱である。エリートの富は産業資本ではなく商業資本へ投入され，おのずと政府自らが産業基盤の確立を手懸けることになる。これは採算を度外視した国営企業の乱立と過剰雇用をもたらした。また低所得層への配慮と歳入を無視した補助金の供与が，巨額の財政赤字を生む結果となった。財政赤字の補填は通常，通貨供給の増大によって行われ，これがインフレを醸成した。インフレの進行は，開発

54

コストの膨張を通じて財政赤字をさらに拡大させるという悪循環を招いたのである[41]。

⑷ **価格の人為的抑制を通じたインフレ抑制の試み**

（ⅰ） 公共料金の抑制と補助金の拡大

価格の人為的抑制によるインフレ抑制策には，①公共料金の抑制，②補助金の支給による主要食糧品価格及びエネルギー価格の低位据置き，③為替切り下げの抑制等がある。メキシコはエネルギー部門に，ブラジルは石油，小麦，鉄鋼等に多額の補助金を支出し，それぞれの価格体系に歪みが生じた[42]。「これら価格の抑制は，短期的には確かにインフレ抑制効果を有したものの，中長期的には需要を刺激する一方，供給を抑制して需給のタイト化を招き，インフレ圧力をむしろ強める効果をもたらすこととなった[43]」。

（ⅱ） 為替切り下げの抑制と資本逃避の誘発

以上の経済政策の失敗の結果，債務各国は70年代後半にインフレに見舞われ，第二次オイルショックの追撃によってインフレが加速した。中南米各国はインフレ抑制策として為替レート切り下げを拒否する人為的抑制策で対応した結果，為替レートは79年から80年に過大評価に陥った。為替の実勢に見合った切り下げは輸出増大をもたらすが，為替の過大評価は輸出鈍化と輸入急増に繋った。メキシコのペソ高政策に伴う工業製品の輸出の低迷と輸入急増は，国際収支面からメキシコ経済を圧迫し，石油価格も手伝って債務危機を顕在化させた[44]。

さらに，為替の過大評価の影響として，為替の切り下げが不可避との憶測が広がると，資本逃避が発生する。だが，資本逃避は債務問題を引き起こしたさまざまな経済政策の「結果」として生じたもので，累積債務を引き起こす「原因」を形成するものではない[45]（ただし，「原因」と「結果」をめぐるこの綾川氏の見解は，S. ジョージの見解と正反対であることに留意すべきだろう）。

⑸ **輸入代替型工業化政策**

輸出指向型工業化政策を追求したアジア NIES では，外国製品との国際競争を通じて価格の適正化が生じたが，輸入代替型工業化政策を導入した中南米諸国では，外国との競争の回避による国内産業への過保護が，独占・寡占体制や

価格の歪みを生み，国内経済に損失をもたらした。輸出指向型工業化それ自体では累積債務を回避する上で十分条件たりえないが，アジア NIES は資本と労働の相対コストを適正に維持し，輸出指向型産業のうち比較優位を有する労働集約型産業の育成を図る一方，農業近代化と物価安定に努めて債務国化を回避する十分条件を満たした[46]。

輸入代替型工業化政策自体は必ずしも間違った政策ではないが，価格体系を歪め，比較優位を無視した中南米諸国における資本集約的輸入代替産業への資本投下は失策であり，さらに農業部門及びインフレ抑制の軽視に基づく国内貯蓄の減退が累積債務の発生を必然的なものにした[47]。

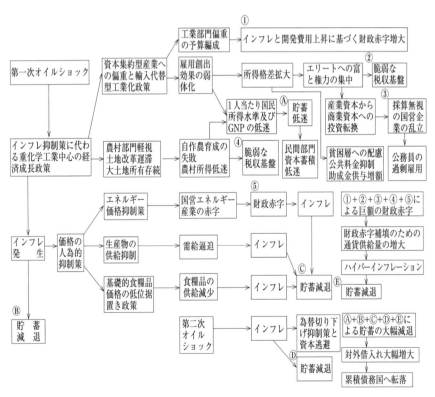

図4-2 累積債務国への転落のメカニズム

第4章　累積債務問題

以上の累積債務発生の諸原因を整理したものが図4-2である。

■■第5節　「ブラッドレー提案」—債務免除の一形態—

合衆国上院議員ビル・ブラッドレーによって発表された「ブラッドレー提案」は，累積債務が債務国に対して経済調整を行うように迫り，そこからの反作用がこの調整過程を通じてアメリカの貿易収支に悪影響を及ぼした，という認識にまず立脚していた。そこで彼は，アメリカの貿易赤字縮小ならびに債務国の債務返済負担の軽減を目的に掲げ，債権国側からの債務元本および利子支払いの一部減免と引き替えに債務国側に対して貿易自由化等々の経済改革を求める，というギブアンドテイクの打開策を提示した[48]。

「ブラッドレー提案」は，従来からのIMFによる方式の限界を認識し，かつベーカープランによる新規融資（民間銀行は1986～88年に200億ドル，世銀・米州開発銀行は180億ドルプラス90億ドルの新規貸し付けを行うというもの）の増加も，債務国の負担軽減とはなりえず，かえって負担増を招くとして債務減免措置，すなわちデット・リリーフの必要性を力説した。

ベーカープランは，発表まもなくBIS，IMF，世銀，民間銀行によって支持されたが，当時，「ブラッドレー提案」に対しては，反対論が多数派を形成しており，同「提案」への積極的支持者は，むしろ極めて少数であった。そこで，「ブラッドレー提案」（以下「提案」と記す）への様々な反対論に対してあえて反論を試み，「提案」の実現可能性ならびにその有効性について検討してみた。

1．「ブラッドレー提案」の長所および短所

ベーカープランが，債務国に対し経済構造調整の努力一本槍の政策を求め，その努力の見返りとして公的金融機関と民間銀行による新規融資増加を打ち出して債務問題の解決を図りたいとしているのに対して，「提案」は，債務問題を単に債務問題の枠組みにおいてとらえるのではなく，債務問題を通商問題および失業問題とリンクさせている点においてベーカープランよりも一日の長があると思われる。つまり「提案」は，首尾よく実施された場合，米国の貿易赤

57

字削減と債務国の債務返済負担の軽減とを同時に達成させる一石二鳥のメリットがあるといわれる点である。

だが，「提案」には，こうした長所を上回るさまざまな問題点があることが指摘されている。以下，その主要な問題点をまず列挙し，順を追ってその問題点をクリアするための反論を述べることにする。

2．「提案」に対する反対論の論拠

(1) 第1の問題点

通常，債務問題の解決にあたって融資をする際には，融資にともなうコストを支払う側とそのコストの見返りとして利益を得る側とは，同一であることが原則とされる。しかし，「提案」が実施された場合，融資コストの負担側と受益者側との不一致が生じる，という難点があるとされる[49]。

(2) 第2の問題点

仮に今後，債務国への新規融資は不要との前提条件がある場合には，デット・リリーフ（債務救済措置）は有効であるかもしれないが，債務国が資本輸入国であり続ける以上，減免措置は新規資金流入を阻害する，というものである。つまり「提案」の実施は，債権銀行に対して犠牲を強要するので，その反発を招き，新規融資を手控えさせ，債務国への新規資金流入が停止し，また，市場イメージが傷つくと，新規借り入れができなくなる，というのである。したがって，「提案」は，短期的には債務国に恩恵を施すとしても，長期的にはマイナスである，というものである[50]。

(3) 第3の問題点

従来，債権国側の政策は，債務危機発生以来，債務免除の路線ではなく利払い継続および債務の現在価値の保証を求める債務救済策であり，リスケジュール（債務返済繰り延べ）の路線を歩むものであった。そこには，債務国による国際金融市場への早期復帰を渇望する債権国側の戦略があった。デット・リリーフが導入された場合，それは債権銀行に損失を与えることによって債務国側の国際金融市場への復帰を遅らせる，という危惧が伴うのである。すなわち，

第 4 章　累積債務問題

デット・リリーフという政策は，リスケジュールというこれまでの政策の放棄
を意味し，債務国はリスケジュールを通じて経済改革を推進する余裕もなくな
り，債権者側も自らの体質の改善・強化を図る時間も失う，というものであ
る[51]。

(4)　第 4 の問題点

デット・リリーフの実施には，債務国を甘やかし，自助努力を阻害するマイ
ナス要因が存在する。これはモラル・ハザード（倫理崩壊）に繋がる，という
問題である。

(5)　第 5 の問題点

債務の一部減免は，当該債権全体への評価に悪影響を及ぼす，という懸念で
ある。

(6)　第 6 の問題点

一定の国々に対する債務の減免措置は，債務国全般への国際的波及効果
（contagion）によって債権者側に過大な負担を強いる，という点である[52]。

(7)　第 7 の問題点

資本逃避が累積債務発生の重要な要因であり，在外資産の利息・配当は債務
履行に結びついていない。したがって，資本逃避の還流問題を不問としたデッ
ト・リリーフはナンセンスである，というものである[53]。

(8)　第 8 の問題点

モラル・ハザードとも関連するが，現在の債務の元本棒引き，金利カットに
よって債務は軽減されるが，債務国の経済環境は国ごとに異なり，デット・リ
リーフによって支払い能力がつくとは限らない。また，一律一回の救済措置で
済むというわけにはいかない[54]。

(9)　第 9 の問題点

ベーカープランは，債務国に経済成長を促すため，債権国と協力して債務国
に資金を投入しようとするあくまでも国際的な自由主義が前提であるのに対し
て，ブラッドレーは米国の貿易赤字・高水準失業を解決するためデット・リ
リーフを行うつもりでいる。債務問題に貿易・失業問題を絡ませることは，保

59

護主義に通じる，というのである[55]。

⑽　第10の問題点

金融技術的問題であるが，「提案」の実施は，銀行資本の毀損と信用の収縮を内外で引き起こす。「これを中立化するには，米国人の理念に反するかもしれないが，国による補償が必要ということになる。銀行は国の補償を受けて途上国債権の金利カット・元本棒引きをするのがよいのか，今のように，自分の負担で途上国債権の売却・償却をするのがよいのかという問題になる[56]」。つまるところ，「金利カットが税収減少となり，財政を圧迫することは，言うまでもない。また元本棒引きは政治的に限界を決めるのが難しい。国内的には産業行政の，国際的には外交政策の課題となろう[57]」。

以上の問題点を整理すると以下のようになる。

①　融資コスト負担側と受益者側との不一致

②　債務国への新規資金流入の停止（資本市場イメージの低下）

③　リスケジール路線の放棄と債務国の国際金融市場への復帰の遅れ

④　モラルハザードの問題

⑤　一部減免措置による当該債権全体への影響

⑥　債務国全般への国際的波及効果

⑦　逃避資金の還流問題

⑧　一律一回のデット・リリーフで十分か否か

⑨　「提案」と保護主義の関連

⑩　民間と国の負担分担ならびに免除規模

3．「ブラッドレー提案」の実現可能性

以上考察したように，「ブラッドレー提案」には，利点よりも欠点のほうがより多く存在するのであろうか。以下，順を追って問題点をクリアしてみたい。

(1)　第1の問題点について

融資コスト負担側と受益者側との不一致については，そもそも，リスケジュールを始めとする従来および現行の方式による債務救済策そのものでさえ，

60

第4章 累積債務問題

コスト負担側と受益者とが既に一致しないのである。

これに対して,「ブラッドレー提案」は,債務問題をめぐる利害関係の所在を初めて明確にした点に最大の特徴がある。「提案」は,債務危機の発生以来,米国の中南米諸国向け輸出減少と中南米諸国の米国向け輸出増大によって米国に生じた失業を問題視している。つまり,米国向け輸出増大による債務国の貿易黒字が,債務返済に向けられるので,現行方式の債務救済策は,米国内の非金融部門から金融部門への所得移転をもたらし,米国内に利害対立を生む,としている[58]。すなわち,中南米諸国への現行の債務救済策は,米銀への救済策以外の何ものでもないということになる。それ故,既存のほとんどの債務救済策そのものが,コスト負担者と受益者とが一致しない以上,「ブラッドレー提案」に向けられた負担者と受益者の不一致という批判は,その根拠を根底から覆されることになるわけである。

加えて,米銀は,債務国による債務返済が滞るのに伴い,貸倒引当金の計上を行った。この種の引当金の計上は,米国政府による税制上の優遇措置の恩恵を受けている。このため一般納税者がその分の税負担を負っており,この面においても厳密に言うと所得移転が行われているわけであるから,リスケジュール方式を含めた現行の債務救済策自体が,コスト負担者と受益者とが二重の意味において一致しないのである。

つまるところ,今日どのような形態をとろうと,債務救済策を取り入れる場合,融資コスト負担側と受益者側の不一致が生じるのは,不可避的と言わざるを得ないのである。

「ブラッドレー提案」は,国内的な所得移転ではなく,融資コスト負担側の債権国から受益者側の債務国への国際的所得移転であって,利害関係の対立も国内的ではなく国際的である。ところで,対立関係というものは,国際的対立のほうが国内的対立よりもむしろ解消しやすい,という逆説的条件が現実には存在する場合がある。というのは,一国においては財政的に余裕のある部門が存在しない一方で(米国を例にとれば,農業・製造業部門も金融部門も財政的に窮地に立っている),むしろ国際的には日・西独を始めとする経常収支黒字国があ

り，こうした黒字国の政府が自国の民間銀行をバックアップして，「ブラッドレー提案」のような債務免除の実現に向けて積極的な支援に乗り出せる諸条件は十分整っているように思えるからである。したがって，国内的対立よりも国際的対立のほうが解消しやすいのであれば，ベーカープランよりも「ブラッドレー提案」のほうが，実現性は高い。

前述の貸倒引当金の計上については，日本でも欧米並みに税制上の優遇措置を講じるなり，特に債権銀行によるデット・リリーフを目的とする貸倒引当金の計上については，債権国政府がその一部を肩代わりするなり，あるいは税制上の特別な優遇措置を講じるなりして側面から支援する方式を新たに案出することも可能である[59]。

ところが，ここで問題となるのは，奇妙にも債務問題で窮地に立つ当の中南米のカルタヘナグループ諸国が，債権国政府による債権銀行の肩代わりによる債務の減免措置に公然と反対の意を唱えている点である[60]。中南米の債務国にとって「ブラッドレー提案」はベーカープランよりも有利で受け入れやすいはずであるのに，債務国側は債権国政府による肩代わりによる方式には，何故か慎重なのである。また，フランス語圏の国には，むやみな公的部門による肩代わりについては一定の規準を設定する必要がある，とする考え方が存在する[61]。他方，肝心の債権国の公的部門自体も，もともとこうした肩代わりに消極的である[62]。

しかしながら，債権国と債務国の双方が，債務減免措置の路線をとらずにリスケジュールという従来の路線をとり続けることは，もはや困難な情勢になった。ブラジルの利払い停止宣言以来，情勢は一変しており，債務問題の抜本的解決には，デット・リリーフしか道は残されていないように思われる。

(2) 第2の問題点について

債務減免措置が債権銀行に犠牲を強いるため，銀行は新規融資に消極的となり，債務国への資金流入がストップするという点については，シニョリティー（Seniority：既存の債権に優先して返済される権利）を新規の債権に与えることによって，新規融資の停止を防ぐシステムが存在する[63]。新規の貸付債権が既

62

第4章　累積債務問題

存債権に優先して返済される保証さえあれば，新規融資はこと欠かないのである。

　ところで，債務危機発生当初は，銀行倒産を不安視する向きもあって，政府による民間銀行に対する保護にも意義があったし，債務返済のためにコンディショナリティー付き融資もいたしかたなかった。だが，当時，主要債権銀行には余裕があり，減免措置を講じる余地は十分に残されていると言われた。つまり，「アメリカの銀行が広範な債務免除を認める余裕は持ちあわせないという神話は崩れる[64]」と言うのである。

　当時の情勢においては思い切った積極的打開策が必要であった。債務免除は，すべての債務国に適用するのが望ましいことは言うまでもない。この点「ブラッドレー提案」は，それまでの IMF および世銀のアプローチと同様にケース・バイ・ケース・アプローチを採用しつつも，基本的には免除をすべての債務国に適用させるものと思われる。これに対して J. サックス（J. D. Sachs）は，免除を限定的に認める修正案を提示している。たとえば，一人当たり GNP の数年間の低下という客観指標による選別システムに基づいて，免除認定は，国際的監視下におかれた安定化・改善プログラムの一環としてだけに限定されるような方式を提案している[65]。

　この規準によるとブラジルには免除資格がない。しかしながら，ブラジルは多額の融資を必要としている。ところが，現状では債務問題が深刻化するに比例して追加融資を迫られるのは業績悪化の既存の銀行である，という逆説的ケースが不可避的である故に，新規資金の流入が停止される場合もある。だが，これに対しては前述のシニョリティーの付与で防止できる。J. サックスによれば，この方式の長所は，免除実施の決定が現時点ではなく，債務国の中長期的経済再建の成果を検証した後でも行える点であるとされる。ただし，このシニョリティー・アプローチも債務免除と同様に客観的指標に基づいて運営されるべきである，と言っている[66]。

　結局，「ブラッドレー提案」の実施によって万一新規資金の流入停止の自体に陥ったとしても，「提案」にシニョリティー・アプローチをリンクさせる方

式によって問題を打開できるはずである。

(3) 第3の問題点について

　この問題点とは，債務救済の最終目標は債務国の国際金融市場への復帰であるはずなのに，「ブラッドレー提案」の実施は債権者に損失を与えることでその復帰をいっそう遅らせ，かつ従来のリスケジュール路線の放棄を意味する，という点である。だが，この点についても逆説的思考が可能である。

　そもそも債務国側の国際金融市場への復帰を遅らせている最大の原因は，レーガノミクスによる高金利政策からもたらされた融資元本以上の利払いにある[67]。そのうえ，「提案」の実施以前に債務国への資金流入のほとんどは事実上すでに途絶えており，「提案」の実施が資金流入停止をもたらすという因果関係が存在しないのであるから，むしろ「提案」の実施は，逆に債務国の国際金融市場への復帰を促すことが可能である，という逆転の発想ができるのである。確かに，「提案」の実施にはかなりの規模の資金が必要であり，民間銀行の負担が大きいのは事実であるが，ベーカープランでは現状を乗り切れないことも次第に明白になりつつあった。ブラジルのモラトリアム宣言以前は，「提案」の実施に対して非現実的であるとの批判が大勢を占め，学者の間でもベーカープランの支持者が大多数であって，「提案」支持者はほんの一握りであったが，しかしながら，徐々にではあるが，両案の支持率は少しずつ変化のきざしが現れ始めていた。日本によって行われた対アフリカの最貧国向け元本支払い免除などは，このような変化の流れを暗示したものと言えよう。

　「ブラッドレー提案」による荒療治を行わないかぎり，債務問題は袋小路に入り込んでしまう恐れもあり，この機を逸しては解決をますます困難にする，との認識が専門家の間で形成されていることも事実である。

　すでに債権者側は，元本以上の利払いを受け取ったのであるから，この際思い切って逆に「提案」という荒療治によって債務国を国際金融市場へ復帰させてはどうであろうか。ただし，これには民間銀行の犠牲をできるだけわずかなものにとどめるもろもろの施策を打ち出し，整備し，実行に移すことが不可欠である。これについてはBIS基準の再検討を含む抜本的討議が可及的速やか

第4章　累積債務問題

に開始されなければならないし,「ブラッドレー提案」の実施のための規準づくりに向けて公的機関および民間銀行による国際会議が必要となろう。1988年9月27日のIMF総会で「提案」の一形態と思われる「宮沢構想」が発表される予定になっているが,これなどはこうした流れの現れであろう。

ところで,「ブラッドレー提案」の実施は従来のリスケジュール路線の放棄を意味する,という点であるが,これも放棄とは結び付かない。「提案」が主張する中南米10カ国に対しての向こう3年間,一律に元本の毎年3%の棒引きおよび金利の年率3%カットによる420億ドルプラス公的部門による240億ドル程度のデット・リリーフだけでは不十分であり,「提案」を側面から援護するリスケジュールは今後とも継続されることが必要であろう。

(4)　**第4の問題点について**

デット・リリーフは,債務国を甘やかし,自助努力に水をさし,モラル・ハザード（倫理崩壊）を招く,という点である。はたしてそうであろうか。債務国は,債務免除というメリットを享受することを目的として経済成長を鈍化しようとするであろうか。「否」と答えざるを得ない。つまり,利払い免除によるプラス面は成長のロスと比して小さ過ぎるのである[68]。

モラル・ハザードは,前述の客観的指標を用いる選別用システムの導入によって抑止できるのである。つまりモラル・ハザードの抑制には,国際監視下での安定化・改善プログラムの一環としてのみ債務免除が認められる必要がある[69]。この点,「ブラッドレー提案」がケース・バイ・ケース・アプローチの余地を残し,経済政策改善を条件に免除を認める方向であるなら,問題は少ないであろう。ただし,そのコンディショナリティーは従来のものよりも一層緩和されたものが必要である。

(5)　**第5の問題点について**

これは債務の一部減免が当該債権全体の評価に悪影響を及ぼしかねない,ということである。しかし,こうした問題提起にも反論の余地がある。確かに,短期的視点では,「提案」実施直前において「提案」実施の情報が金融界に伝わると,問題の当該債権全体の評価は一時的に低下するかもしれない。だが,

65

「提案」の実施後は，減免措置はむしろ逆説的に残存の当該債権全体に好影響を与えないであろうか。つまり長期的には，債務の軽減を通じて債務国の経済環境は改善され，当該債権の評価も好転する，と考えられるのである。

(6) **第6の問題点について**

減免措置の国際的波及効果を問題にしているが，ブラッドレーは無条件で減免を認めようとするのではなく，6項目を必要条件に挙げているのでコンテイジョン（波及効果）は問題ない。「救済対象の債務国を一定ではなく，貿易自由化，資本逃避抑制，国内投資促進，成長政策継続，国内の広い支持を得られる政策の選択，公正な債務管理の六項目が可能な国」としている[70]。また，J.サックスによる修正案のように，「提案」を弾力化して，債務国一人当たりGNPの数年間の変化といった客観的指標による選別的な債務免除のシステムによれば，コンテイジョンは防ぐことが可能であると思われる。

(7) **第7の問題点について**

これは，逃避資本の還流問題を不問にしたデット・リリーフは，本末転倒であるという点である。旧債権のみならず，ベーカープランによる新規資金もアメリカに逃避したのでは債務問題の解決の実が上がらないのは言うまでもない。モルガン銀行の調査からも明らかなように，主要債務国の資本逃避が巨額にのぼることは周知の通りである。「資本逃避」についての定義は，狭義，広義さまざま存在するし，資本逃避累計額は資料によって若干異なるが，ただし，ブラジル，メキシコ，ベネズエラ，アルゼンチンを比較すると，債務残高の一番大きなブラジルの資本逃避が一番少ないことがわかる[71]。

「ブラッドレー提案」によるデット・リリーフには，前述の6項目の免除必要条件のなかに資本逃避抑制の項目が織り込み済みであり，各国の資本逃避の防止の実績に見合った免除の実施規準の設定は，十分可能なはずである。

他方，ベーカープランによる貿易・資本の自由化等の経済構造改革を通じた経済成長の達成という方式は，資本の自由化を放任するだけでなく，資本逃避を不問にするものである。資本の自由化は，ブラジルにとり時期尚早であり，体力がつくまで徹底した為替管理をいっそう強化しつつ継続すべきである。戦

第 4 章　累積債務問題

後の日本も厳しい為替管理制度の下で経済成長を遂げたことは，だれもが知る
ところである。安易な金融自由化を求めるベーカー路線よりも，「ブラッド
レー提案」に為替管理強化策をリンクさせた政策によって資本逃避の防止を図
りながら債務問題に取り組むべきであろう。

(8)　**第 8 の問題点について**

デット・リリーフは一律一回で済むか，という問題である。これがデット・
リリーフによる政策の最大のウィークポイントである，ということは論を待た
ない。そこで，「提案」が実施される大前提として，「提案」実施後は，債務国
が二度と再び債務問題を引き起こさない，という保証が必要となる。考えられ
うる施策として，筆者は一応以下の指針を示しておく。①減免措置の導入の交
換条件として，新規融資は，免除の効果が実を結ぶ時期まで一切行わない。②
「提案」の実施は原則として一回限りとする。ただし免除措置は各国一律では
なく，資本逃避防止の実績（インフレ率抑制および為替管理強化）に比例して実
施されること。③国家主権を侵害しない範囲において債務国の経済政策を国際
監視下に置き，また付帯条件としての IMF のコンディショナリティーはカル
タヘナ同盟諸国の意向を尊重して大幅に緩和したものとすること。

(9)　**第 9 の問題点について**

「提案」の実施は保護主義に繋がる，という点であるが，この発想は当を得
ていないように思える。なぜなら，デット・リリーフの実施によって中南米債
務国の債務問題が一段落する過程で，債務国が米国向け輸出を多少とも手控え
ることによって米国の失業を減少させる一方で，債務国の経済再建を通じて世
界貿易の拡大を促すことによって保護主義の台頭を防止することにもなるから
である。もとより，「ブラッドレー提案」に拠らずとも，アメリカはレーガン
政権下で保護貿易主義的色彩の極めて強い包括貿易法案を既に成立させている。
したがって，目下の移転問題を無視しながら「提案」を保護主義に結び付ける
問題提起の仕方は，アメリカの国内的見地に立っても，また国際的見地に立っ
ても筋違いと言えよう。

67

⑽ 第10の問題点について

　この問題点を要約すると「提案」の実施は，銀行資本の毀損を意味し，この損失分を国が補償するのか，あるいは銀行が自力で償却するのかという負担分担の問題を引き起こし，かつまた免除規模の限界点の設定をめぐってさまざまな困難な作業が生じるというものである。この問題の解決法は選択の幅が大きく，そこから出てくる帰結も当然多岐にわたったものとなる。この点に関しては当の「ブラッドレー提案」自体も，具体策を提示しているわけではないので，「提案」の実施方式をめぐる可能性について考察してみることにする。

　「提案」に基づいて民間銀行が行うとされる貸付元本の毎年3％棒引きおよび金利の年3％カットによる420億ドルの債務免除の方式は，大きく二通りに大別され，以下のようなケースの分類が考えられるであろう。

　図4-3について若干の説明を加えておこう。「不良債権国有化」は，民間銀行が債権を全額政府へ売却する際に銀行の売却益に対して法人税を課税する場合には，実際の公的負担は当然のごとく約50％軽減される。またこのケースは，最終的に不良債権を償却するのは債権国政府であって民間債権銀行ではないので，債権償却による帳簿外の資産は銀行には生ぜず，政府がその分の含み資産を所有する形態となる。これを便宜上，徳政令第一型A方式と呼ぼう。

　もともと，「ブラッドレー提案」の主目的は，アメリカが肩入れする中南米

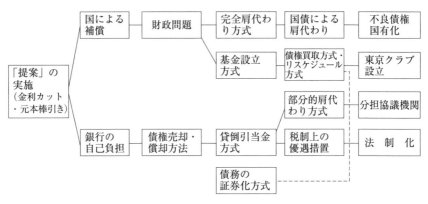

図4-3　民間債権についてのデット・リリーフの方式

第 4 章　累積債務問題

諸国の救済であると同時にアメリカ国内の所得移転問題や失業についての国内
問題の解消にあった。だが，好むと好まざるとを問わず，「提案」実施の運び
となれば，日本や西独も応分の負担を強いられよう。そこで，各国の利害を調
整し，中立性を確保するために IMF・世銀体制から独立した機関を新設して
みてはどうであろうか。つまり公的債権を取り扱うパリクラブに倣って，民間
債権のデット・リリーフだけを専門に処理するクラブの創設が考えられうる。
仮称「東京クラブ」なるものの資金は，償却される債権の金額高の大きさに比
例して各債権国が平等に負担して基金を設立する方式と，日本や西独等の貿易
黒字国だけが資金を拠出し，基金を設立する方式の二通りが考えられる。「東
京クラブ」方式は，債務の証券化を行った民間銀行からその基金によって債権
を買い取るだけでなく，リスケジュールも並行して行ってもよい。また，こう
したデット・リリーフの円滑化は，「東京クラブ」とカルタヘナグループ諸国
によって設立されるべき「債務国クラブ」との協議を通じて行われるようにし
てはどうであろうか[72]。この「東京クラブ」方式を徳政令第一型B方式と呼
ぼう。ただし，この方式のために必要な基金の大きさは，思ったほどには大き
な規模にはならないであろう。なぜなら，途上国向け債権の実勢価格をみると，
アルゼンチンの場合，87年3月末の額面1ドル当たり60セントから88年9月1
日には22セント台に低下しているからである[73]。

　「東京クラブ」方式が民間債権の全額を公的部門で引き受けようとするのに
対して，「分担協議機関」というのは，全額ではなく「部分的肩代わり方式」
によって免除の限界点を設定し，債権の一定割合を公的部門が引き受けるため
にその分担比率を民間銀行と協議する機関である。これを徳政令第二型A方式
と呼ぶことにする[74]。

　「法制化」とは，たとえば日本における特定海外債権引当金制度について従
来の1％無税，5％まで有税という制限枠を大幅に緩和するような法的措置を
意味する。この措置は，無税枠を緩和するか有税枠を緩和するかによって二通
りの方式に分類されよう。アメリカが引当金を20〜30％に拡大しているが，日
本も有税引当枠を10〜15％に拡大する必要があり，アメリカ並みの引当枠の拡

69

大が求められる。ただし，不良債権が償却されて銀行の含み資産が生じる場合には，これを極力制限するような法的措置も同時に織り込まれなければならない。この方式を徳政令第二型B方式と呼ぼう。

　徳政令第一型と第二型の区別は，国による全面的肩代わりか，部分的肩代わりかという分類方法に従ったものであり，それぞれのA方式とB方式の区別は，これも負担の程度の差異を表すものと思ってもらってよい。もっとも，ここで示した種々のデット・リリーフの方式はほんの一例であって，「提案」の実施が現実的なものになれば，これらの方式以外にもさまざまな方式が案出される運びとなろう[75]。宮沢蔵相は1988年4月14日のワシントンでのIMF暫定委員会で債務国向け債権の「買い上げ」提案を提示した模様だが，米政府は財政負担を伴うため「宮沢構想」には消極的である。債務軽減の具体的方式は未定だが，「銀行業界に近い米議員の間から，①IMFが証券を発行し，民間銀行が保有する途上国向け債権と交換する。②IMFはその途上国に対し経済健全化で厳しい注文をつける。③IMFの指導に応じて良い成果をあげた途上国に対し債務を減免するなどの案が出ている。蔵相提案を実現する場合，これに近い仕組みになるとの見方もある（『日本経済新聞』1988年4月14日）。ただしこの構想に必要な資金はIMF等への加盟国の負担とする。だが，世銀やIMFはこうした支出に消極的である。

　断っておくが，ここでは民間債権の処理方法についてのみ考察したが，「ブラッドレー提案」における公的債権の処理方法については，言及しなかった。現行のパリクラブの役割は，長期公的債権についてのリスケジュールだけを専門に扱っており，債務減免措置については対象外としているため，公的債権の処理をいかに扱うか，という問題が残されるわけである。だが，この問題は債権国政府間で償却方法をめぐって合意が成立すれば，民間債権よりも容易に処理できるはずである。

　債務国へいくら資金を流入させても，資本逃避が続くかぎりは「穴のあいたバケツに水を入れるようなもの」[76]と中尾茂夫氏が世銀の言葉を借りて結論づけているように，債務国の対外借り入れは，オイルショックによる不況に悩

第4章　累積債務問題

む高所得国を救済する一方で，債務国にとって「不幸への処方せんであった」[77] と言えよう。繰り返し述べるが，債務問題の責任は債権国，債務国の双方にあり，この問題の解決には双方の努力が不可欠である。民間銀行は，徳政令を待つまでもなくすでに新規融資に消極的である。また，リスケジュールを主体とする従来型の対策が，もはや有効性を失っていることも明白である。したがって，今後は債務国への民間資金の流入を通じた債務問題の解決の道を選ぶのではなく，民間銀行が保有する債務国向け債権の売却・償却を債権国の国内で行うような方向で債務問題を解決すべきである。この方向に沿った減免措置が新たに実施されれば，たとえ民間部門による債務国への新規融資が一時的に減少しようとも，累積債務だけは着実に削減されこそすれ，加速度的に膨張するようなことは確実に避けられよう。従来型対策の中心に位置するベーカープランが問題の単なる先送りに過ぎないことは，多数の識者（宮沢蔵相他）の認めるところである[78]。「ベーカープランはすでに破綻した」[79] という考え方は前からあった。「ベーカープランは債務危機を救えない」[80] とする見解もかなり以前から存在していた。

かくして，ベーカープランから「ブラッドレー提案」への時代の流れは抗しがたくなった。こうした流れに逆行する行為は，時宜にかなった対策の実施に当たってその好機を逸するばかりか，累積債務問題を導火線とした金融恐慌の発生を黙認する行為である，と見られても致し方ないであろう[81]。

キッシンジャーの言[82] を待つまでもなく，債務危機の最終局面を迎えて時限装置付金融核爆弾の爆発を座して待つよりも，「ブラッドレー提案」というセカンドベストの政策をひとまず受け入れ，それを可及的速やかに実施したほうが資本主義経済体制にとっては賢明ではないであろうか。

一方，「ブラッドレー提案の深部にあるものは，アメリカの貿易赤字問題であり，中南米の債務国への輸出不振によって打撃を受けた農業と一部の製造業の不況対策をそれら諸国の累積債務救済と結び付けたことである。これは，すでに述べたベーカープラン登場の背景とまったく同じであり，ケース・バイ・ケース・アプローチではなく一括的救済を主張したとしても，さらにまた，ア

メリカの銀行資本の利害を代表するのか，産業資本の利害を代表するのかという違いがあったとしても，アメリカの経済的利害の範囲内での解決策であることに変わりはない。ベーカープランにしろブラッドレー提案にしろ，今日の世界が相互依存の世界であり，一方的に途上国の要求を排除できないという認識に裏打ちされてはいる。しかしそれらの提案は現存の国際経済秩序の枠内での対症療法にすぎず，『それが座標軸の移動ではあっても，座標軸の根本的逆転＝旋回ではない』」[83] という認識も存在する。

　筆者は本節で分類した徳政令第一型Ａ方式という国家による完全肩代わり補償方式を通じた「債権国有化」を決して好ましい政策とは思わない。これは民間銀行の不始末を国民に転嫁するだけでなく，新たな植民地主義にも繋がりかねない。徳政令が行われるとするなら，第一型Ｂ方式である国による債権買取方式プラス税政上の優遇措置（徳永方式），または第二型Ｂ方式である貸倒引当金方式プラス税政上の優遇措置のいずれかが実行に移しやすいであろう。だがそれらは，現存の欠陥体制の下で導入されても後日禍根を残すかもしれない。IMF体制に対する批判が高まる折，よしんばいずれかの徳政令を採用するにしても，IMF体制から一歩距離をおいた「東京クラブ」の設立という新たな方式が真剣に検討されるべき時期に来ているように思われる。

　「メキシコが今年三月に実施した米財務省のゼロ・クーポン債を担保とする債務の債券化は有力な手段だが，債務国が担保となる債券を購入できるだけの外貨準備を持っていることなど前提条件がある。メキシコ方式の改良も含めて新たなメニューを考えていかなければならない」[84]。だが，中南米累積債務国別メニュー方式が，ベーカー構想の枠内に組み込まれている間は，真の解決策とはなりえないであろう。

　1988年9月27日に西ベルリンにおけるIMF総会で発表された「宮沢構想」は，①債務国による中期的構造改善プログラムの作成とこれに対するIMFの承認，②債務の債券化およびIMFへの特別準備勘定積み立て，③IMFによるEFFの供与等々を提案している。しかし，構想推進の中核がIMFであり，既存の枠組みから脱却しておらず，累積債務解決に結び付くかどうかは疑問であ

る。

■第6節 「宮沢構想」から「ブレイディ提案」へ

　オイルショックによって先進国が不況に陥ると，アメリカは，産油国に集積しつつあった膨大なオイルマネーを自国に還流すべく高金利政策を打ち出した。西側先進国は，このオイルマネーの還流を歓迎したのである。主にアメリカへの還流資金は，当時工業化をめざしていた途上国に積極的に貸し付けられた。「皆で貸せば恐くない」との論理の下に，米銀のみならず邦銀，欧州銀も競って途上国への融資に精を出した。途上国は，その豊富な資金供給に基づき先進国からの輸入を拡大し，工業化による経済成長を図ろうとしていた。だが，その試みは一転，逆オイルショックに伴う一次産品価格の低迷によって頓挫，デット・サービス・レーシオは急上昇し，途上国には累積債務だけが残ることになった。一方，この間を通じて先進国は，当初の目論見通り途上国への輸出急増によってオイルショックによる不況を見事に克服，目前の問題は解決されたかに見えた。だが，その解決は未来を担保に入れてのものであった。キッシンジャーの言葉を借りれば，「原油国の短期預金が銀行の長期貸付に変わったとき，西側の金融業界にどうしょうもない脆弱性が生じたのである」[85]。かくして，正気に返ると，債権銀行の手元には途方もない額の不良債権が残ることになった。

　周知のように，1982年に累積債務問題が最初に勃発したメキシコ債務危機の頃は，この問題を単に流動性不足の問題ととらえていた節があるが，1987年2月に表面化したブラジル債務危機を契機として，この問題はいっそう深刻な支払い能力の問題に様相を一変させることになる。だが，当時はまだ，デット・リリーフはタブー視され，それを唱える者は極少数に限られていた。債務危機に際して，デット・リリーフの一形態として「ブラッドレー提案」によって初めて具体案が公表されたものの，デット・リリーフの考え方に対しては，依然として厳しい目が向けられていた。かねてより米国政府及び国際金融筋は，債務危機をベーカープランで乗り切ろうと考えていた。しかしこのプランは，当

73

初からその効果が疑問視され，取り立てて言うほどの成果を一切生むことなく瓦解する。打開策を見い出せないまま，債務問題は日増しに悪化の一途をたどり，やがて問題の解決には，デット・リリーフしか手立てがないという機運が次第に醸成されるようになる。「ブラッドレー提案」が公表直後に間髪を入れず実行に移されていたなら，債務危機は様相を異にし，おそらく事態はかなりの程度好転していたにちがいない。「ブレイディ提案」が難産の末に実施の運びとなっても，やや遅きに失する観もある。「ブレイディ提案」に賛同するのであれば（1989年9月をもってしても同提案への反対論は執拗を極めたが），何故過日「ブラッドレー提案」に批判的であったのであろうか。

　ところで，日本でも「宮沢提案」のようなある意味でのデット・リリーフの考え方が案出された。だが，この「宮沢構想」についても，ベルリンG7の折，アメリカはこれに対して極めて冷淡であったし，誰より当のブレイディ財務長官自身が反対論の尖兵であったということは，正に皮肉と言う他ないであろう。アメリカによる米新債務戦略への突発的移行は，取りも直さずアメリカの旧債務戦略，なかんずくベーカー戦略の決定的敗北を意味する。アメリカがベーカー戦略を破棄して見直しを迫られ，新債務戦略を打ち出さざるを得なかった背景には，言うまでもなくベネズエラでの暴動，カルタヘナ同盟及びリオ・クラブ等の一連の動きがあったことは否めない。しかしながら，ベーカー戦略の致命傷は，債務危機を目の当たりにしてもなお「宮沢構想」に耳を貸さず，また一方で，中南米の政治・経済情勢を軽視しつつ，アメリカの安全保障をも犠牲にしてまで大統領戦という国内事情を優先させた一連の行動に起因している。

　「ブレイディ提案」が今頃受け入れられるのであれば，「ブラッドレー提案」に対する批判等は，もとより全く根拠のない屁理屈と受け取られても致し方ないであろう。前節では，「ブラッドレー提案」に象徴されるデット・リリーフに対して，当初金融筋が如何なる見解を示し，どのような近視眼的，短絡的な批判を加えていたかを列挙し，その浅薄極まりない批判に対して逐次反論を試みた。

　その後，「ブレイディ提案」の適用第1号としてメキシコが決定したのに引

第 4 章　累積債務問題

き続き，フィリピン，ベネズエラ，チリ，アルゼンチン，ポーランド等が矢継ぎ早に同提案の適用国になった。本節では，「ブラッドレー提案」を横目で見つつ公表された「宮沢構想」及び同構想に対する各方面からの冷淡な反応，さらに「最後の債務戦略」と呼称される「ブレイディ提案」の実施に至る一連の経緯及び背景を俯瞰し，併せて同提案のさまざまな問題点を洗い直してみた。

1.「宮沢構想」の概要

　1988年 6 月19日，当初宮沢蔵相がトロント・サミットの蔵相会合で提案した「宮沢構想」の概要は，以下の通りである。88年 6 月20日付『日本経済新聞』からその概要を示しておく。

〔基本的考え方〕

　①　債務問題は一括ではなく，ケース・バイ・ケースの対応で解決すべきである。従来からの IMF のスタンドバイと並行して中長期的対応の強化が必要である。

　②　その際，次の点に留意すること。

　1)　債務国の成長指向型構造調整による支払い能力の回復が重要であり，債務切り捨てやディスカウントは適当でない。

　2)　IMF による経済調整能力の支援，IMF と債務国との緊密な協力による返済のための新たなスキームづくり。

　3)　経済調整努力の支援のための，民間銀行，国際開発金融機関および先進国からの資金フローの強化。

　③　かくして，メキシコ方式を参考とし，IMF の協力の下，以下のような負担分担を提案する。

〔具体的仕組み〕

　1)　「債務国は IMF と中期構造調整プログラムを実行することに合意する」（『日本経済新聞』1988年 6 月20日）。

　2)　「このプログラムを前提に，債務国と債権銀行の話し合いにより，既存債権の一部をこの仕組みの対象とする」（同上）。

75

3) 「銀行は参加・不参加を自由に決定できる。債権の一部分だけを対象とする参加も認める。不参加銀行は従来通り銀行のアドバイザリー・コミッティーで新規資金の供与を含め伝統的な対応を協議する。参加銀行も，このスキームの対象としない債権に関しては同様の対応をする。このスキームに参加する希望が想定された規模を上回る場合は案分して割り当てる」(同上)。

4) 「このスキームの対象となる債権の特定割合は債券化する。その債券化の割合は，入札ではなくIMFの助言に基づき債権銀行と債務国の話し合いにより決定する」(同上)。

5) 非債券化部分は，利払いの一定期間免除・元本のリスケジュールが行われる(同上参照)。

6) 債務国の支払いの確実性強化のため，IMFに二つの準備勘定(基金)を設け，管理を委任する(同上参照)。

・第一準備勘定…「外貨準備を原資とし，債券化部分の元本を保証する」(同上)。外貨準備不足でも，中期構造調整プログラムが要件を満たせば，IMFの中期信用で外貨準備を補填する(同上参照)。

・第二準備勘定…「非債券化部分に対応した減債基金をIMFに設ける。債務国はIMFとの合意に基づき毎年の経常収支黒字見込み額の一定割合を同基金にくり入れる」(同上)。拠出額の不足時は，債務国が自国通貨で補填し，状況に応じてこれを交換可能通貨に交換する(同上参照)。

〔先進国政府および国際機関の協力〕

1) 経済構造調整の支援のため，IMF中期信用供与を増加する。IMFの流動性不足時には，先進国からの貸し付けを実施し，日本も応分の負担をする用意がある(同上参照)。

2) 「世銀等の国際開発機関の資金および先進国からの二国間ベースの新規融資を拡大する」(同上)。日本輸出入銀行を中心とした日本の協力。パリ・クラブの多年度リスケジュールの支援の継続(同上参照)。

〔スキームの特徴〕

1) ケース・バイ・ケースでベーカープラン以降の基本戦略に合致している。

第4章　累積債務問題

2）　メキシコ方式と比べ，IMF の協力下で実施するので適用範囲が広い。また非債券化部分のデスカウントがないので，元本回収の可能性がある（同上参照）。

3）　債務国はプログラムと引き替えに，構造調整のための資金が確保できる。非債券化部門の減免はないが，利子の一定期間免除と元本のリスケジュールが可能となる（同上参照）。

〔具体的進め方〕

小国をテスト・ケースとして，アルゼンチンのような主要債務国に適用する。

以上が当初公表された「宮沢構想」の概要である。その骨組みを図示すると図4-4のようになる。

2.「宮沢構想」の要点

「宮沢構想」の要点は，次のようなものである。

・ケース・バイ・ケースの対応

・中長期的対応の強化

・債務切り捨て及びディスカウントの否定

・新スキームの開発

・資金フローの強化

・中期構造調整プログラムの実行

・既存債権の一部についての対象化

・銀行の参加・不参加の自由裁量

・対象化部分の特定割合の債務の債券化

・非債券化部分の債務減免に代わる利払いの一定期間免除と元本のリスケジュール

・二つの準備勘定の設立と IMF による管理・運営

・IMF による中期信用供与の増大，IMF の流動性不足時の先進国からの貸し付け及びその際の日本の分担増大

・二国間新規融資，輸銀を中心とした日本の貢献

77

・ベーカー構想の基本戦略の踏襲

3．「宮沢構想」の特徴

　前述のごとく，1982年のメキシコ危機以来，債務問題の性格は，当初の流動性不足の問題から支払い能力の問題へと変質していった。それに伴い，この問題に対する対策もリスケジュール中心から，債務国の経済成長をめざす構造調整融資へ移行した。一方，債権者側も貸倒引当金の計上，債務の証券化等の多様な対応を迫られるようになった。こうした対応策は，問題をケース・バイ・ケースで個別に取り組み，かつ多様な手段を適宜組み合わせるいわゆる「メニューアプローチ」と呼ばれるものであった[86]。

　この構想は，債務の一部を IMF に設けた特別口座を担保にして債券に換えて売り出し，他方，債務国が IMF のコンディショナリティーを受け入れることを条件に，残りの債務のリスケジュールを進めるものである。これはメキシコ等で行われた債務の証券化を IMF の制度として取り入れたものであり，この点で「宮沢構想」は，正しく「メニューアプローチ」に沿った考え方であると言えよう。

　まず，債務を二分する。債務国は自国の外貨準備から資金を拠出し，IMFの管理下，各国ごとの準備勘定を設ける。その口座を担保に新たに長期国債を発行して債務の一部と交換する。つまり，債務国と債権銀行が話し合い，銀行所有の債権を債務国が発行する同額の新国債と交換する。新国債の支払いはIMF の準備勘定によって保証されるので，支払いの確実性が強化されるアイデアなのである。ちなみに，400億ドルの債務を抱える国は，ひとまずその半額の200億ドル分を債券化し，債権銀行団に180億ドルで買い取ってもらう訳である。仮に160億ドルしか返済を期待していなかった債権銀行団にしてみれば，損失は20億ドル分減少し，債務国側もまた20億ドル分の債務が削減されることになる。つまり銀行側は何割かの資金が回収可能となる一方，債務国の債務も減る訳である。

　非債券化部分の200億ドルの債務は，IMF が仲介し，5 年又は10年のリスケ

78

第4章 累積債務問題

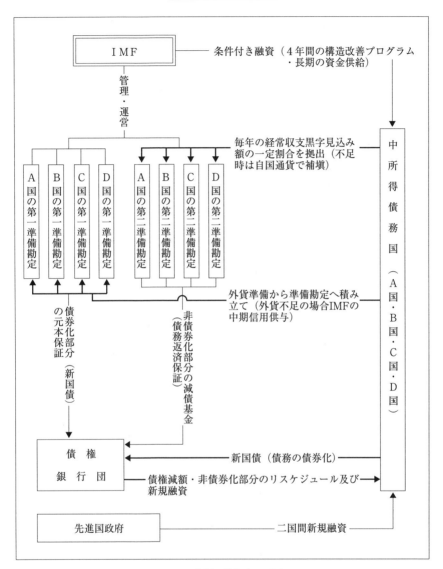

図4-4 「宮沢構想」の骨組み

(出所)『日本経済新聞』1988年10月3日参照して作成

ジュールが行われるが，その代わり債務国も輸出による外貨の一定額を IMF の準備勘定に積み立てるので，それは利払いの保証を意味し，債権銀行に安心感を与えるという仕組みである[87]。

トロント・サミットでの「宮沢構想」の発表後，米国を中心に，「この構想は民間銀行のリスクを IMF に転嫁させるものだ」との懸念が広がった。しかし，この構想は IMF の機能を活用はするものの，IMF の基金は債務国が拠出し，債権国の拠出金で肩代わりするものではない。そこでにわかに米国内でも一部には関心が強まりつつあったという。一方債務国の方でも，メニューアプローチの有力な一手段として期待が集まり始めていた。かくして，同構想への期待が高揚する最中，1988年9月27日のベルリン IMF・世銀総会での澄田智日銀総裁による再度の「宮沢構想」の発表を迎えた。

ところが，アメリカ政府が同構想に難色を示していることが事前に伝えられていたため，澄田総裁の演説は構想の細部の説明を避け，大まかな説明にとどまってしまった。後述するが，このことが各国の誤解や不満を生む結果となる。

元来，この構想は，「民間銀行から国際金融機関や債権国政府へリスクの移転がなされない」という原則を掲げてはいるが，これは反対に回ることが予想される債権国を配慮してのものである。さて，実際にこの構想が実施された場合を想定するとどうなるであろうか。以前行われたメキシコ方式では，メキシコは自国の外貨準備で米国のゼロクーポン債を購入し，その保証をもとにメキシコが新たに国債を発行し，新国債1対債務2の比率で交換し，メキシコに有利に進んだため，銀行側の参加は極めて消極的であった。「宮沢構想」は交換比率を1対1にしている。債権銀行が，受け取った新国債を売却する場合，実際には値引きしなければならず，メキシコ方式同様，結局銀行は損失を蒙ることになる。それでも，宮沢構想はメキシコ方式のような非債券化部分の切り捨ては行わず，その分は前述のごとくリスケジュールが行われる。また，準備勘定の設定を通じての保証措置は，安全性の強化につながるので，特に邦銀は同構想の有効性に大いに期待をかけていたといわれる。一方，債務国は債務棒引きがないので多少不満かもしれないが，新国債の条件は，金利が市場金利連動

第4章　累積債務問題

で旧債務と変わりないものの，話し合いによる返済期間の延長も可能である。また，コンディショナリティー付き融資の融資条件の期間を従来の1年から最長4年まで延長することも可能となり，IMFの調整プログラムに従って債務返済が進行する限り，むしろ資金援助を受け易くなる。ただし，新規融資を受けられる利点と引き替えに，その分債務国の経済運営の自主性は損われるが。

　この構想に問題があるとすれば，IMFの準備勘定に拠出する資金が不足する国が出てくる可能性が大きいことである。日本がこれを補填するとなると，「民間銀行のリスクを公的機関が肩代わりするのはおかしい」（米財務省）という批判を浴びかねない。澄田総裁による「宮沢構想」の発表直後，連日のように『朝日新聞』，『日本経済新聞』他主要各紙で述べられた見解は，以上のようなものであった[88]。

　「まず債務国が構造調整のための中期的プログラムをIMFと合意することが大前提となる。このプログラム作成によって，国際金融機関からの，多角的資金と，先進国からの二国間資金による支援が期待できるようになる」[89]。このように，「宮沢構想」は，多角的資金援助と二国間新規融資と二重の資金供給ルートを備えている点が特徴である。「『市場志向型で各銀行が自由に参加・不参加を決定できる』」[90]といった点は，後述する「ブレイディ提案」との比較においても注目すべき点である。また何よりも，「宮沢構想」は，IMF主導型の構想であって，「ブレイディ提案」のように民間銀行と債務国の同意を前提にIMFが追随するというような構想ではない。

　以上の特徴から問題点のみを整理してみよう。

　(1)　リスク転嫁の有無…民間銀行のリスクをIMF等の公的機関に移転させるのではないかという懸念。

　(2)　メキシコ方式との共通点及び相違点…債券化部分のディスカウント（その分の債権銀行の損失）はメキシコ方式と共通であるが，非債券化部分のディスカウントはリスケジュールを通じて防止できる。しかし，債務国にとっての債券化部分の債務の削減（債権銀行の同額分の債権の減少）が生じるという結果は，「宮沢構想」の中での「債務切り捨てやディスカウントは適当でない」と

81

いう建前と矛盾しないであろうか。

　(3)　不明確性，具体的細目の欠如

　(4)　準備勘定の不足に基づく IMF の負担増大…債務国の IMF 準備勘定の不足とそれに伴う IMF 中期信用供与による債務国救済（同時に民間銀行救済）こそ，真の意味でのリスク転嫁になるのではないかという考え方。

　(5)　IMF の中期成長資金供与によるリスク転嫁

　(6)　銀行の参加・不参加の問題

　(7)　新国債の利率低下の懸念

　(8)　メニューアプローチの有効性の限界

　(1)，(4)及び(5)の問題点は一見同じように見えるが，それらは次元を異にする。一口に「民間銀行のリスクの公的機関への転嫁」と言っても，多面性がある。

　まず(1)の問題点は，債務国の債務を債務国の新国債と交換し，IMF に債務国別の特別勘定を設けてその新国債の元本支払いを保証し，IMF の機能を活用しようという債務削減構想そのものが公的機関へのリスク転嫁であるということである。ただしこの点は，「宮沢構想では債務国が債務の交換で発行する債券の元本を保証する基金（もしくは準備勘定）は，債務国が外貨準備などを取り崩して積み立てる仕組みなので『民間銀行のリスクを IMF などに肩代わりさせるわけではない』（大蔵省）」[91) という反論でどうにかかわすことができよう。

　しかしながら，(1)の問題点は，(4)の問題点である準備勘定不足時の IMF による中期信用供与という次の次元に移行することが不可避的である。この点こそが，米国などから公的機関による銀行救済ではないかと懸念される点であろう。また，そもそも(5)の問題点である中期成長資金等の供給によって IMF が深く関与すること自体，公的機関へのリスク移転と見ることもできよう[92)。

　(6)の問題点の「銀行は参加・不参加を自由に決定できる」という点は，フリーライダーの問題を想起させる。この点は「宮沢構想」の欠陥部分であり，「ブレイディ提案」による全行参加を義務付けるかあるいは強制するような措置よりも一歩後退している考え方である。

第4章　累積債務問題

4．「宮沢構想」に対する評価及び反応

　「宮沢構想」の発表は，期待と疑問を交錯させながら各方面に波紋を広げた。西ベルリンでのIMF暫定委員会では，先進国側はデット・サービス・レーシオの低下を指摘したのに対し，債務国側は最近の金利上昇に伴う金利負担増を問題として対立した。しかし債務問題の解決は，ケース・バイ・ケースによる自発的な市場志向型の救済メニュー・アプローチで処理することで双方が一致し，メニューを拡大しようという結論に至った。

　メニュー拡大の一策としての日本輸出入銀行によるIMFとの協調融資制度が評価された一方，もう一つのメニューである「宮沢構想」は極めて評価が低かった。「『宮沢構想』に対する各国の反応は厳しく，28日（1988年9月28日）の欧米の主要紙は『内容が抽象的で分かりにくい』『幻想に終わるだろう』といった批判記事を掲載した。…こうした批判はニューヨーク・タイムズ紙やウォールストリート・ジャーナル紙といった有力米国紙に強く現れており，欧州のヘラルド・トリビューン紙の場合は『日本の債務構想はあまい』と指摘」[93]していた。「皮肉なことに構想が公表されたとたん，二つの意味で不評を買った。宮沢構想は，債務国がIMFに準備勘定を設けて，債務支払いの裏付けとすることによって，債務の一部の債券化，残りを返済繰り延べにする複雑な仕組み」（『朝日新聞』1988年9月29日）。その分かりにくさが批判されたという。「もう一つは，ブレイディ財務長官の演説から伝わってきた。米国は，この構想に対して，民間銀行のリスクをIMFに肩代わりさせるという結果になるとして『そうした提案は結局幻想に終わる』とクギをさしてきた」（同上）。彼は，IMF・世銀総会の演説において，「『一見，（米国の債務戦略に沿っているような提案（複数）もあるが，実際には前進の幻想を与えるに過ぎない』と，宮沢構想に冷ややかとも受け取れる発言をした」（『日本経済新聞』1988年10月3日）。一方，「邦銀は宮沢構想について，『基本的な考え方は評価できる』と受けとめている」（同上）。また邦銀は，この構想がメキシコ方式と異なり債務と債券の交換比率が1対1で割引がないということを最も評価しており，また割引を前提としたメキシコ方式に比べて「『債務国を一方的に優遇しておらず，

83

民間銀行としては受け入れやすい』（都市銀行）という」（同上）。ただ，「宮沢構想では債務を棒引きにしないことを大原則にしており，債務国にとっては負担軽減メリットが少ないだけに，『債券の金利などの発行条件の優遇を求められるのではないか』と懸念している」（同上）。さらに前述のごとく，はたして債務国がIMFへの準備勘定を前もって拠出できるかという点を疑問視する向きも根強く存在する。米銀も，結局のところ，この構想とメキシコでのディスカウント方式との同一性を憂慮する。債務国による新国債の発行という債務の債券化に基づく債務の減少分（その分の債権銀行の債券の損失分）の発生は，「宮沢構想」の建前とは裏腹に極めて現実性の高いものとなるとの悲観的見通しが底流にあったといえよう。手厳しい評価の最たるものは，「宮沢構想」がケース・バイ・ケースとメニュー・アプローチに沿ったものであり，「また，この構想に基づく処理だけで，債務問題が片付くということ，そういう期待を与えること自体，もともと期待されていなかったといえよう」（『日本経済新聞』1988年10月12日付社説）という見方である。

5.「宮沢構想」に反対した理由

　米政府は，ベーカー前財務長官の下でもかねがね「宮沢構想」に消極的であった。その理由は，判で押したように公的機関が，民間銀行の債権リスクを肩代わりする懸念があるからであるという。「確かに，宮沢構想には，そうした懸念を抱かせる部分もある。だが，公的機関が債務対策にかかわる限り，この種の問題は，たとえ間接的にせよ多少とも付きまとうものであろう」（『日本経済新聞』1988年10月12日）。反対理由の根底には次のようなさまざまな要因があった。「米政府の態度の背景には，やはり，大統領選挙を目前にして政策評価に対し，神経過敏になっている現政権の立場の微妙さがある」（同上）。また，「米国が大きな利害関係を持つ中南米を舞台にした債務対策での主導権を損なわれたくない気持ちも働いているとみるのが自然ではないか」（同上）ということである[94]。「これは米共和党流の基本的政策理念である①民間銀行債権の回収難は，貸し過ぎと債務国の借り過ぎに原因があり，個別企業の経営責任に

84

かかわる問題で，対策は自主対応を基本とすべし，②対債務国支援は政治・経済関係を踏まえた個別対応（ケース・バイ・ケース）とすべきで，IMF・世界銀行を通じた債務国への一律対応は好ましくない——という考え方と合わない要素があったとみられる」（『日本経済新聞』1988年6月27日）。また，当の宮沢蔵相自身による米国の拒否反応についての説明を聞いてみよう。「ご存じの通り，ベーカー氏は1985年に累積債務対策を提案して以来，民間銀行の自主的な行動と市場原理に任せる手法を貫き，IMFなどの公的機関に責任を負わせるのを避けてきた。それには，累積債務の問題は民間銀行の行き過ぎた貸し付けが一方の原因であり，その不始末の解決に国民の税金をつかうわけにはいかぬ，という米議会の厳しい空気が反映していたと思う」[95] というような米国側の背景が知れる。かくして米国は，「宮沢構想」を警戒しつつ終始冷ややかな態度に徹し続けたのである。

6．アメリカの豹変

　当初のベーカー構想は結局失敗に終る。ベーカーは当初案を見直すため，1987年秋から債務の証券化等の政策を柱とするメニュー・アプローチを採用することで若干の軌道修正を試みた。これに基づき，88年2月にメキシコ方式による債務の債券化が実施された訳であるが，メキシコは，債券の元本返済の裏付けとして米国のゼロ・クーポン債を購入したものの，利払い保証がなかったため，結果は予想落札額の3分の1ほどの36億ドルにとどまり，債権圧縮額も期待したほど伸びず，惨憺たる有様に終わる。「このため米政府は『債権圧縮を政策的に促して銀行の荷を軽くしないと，新規融資の拡大も期待できない』（財務省）という判断に傾いてきた」（『日本経済新聞』1989年2月6日）。これに伴い，ブレイディ財務長官を中心に，米政府は昨年秋から各省並びに国家安全保障会議の関係者と債務減額のための新しい方策を検討し始める。「引当金計上や償却に対する税制を大幅に緩めれば，米国自身が反対する『納税者の負担で問題を解決する』ことにもなりかねない。だが背に腹は代えられない」（同上）。米国は，「JBAインベストメント」を通じ債権圧縮を進める日本に対し

85

ても制度改革を求めようとしていた[96]。「日本側は，債券化した途上国債務の支払いを国際通貨基金（IMF）が管理する，などの宮沢構想を『生き残っている』（日銀総裁筋）と受け止めている。しかしこの案は債務と債券を一対一で交換するので債務額の減額にはならない。『IMFが最終的に資金を負担する可能性もある』（財務省高官）ので，米側の警戒は強い」（『日本経済新聞』1989年2月6日）。

　さて，ブレイディ長官がわずか半年で態度を豹変させ，「宮沢構想」を取り入れるに至った理由は何であったのか。それは米国のスコウクロフト国家安全保障担当補佐官がいみじくも指摘したように，「『ベネズエラのような政情不安がメキシコで起きては困る。技本的な債務対策が必要だ』」（『日本経済新聞』1989年3月10日）という言葉に尽きよう。当初米財務省は，税制や銀行経理基準の緩和による不良債権の償却促進で事態を乗り切ろうと考えていたが，FRB等の了解が得られなかったとされる。かくして米財務省は，税制及び経理基準の手直しの一方で，IMFまたは世銀を活用した債務削減策に傾いていくことになる。方向としては，IIF（国際金融協会）が主張するような，IMF・世銀がメキシコ債券の利払いを保証する案と「宮沢構想」との折衷案に向かうことになる。当の宮沢蔵相の胸中は如何ばかりであったであろうか[97]。

7．米債務戦略上のミス

　1982年のメキシコ債務危機以来，債務問題に対するアメリカの戦略は，失敗か成功かをめぐってその評価が真二つに分かれる。まず米国の債務戦略は常に定見を踏まえて成功裏に進められたとする見解をはじめに紹介しておこう。

　米国は1982年〜1985年まで，債務問題を短期の流動性不足の問題ととらえ，流動性の供与並びにIMF監視下でのマクロ調整策を実施していた。米国の対応は民間銀行のバランスシート改善と金融秩序維持をめざした債務対策であった。つまり米債務戦略の最重要課題は，民間銀行への利払い継続の確保にあり，問題の緊急性，事の重大性についての判断で，金融面の配慮を最優先させたことは疑う余地がない。債権銀行への利払い継続の維持がベーカー戦略の隠され

第4章　累積債務問題

た本質なのであれば，リスケジュール中心の米債務戦略は成功裏に事が運んだ，というのである。これを受けて1989年3月10日のブレイディ財務長官の演説では，民間銀行の資本ベースの強化が達成されたことだけが強調される。また，債務問題がもはや銀行破産につながることはない旨の米国の銀行監督機関の見解およびベーカー構想対象15カ国への米銀の融資残高の減少（1982年の900億ドルから1989年の760億ドルへ）が理由としてあげられ，82年以降の米債務戦略が成功に終わったとの論理づけがなされる[98]。「このようにみると，八二年以降の米国の債務戦略は見事な成功を収めたということができる。米国の対応は，しばしば『無定見である』と批判されてきたが，米国の最大関心事であった銀行経営の健全さの回復と金融秩序の維持との観点からは，米国の戦略は確固たる『定見』をふまえたものであった」[99]というのである。また，「債務戦略の第一目標が達成された現在，債務国の経済成長の回復という目標や，納税者による銀行救済への反対という原則に，より大きな関心が向けられるのは当然である。民間銀行への金利支払いの削減を中心とするブレイディ提案は，米国の債務戦略成功の帰結と理解することができる」[100]とも述べている。しかしこれは何とも苦しい弁解ではなかろうか。否，何と浅薄な論理づけであろうか。公的機関へのリスク転嫁を拒否し続けてきたのは誰よりも当のブレイディ長官自身であり，「ブレイディ提案」なるものは，以前から練りに練った予定通りの成果とはまったく無縁の場当たり的な代物であり，彼自身が外圧によって従来からの自らの意見を180度転換せざるを得なかった事実からしても，自己否定の産物以外の何ものでもないのである。

　「八五年以来続けられてきたベーカー提案による債務戦略は，民間銀行のニューマネーの出し渋りと債務削減への消極姿勢という厚いカベにぶつかって，結局危機の改善に劇的な効果は発揮出来なかった。これは民間銀行に任せ，政府，公的機関をあくまで脇役に置きすぎたため…」[101]と見る見解の方に分があると言わざるをえないようだ。「問題を深刻化させた原因の一端は米自身の戦略の誤りにあるとの見方が多い」という1989年2月6日付『日本経済新聞』紙の指摘は正に当を得た言葉といえよう。ベーカープランの当初案，ベーカー

87

プランの修正案とも初めから効果には限界があり，米債務戦略はすでに出発点からして失敗を運命づけられていた戦略といえよう。

8．「宮沢・ブレイディ提案」

「ブレイディ提案」と呼ぶに値する提案など最初から無きに等しかったと極言しえよう。「ブレイディ提案」発表直後のファイナンシャル・タイムズ紙でも指摘されているように，「ブレイディ提案」なるものは，「宮沢構想」を広範囲に取り入れたものであり，強いて言えば「宮沢・ブレイディ提案」と呼ばれるべき提案である[102]。

両提案を比較してみると，そこには至る所に酷似する点を見出すことができる。あえて相違点を指摘すれば，次の点ぐらいであろう。まず第1点は，「宮沢構想」においては，提案への民間銀行の参加・不参加が，銀行の自由裁量に委ねられていた。「ブレイディ提案」では，応じない銀行に対しては3年間の元利返済を停止できる平等規定の凍結が謳われてある。（もっとも，これには債務削減，金利軽減，新規融資，金利の元本組み入れなど，銀行に対して選択の余地を与え，逃げ道を用意しているが）。第2点は，前者がIMFのみを元利支払いの管理・保証機関としていたのに対し，後者はIMFと世銀の2機関がその任に当てられている点である。第3点は，「ブレイディ提案」の最終案においてはIMFまたは世銀による利払い保証が一部欠落しているという事実である。

ともあれ，「ブレイディ提案」の中身は，日米間の綿密な協議を経たものの，それはそっくりそのまま「宮沢構想」の基本的枠組みを採用した事実を否定するものではない。「ブレイディ提案」の当初案における保証基金構想は，「IMFか世銀に債務国ごとの基金を設け，債務国が外貨準備の一部を預託，それをIMFなどが管理・運営する宮沢構想方式を想定したとみられる」（『日本経済新聞』1989年3月15日）という言葉によってその事実は裏打ちされている[103]。

9．「ブレイディ提案」の当初案の骨子

「ブレイディ提案」の当初案の骨組みは次のようなものである[104]。

第 4 章　累積債務問題

〔民間銀行〕
・債務国と協議し，債務削減，利払い軽減，新規融資の幅広いメニューを提供すること。応じない銀行への 3 年間元利払いの停止。
〔IMF・世銀〕
・経済調整融資の一部を債務削減と利払い軽減の目的に振り向ける。これは債務の債券化又は債務買い取りの後の外貨準備の補充に使用。また利払いの軽減と保証が行われる期間中，利払いの一部を保証するために新たな追加的資金支援を行う。
・債券の元利払いを管理・保証
・金利引き下げに応じた銀行に，利払いを保証
〔債権国政府〕
・パリ・クラブを通じたリスケジュール
・改革プログラムに沿う国への輸出信用の継続
・債権圧縮のための税制，会計規則，銀行監督規制の見直し
〔債務国〕
・新経済再建計画の策定
・資本逃避の防止，資金流入及び国内貯蓄の増強
・債務の株式化の促進

10.「ブレイディ提案」の特徴

　この提案は，IMF・世銀など公的機関が債務問題で前面に出る内容であり，米債務戦略の180度の転換を意味する。これは82年の中南米債務危機勃発以来，米政府が初めて発表した「借金棒引き」に近い発想であり，「『国に対する会社更生法』との表現も飛び出した」（『日本経済新聞』1989年 5 月16日）。この提案の主たる特徴は，①戦略の重点を新規融資から債務削減・利払い軽減に移行させたこと，②IMF・世銀の機能強化及び元金保証等の積極策の導入，③非協力銀行の排除のための制裁措置などであり，「市場原理を生かした事実上の債務の棒引き」（『日本経済新聞』1989年 3 月13日）である。「ブレイディ提案は累

89

積債務国が債務残高を減らすことを柱にしており，債務の債券化や株式化，債務の割引価格での買い戻しなどが具体的手法としてあがっている」（『日本経済新聞』1989年3月25日）。「『棒引きと呼ばぬ棒引き』『強制しないと言いながらの強制』『リスク転嫁と呼ばぬリスク転嫁』…。あちこちで本音と建前にずれの出ているのが新債務戦略の特徴」[105]。「メニューは幅広いものの，IMF・世銀と日本の輸銀との協調融資を裏付けとする債務削減策が中心になるとの見方が多い」（『日本経済新聞』1989年4月3日）。つまり協調融資を受けた債務国は，これを債務の債券化のための担保料に充てたり，債務買い戻しの費用に充てるのである[106]。ブレイディ長官も4月3日のIMF暫定委において，「IMF・世銀が経済調整資金を債務国に融資，その一部を①債券化した借入債務を担保にする②債務を買い戻す―などの目的に充てるとの考えを示した」（『日本経済新聞』1989年4月4日夕刊）。

　以上のことから明らかなことは，批判の多かった「宮沢構想」よりも「ブレイディ提案」のほうがより曖昧であり不明確な点が多いことである。はたして協調融資の資金と経済調整資金の両資金のどちらを債券化の担保料ないし債務買い戻しの費用に充てるのか。あるいはまた，いずれか一方の資金が利払いの一部を保証するか債務の買い戻しのために使われるかといった点など，提案発表時点では不明な点が多く見受けられるのである[107]。

11.「ブレイディ提案」の問題点

　この提案の問題点として債務圧縮による新規融資の阻害，IMFの中長期経済構造改革の実効性に対する疑問，メニュー多岐にして政策上の支柱の欠如などが邦銀によっていち早く指摘された。だが，より大きな問題点は，米国が提案の適用対象国として米国にとって安全保障上重要な国，マネタリズムを政策に取り入れている国だけを優先し，米国の意に反する国を除外していることである。

　ところで，米新債務戦略に対しては，当の米政府やFRBなどからも異論が噴出していた。「新構想の財源手当てや，銀行経営・金融秩序への影響などが

第 4 章　累積債務問題

不透明なので，対策の実施には慎重を要するとの身内からの声である」（『日本経済新聞』1989年 3 月16日）。したがって，正式な提案までは紆余曲折が予想された。

　例えば，支払い機会均等条項（シェアリング条項）の 3 年間凍結が議論を呼んでいる。この平等規定は，銀行が融資団を組んで融資する際，特定の銀行が利払いなどで有利な扱いを受けられないようにするのが狙いである。この規定の全面凍結は，協力銀行間の扱いに新たな不公平をもたらすことになる[108]。そもそも「ブレイディ提案」で問題になっている平等規定は①無担保で融資した銀行間の平等な取り扱い（政府向け融資は通常無担保），②貸出債権を回収した時には銀行間で平等に配分する，③新規融資などの際に担保を提出することはしない—の三項目」（『日本経済新聞』1989年 4 月 5 日）。「これまではこの規定があったため，対ブラジルなどでは債務繰り延べや新規融資に応じない銀行も，応じた銀行と同じように利払いを受けることができ，悪平等が生じていた」（同上）。フリーライダー（ただ乗り銀行）を排除するための平等規定の全面的停止は，フリーライダーに悩まされていた民間銀行も賛成であるという。ただ問題は米財務省が主張する「全面的停止」は，融資銀行間の平等（実際上は悪平等といわれている）な扱いを著しく損なう恐れがあることとされる。平等規定の一時的，限定的停止はメキシコの債務の債券化方式の際，またボリビアやチリの債務の買い戻しの際に既に行われたこともあるので，銀行側は限定的停止に止めたいとしている。また全面的停止は，法律上の問題も絡むので難しいとしている[109]（同上参照）。

　一方，「ブレイディ提案」は，債務国に厳しい三つの条件を課す。つまり，それらは経済再建計画の実行，資本流入促進策の作成，資本逃避防止策の作成である。しかし「ブレイディ提案には実施面で多くの落とし穴が存在する」（『日本経済新聞』1989年 5 月16日）と経済再建計画の未達成を懸念する声は多い。

12.「ブレイディ提案」に対する反応並びに評価

　1989年 4 月 2 日の G 7 において，「ブレイディ提案」は賛否両論の評価を受

91

けた。おおむね途上国が賛意を表明し，日本を除く先進国が批判的であった[110]。提案発表直後，米財務省は不参加の銀行に対し，以前よりもより多く貸倒引当金を積むよう FRB に指導を求めた模様だ。これに対し FRB は，多額の引当金計上に耐えられない銀行の存在を理由に消極的であったと言われる。また FRB は，債務圧縮が新規融資の道をとざす点，IMF・世銀による利子保証が米国の財政赤字削減論議に波及しかねない点などを憂慮していた（『日本経済新聞』1989年 3 月16日参照）。

　民間銀行の一部にも，表面上は銀行の自主的判断を前提にしつつも，内実は厳しい枠組みを設定した米新債務戦略に反発する向きがあったし，また，提案に内在する債務圧縮と新規融資の二律背反性を執拗に訴える空気が強かった。そして前にも述べたように，フリーライダーに悩まされていた銀行は，平等規定を停止すること自体には賛同したものの，平等規定の全面停止に至っては大部分の銀行が猛反発していた。

　邦銀は，同提案に乗りやすい情況にあることは疑いないが，ただし，平等規定の全面的凍結によって米銀だけが優先的な債務返済を受け，抜け駆けする可能性があることを極端に警戒して平等規定の一時的，限定的凍結しか望んでいない[111]。

　大蔵省は同提案を支持するため，債権の損失処理規準を大幅に緩和する姿勢を明らかにしたが，その意図は債権売却を促進するための無税による損失処理（筆者はかねがねこの処理方法が移転問題にかかわるので好ましい方法ではないと思っている）に置かれている[112]。

　同提案の適用対象国は，経済再建策が実行可能な国，一定の外貨準備を有する国に限定されている。一方，これまで債務国の大部分は，一部棒引きと引き替えの残存債務の支払い保証という条件を受け入れることに極めて消極的であった。この保証問題が IMF・世銀によってクリアされることを前提に，債務国はこの提案を一応前向きに受け止めている。ただ，提案実施と引き替えの厳しい経済改革の要求へは常に警戒感を抱いている。対象国のボーダーライン上に位置するブラジルは，統一的規準の適用が各債務国独自の発展を阻害する

92

第4章　累積債務問題

点を喚起しつつ，債務の買い戻しや証券化などを通じて向こう3年間で民間債
務600〜650億ドルを半分に削減したい意向である。しかし入札方式による債務
の株式化は，債務整理に長年を要し，通貨供給過剰によるインフレ要因となる
ため1989年に入って中止している。また，メキシコも，債務の株式化は，割り
引いて債権を買うことのできる海外の投資家に対し補助金を与える措置である
との理由で不採用を発表した[113]（『日本経済新聞』1989年3月23日参照）。

　ところで，ブレイディ戦略に対して，各方面から批判が相継いだ。1989年4
月4日のIMF暫定委員会では，警戒すべき点として，「ブレイディ提案」と
IMF本来の業務との矛盾点，IMFによる直接的主導ではなく補助的役割に徹
するべき点，納税者の負担増となる移転問題などが西独のシュルテンベルグ蔵
相や英国のローソン蔵相から指摘された。また，日本の輸銀協調融資提案は歓
迎されたものの，日本が望むIMF増資については，この両者は消極的姿勢を
示したという。カムドシュIMF専理事も，IMFによる債務保証を極力避け
たい意向を示唆していたという（『日本経済新聞』1989年3月21日参照）。コナブ
ル世銀総裁も，「世銀の機能を損なうような仕事をするわけにはいかない」と
慎重な対応を示し，世銀内部からも「世銀の財務体質を弱める」といった批判
が続出した[114]（『日本経済新聞』1989年4月5日夕刊参照）。1989年4月2日のG
7において，ルーディングIMF暫定委員長も同提案を批判している（『日本経
済新聞』1989年4月3日参照）。

　他方，新債務戦略を支持するサイドがある。新戦略は，債務国の支払い停止，
政治的混乱，資本逃避を抑える意味からも即刻実施に移すべきであるという。
もっとも，実施に移しても実際にはそれほど大幅な支払い軽減は期待できない
としているが[115]。BISも1989年6月12日発表の年次報告において同提案を一
応支持する姿勢を示した。ただし，メニューの自由選択を銀行に確保させて，
民間側の自主性を重視すべきだとしている。また最貧国と同様に中所得国に対
して「借金の棒引き」を実施することには反対を表明している（『日本経済新
聞』1989年6月13日参照）。

　かくして3月上旬に発表された新債務戦略は，以上のような賛否両論による

93

綱引を繰り返して紆余曲折を経た後,「ブレイディ提案」第一号適用対象国としてのメキシコの債務交渉を,7月上旬に大筋で合意に導いた。最大の対立点は債権元本の割引率であった。当初メキシコは55％の割り引きを主張し,これに対し銀行側は15％を提示したが,まったく折り合いがつかず,銀行側は22％まで譲歩し,メキシコ側も50％まで歩み寄った。しかしこのギャップはしばらく埋まらず,米財務省は銀行団の対応の遅さを批判した。IMF・世銀はすでにメキシコ向け特別融資を発表し,債権国政府も同国向け公的融資のリスケジュールを決めた。かくして民間銀行団は少しずつ外堀りを埋められ,追い詰められてゆく（『日本経済新聞』89年6月14日参照）。

13.「ブレイディ提案」の最終案

89年5月の蔵相代理会議において,「ブレイディ提案」は世銀による保証期間を1年に限定し,順次更新していく案を織り込んだが,銀行側は世銀の責任分担が不十分な点を指摘し,双方の議論はなかなか噛み合わなかった[116]。

「IMF,世銀はこうした議論を踏まえ,債務戦略実行のための拠出規模,利子保証の方法などを理事会を開いて決める。……これを受けてメキシコなど途

表4-1 「ブレイディ提案」の最終枠組み

▽対象国
○構造調整プログラムの受け入れが条件
▽債務負担減
○元本の削減,金利の削減,新規融資などが柱
○具体的な元本削減率はケース・バイ・ケースで決める
▽IMF・世銀の役割
○IMFの融資のうち,債務国は25〜30％を元本の削減に利用できる
○利払いのため,債務国はIMF出資割り当ての40％まで新規に借り入れ可能
○利払い保証のための基金を造り,IMFなどが管理
○世銀融資のうち,債務国は25％までを元本削減に,15％を利払い支援に利用できる
▽日本の役割
○日本はIMF・世銀融資とは別途,単独で資金協力する。輸銀の協調融資45億ドルは既に公約済
○300億ドルを超える新資金還流計画の中で,追加資金協力を計画

（出所）『日本経済新聞』1989年6月7日付を参照して作成

第4章 累積債務問題

上国は適用申請することになった」(『日本経済新聞』1989年5月17日夕刊)。

　最後まで残っていたIMF・世銀の役割が決まったのを受け,「ブレイディ提案」の最終的枠組みが6月6日までに固まった。それは表4-1に示した通りである。「①救済対象国をあらかじめ限定せず, 経済構造改善のプログラムを受け入れる国に弾力適用する, ②IMFと世銀による融資の一定割合を債務の削減と金利支払いの保証に使えるようにする, ③利払い保証のための基金を債務国別に設け, IMFなどが管理, 運営──するなど」(『日本経済新聞』1989年6月7日)。当初は対象国の範囲を条件付きで線引きすべきとの見解もあったが, 債務国へチャンスを与えるため対象範囲を限定しないことにした。削減率や利払い軽減率は, 債務国と銀行団との直接交渉に委ねるという (同上参照)。「IMFや世銀は直接, 債務国の利払い保証はしないことになった。その代わり, IMF, 世銀の融資の一定割合を債務の減額や利払い保証に債務国が使うことを認める。今回の枠組みでは債務国がIMFや世銀の融資の一部を使って『利払い保証基金』を設ける。この基金に自らの外貨準備と日本の輸銀融資を加え, IMFなどが基金を管理, 利払いが滞った場合に備える──というやり方を採用する」(同上)。

　「ブレイディ提案」の当初案では「IMF・世銀は, 利払い軽減及び保証が行われる期間中, 利払いの一部を保証するために新たな追加的資金支援を行う」ことになっていたが, それがいよいよ具体化の段階になって, 事もあろうにIMF・世銀は難色を示し始めた。修正案においては, IMF・世銀自体は直接的には債務国の利払い保証をしないことになった。これは実質的な骨抜きで当初案からの大幅な後退を意味した。

14.「ブレイディ提案」の適用

　「ブレイディ提案」の公表直後に米財務省が考えていたメキシコ債務削減策は, ①実施期間3年, ②民間債務残高 (約600億ドル) の約30％に当たるおよそ180億ドルの削減, ③削減方法として銀行側から債務を安く買い戻す「デット・バイ・バック方式」またはIMF・世銀の実質的利払い保証による債務の

95

債券化方式をとることであった（『日本経済新聞』1989年3月23日参照）。これに対しメキシコ側の具体案は，「①固定割引方式による債務の債券化，②債務の金利軽減，③メキシコによる債務の買い戻し，④追加融資——の四通り」（『日本経済新聞』1989年4月6日夕刊）。

1989年4月2日のG7後，メキシコは以下の合意を取り付けた。それらは①拡大信用供与制度を活用したIMFの中長期融資（3年間で36億ドル），②緊急融資であるIMF輸出変動保証融資（CCFF）5億ドル，③世銀融資15億ドル，④公的債務返済交渉の開始などである。民間銀行から国際機関へのリスク転嫁という批判の声を，米財務省とメキシコ政府が押し切った格好である。ただし批判の声を和らげる狙いで，直接的債務保証を避ける見込みである（『日本経済新聞』1989年4月13日参照）。「①メキシコ政府は新債券の元本を保証する狙いで米財務省が発行した額面同額の割引債を保有し，いざというときに換金する，②金利保証のためにメキシコ政府は資金の一部を…（BIS）などに預け，非常時に民間銀行が引き出せるようにする——などの案が浮かんでいる」（同上）。

4月下旬，メキシコは①元本の大幅圧縮，②金利軽減，③返済金利の元本への上乗せ，④新規融資——の4通りの中からいずれかを各銀行に選択するように求めてきた。元本圧縮方法は，デット・バイ・バック方式ではなく債券化を採用，債券への転換価格は債務額面の45％の割引を要求，金利軽減の場合は年4％（現行9％台）を要求した。適用期間も6年として250〜300億ドルの負担軽減を求めていた（『日本経済新聞』1989年4月28日参照）。「仮に全銀行が元本の圧縮方式のみを採用した場合には，対民間中長期債務残高550億ドルすべてを圧縮対象にしなければならないとしている」（同上）。金利軽減の場合には，債務を額面と同額の債券に転換し，金利は4％の低利とする。

削減率45％，金利4％を要求するメキシコと，削減率20％，金利7％台を主張する欧州の銀行との間で論争が展開されたが，アメリカ政府は銀行に削減率を引き上げるよう要請。「とくに日本に対しては…財務省が大蔵省に協力を依頼した。邦銀関係者は，これをはっきり『アメリカの圧力』と受け取る」（『読売新聞』1989年7月9日）。「しかもメキシコの『35％削減』という数字は米銀

第4章　累積債務問題

の余力を基準に算出された意味合いが強い。…主要米銀は焦げ付きに備えて87年から不良債権引当金を積み増し，現在，平均して，メキシコ向け債権の30％相当を積んでいる」[117]（同上）。

かくして，アルシュ・サミット直前の7月上旬に至りメキシコ債務交渉は削減率35％，金利6.25％で大筋の合意が成立した。その内容は図4-5の通りである。この合意に基づき対メキシコ向け債権約540億ドルを対象に，銀行側は以下の三つの方式から一つないし複数を選択することになった。「①保有債権を35％削減し，残りをメキシコ政府が発行する市場金利連動の新型債券と交換する，②保有債権とメキシコ政府が発行する低利の固定金利付債券と交換する，③今後数年間にわたって新規融資を実施する，である。③に関しては細部は未だ合意に達していないが，利子の一定割合を受取らずに元本に繰入れる方法も含まれよう」[118]。債務削減後の元本返済保証期間は30年とする。

メキシコ側と銀行側の激しい綱引の末に双方痛み分けの削減率35％で決着し

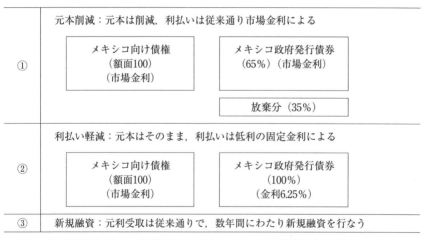

（注1）①，②に関して元本には保証が付き，利払いには一定期間保証が付く見通し。
（注2）③については細部はまだ合意されていない。
（注3）現在の市場金利は，8％強。

図4-5　民間債権銀行が採りうる選択

（出所）『野村週報』第2187号，1989年7月24日

た債務交渉は，なお多くの問題を抱えていた。まず第一は平等規定の取り扱い（シェアリング条項，ネガティブ・プレッジ条項の放棄が成立するかどうかという点）。第二はIMF・世銀による信用補完措置の実施時期及び実施期間（保証期間を1年半にするか2年にするか）。第三は利払い軽減の期間が未定なこと。第四は将来，経済情勢の変化に伴う適用条件（適用金利等）の変更及び銀行への割り戻し措置の有無。第五はメキシコは利払い軽減（年間20億ドル程度）にも拘らず，依然900億ドル前後の債務が残存する。第六はメキシコの今後の構造改革の進展に対する不安。第七は債務削減を選ぶ銀行がどの程度あるか。第八はメキシコの先例化への懸念ないしは他の適用対象国が削減率35%以上を要求しはしないか。第九は債務削減と新規融資の二律背反の問題。第十は銀行に新規融資または金利の元本組み入れのいずれかを選べる逃げ道を用意している点。また，これら以外にも残された問題は多いという[119]。

　ところで，債務救済に限界はないであろうか[120]。「ブレイディ提案」は不十分ではないであろうか。IMFと世銀の連携はバラバラだし，「債務証券化なども義務化されておらず，個々の参加銀行が勝手な方式で取り組んでいるからだ」（『日本経済新聞』1989年8月3日）。「ブレイディ提案には数字（具体的な金額）がない。また交渉のプロセスがおかしい。債務国と民間銀行との交渉がまとまらないとIMFからの資金を得られない仕組になっている。民間銀行と公的機関との関係を切り離さないと，交渉は進まない」（同上）というように提案適用に際しては幾多の障害が待ち受けていた。

15. その後のシナリオと邦銀の楽観論

　ドーンブッシュMIT教授は，1989年6月の段階でブレイディ構想をめぐる三つの展開を次のように考察していた。①逃避資本が還流して債務削減の財源を提供する可能性は小さい。②シェアリング条項の撤廃により銀行間カルテルが弱まり，銀行との協定が不成立の場合，債務国の支払いは，各銀行に平等に行われる。③債務削減の促進方法として三つの方法が可能である。第一は，債権額を大幅に割り引く代わりに銀行は元本と金利の支払いを保証されるエグ

98

第4章　累積債務問題

ジット・ボンドが挙げられる。第二は，一度に１年間利払い保証を延長する方法で，金利は減額されるが，利払いは保証される。第三はバイ・バック方式である。しかし仮に重債務国17カ国の約3,760億ドルの債務残高を対象に市場価格（１ドル当たり35セント減額）で債務減額を進めると，保証資金は1,320億ドルになるという。そしてＧ７がこの巨額の資金拠出に賛成することはありえないと結論づけていた[121]。

『日本経済新聞』によると，1989年４月24日時点での債務問題の解決のシナリオは以下のようなものであった。シナリオ①メキシコなど最優先国の債務改善は実現する…○。つまり「ブレイディ提案」＝メキシコ救済という図式であるところの「はじめにメキシコありき」という考え方が，専門家の間では公然であるという。シナリオ②累積債務対策の切り札的な効果をもたらす…△。タブー視されていた事実上の棒引きによって，メキシコのケースが成功すれば，債務問題に明るい展望が開けるというのである。シナリオ③失敗に終わり，債務問題は危機的状況に…×。救済策は挫折し，債務問題は再び深刻化する。そして同提案の成否を占う上で三つの重要な変数があるという。第一は三者（先進国政府，国際機関，民間銀行団）の姿勢。第二は金利と為替相場の動向。第三は債務国の政治・社会情勢。これらの変数いかんでは，「ブレイディ提案」は，「救済パッケージ方式」やベーカープランと同様に失敗の道を歩みかねないという。かくして，シナリオの確立は①が60％，②が25％，③が15％であるという[122]。

メキシコ，フィリピン，ベネズエラに続いて，マルフォード米財務次官は1989年８月14日，「アルゼンチンもブレイディ提案の適用対象国の候補になりうる」と発言し，同15日，「チリはブレイディ提案を採用しなければならない」と言明したといわれる（『日本経済新聞』1989年８月16日参照）。

「『債務問題に対する寛大な姿勢はしん気楼のようなものだ』とベーカー前米財務長官が語ったのは，一年余り前のことだった。同長官はまた，債務に対する寛大な姿勢が政治的に利用され，債務減額を引き出すために，債務の支払い拒否が乱用されることになるだろうとの見通しを述べた」（『日本経済新聞』

99

1989年6月5日）。ベーカー長官だけでなくドーンブッシュ教授も，寛大な措置が債務支払い停止をもたらすという因果関係を信じているが，こうした見解は累積債務問題の本質を正確にとらえていない。事実は，初めに債務支払い停止が発生して，その後に寛大な措置の必要性が生じたという因果関係の方に味方することと思う。「一年後の今，ブレイディ財務長官が，元に戻すことの不可能な，そして最善の状況でも制御の困難な"なだれ現象"を発生させてしまった」（同上）。債権銀行がいかように抵抗を示そうが，すでに債務国は免罪符をもらってしまったとも言える。ただし公的機関による保証がない場合，次のいずれかが生じる可能性があるという。「銀行は自らの株主を犠牲にして債務国を救済することを余儀なくされるか，そうでなければ銀行は無傷のまま，債務国が十分な救済を受けることができなくなるかである」（同上）。「最初に処置を誤ったブレイディ構想はすでにぐらつき始めている」（同上）。

ところで，「ブレイディ提案」によっては，債務問題のほんの一部しか解決しないのではないかという問いに対して，「そんなことないですね。メキシコの場合…545億ドルをこの際一挙に整理しようというわけです。銀行がどのくらい元利削減に参加するかがカギになります」（『日本経済新聞』89年6月26日）というある邦銀首脳の楽観的言葉が，どことなく空々しく，むなしく響いたのは筆者一人なのであろうか。

■第7節　HIPC イニシアティブ

1993年時点で1人当たり GDP が695ドル以下，債務総額が GDP の80％以上の重債務貧困国41ヵ国に対して，1996年 IMF・世銀は，一定の条件を満たす貧困国の債務救済を目的として HIPC（重債務貧困国）イニシアティブを提唱した。HIPC イニシアティブによる債務救済を受けるためには，2段階の基準を満たす必要がある。第1段階の4つの要件からなる以下の判断基準を満たせば，暫定救済が受けられる。1) IDA（世銀の国際開発協会）から融資を受け，また IMF の貧困削減・成長ファシリティーについて適格性を有すること。2) 従来の枠組みで解決しえない債務負担に直面していること。3) IMF・世銀の支援

第4章 累積債務問題

プログラムの実施で実績を上げていること。4) 当該国でPRSP（貧困削減戦略ペーパー）を策定していること。第2段階の完了基準とは，HIPCイニシアティブに基づき次の3要件を満たすことである。1) IMF・世銀の融資プログラムの実施で実績を上げること。2) 判断基準の改革を実行すること。3) PRSPを最低1年間実行すること。これらの要件を満たせば，債務の完全かつ取り消し不能な減免措置により債務救済額の全額を救済してもらえるものである。2009年5月15日時点では，救済支援適格国または潜在的な適格国は，エチオピア，モーリタニアなど24カ国であり，取り消し不能な債務救済を受けている。判断基準と完了基準の間にある国がトーゴなど11カ国，判断基準前の国がスーダンなど6カ国である[123]。

債権国のHIPCイニシアティブへの参加は自主的なものなので，IMF・世銀は債権国に債務救済の履行を説得しているが，債権国の民間セクターの債権者の債務救済実行率は，約33％と低率である。HIPCイニシアティブについては人道的見地からも救済措置は不可避的である。ただし，IMF・世銀のプログラムからの要求が過酷な基準を求めているのであれば，緩和措置が必要であろう[124]。

一方，「ブレイディ提案」による債務減免措置に対して，かつて邦銀の首脳たちは怒りを露わにしていたが，彼らは「皆で貸せば怖くない」との安易な経営姿勢を貫いたことからも自業自得といえよう。中南米の債務危機に際して，シティコープ銀行のジョン・リード会長は，30億ドルの貸倒引当金を計上して危機を回避した。しかし，日本政府は銀行の貸倒引当金の計上が法人税の減収になるという理由から，貸倒引当金を制限した。そのため，絶対に潰れることなどありえないと信じ込まれていた日本長期信用銀行を始め多くの金融機関が，その後のバブル経済崩壊による不況も重なり，経営破綻に追い込まれたことは記憶に新しい。

101

【注】

1）巻末の補論を参照されたい。

2）Susan George, *A Fate Worse Than Debt*, England, Penguin Books Ltd., 1988.
（向壽一訳『債務危機の真実―なぜ第三世界は貧しいのか―』朝日新聞社，1989年）

3）「私はシティコープや IMF に向けて書いたのではなく，同じテーマの研究者や，本当の犠牲者に起きつつある問題を心配している人たちを勇気づけたいと願って書いたのである」（Susan George, *ibid.*, pp.3-4. 邦訳，同上書，7頁）

4）スーザン・ジョージに向けられた批判の存在については彼女自身も意識している。この点については *ibid.*, p.260. 邦訳，同上書，380頁を参照されたい。

5）累積債務の発生原因を考察する際に注意しなければならない点は，第一に，債務累増のプロセスと債務危機発生のプロセスとを区別し，第二に，各国が債務累増の発生以前から継続している基本的初期条件とその後各国が導入した諸政策とを留意すべきことである。この点については，細野昭雄・恒川恵市『ラテンアメリカ危機の構図』（有斐閣，1986年，62頁）を参照されたい。ただし，本章においては，あくまでスーザン・ジョージが指摘した債務累増の発生原因に沿って分析することにした。

6）S. George, *op. cit.*, p.6. 邦訳，前掲書，10頁参照。S. ジョージの意図は，第三世界に発生した飢餓の背後に貧困が存在し，その貧困の背後に抑圧と不正が横たわっていることを追究し，それを是正するところにある（*ibid.*, p.260. 同上訳，360頁参照）。しかしながら，金融界に籍を置く人々にとって，そうした抑圧と不正の存在は関知するところではないらしい。「多くの援助は末端まで届かず，その過程において特定の人々の懐の中に消えていったと言われる。それらを追及しても無駄である。ある程度はあきらめるしか仕方がないことのようである」（水谷研治『経済危機の波動―債務の循環と経済のトレンド―』東洋経済新報社，1989年，94頁）。

7）S. George, *op cit.*, p. 6. 邦訳，11頁。

8）*ibid.*, p.7. 同上 訳，12頁参照。

9）鳴澤宏英氏によれば，債務累積の原因は，債務国側の経済運営の失敗による債務国側の要因と，債務国側にとって不可抗力な外部要因に大別され，内部要因は次の三つである。①需要管理面の誤り，②供給面の政策の欠陥，③債務管理の不適正であるとしている。需要管理面の誤りとは，債務国の放漫な需要管理政策を指し，それはジャック・ド・ラロジェール IMF 前専務理事の指摘に基づいてさらに三つに細分化されている。詳細については，鳴澤宏英『国際金融の焦点』（日本貿易振興会，1987年，164-166頁）を参照されたい。なお，鳴澤氏による分析を整理すると図4-6のようになる。

10）S. George, *op cit.*, p.16. 前掲邦訳，24頁参照。しかし，IMF が後押しし，マネタリストが推進する富の逆進的再分配の結果，所得格差は拡大していた。チリにおける IMF 及びマネタリストの失策については，Martin Honeywell ed., *The Poverty*

第4章　累積債務問題

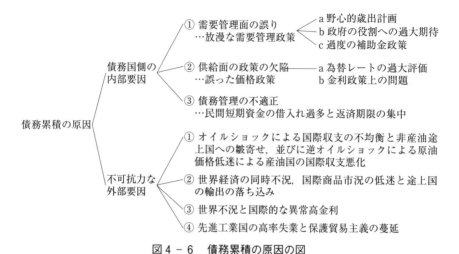

図4-6　債務累積の原因の図

Brokers : The IMF and Latin America, Latin America Bureau, 1983.（M. ハニーウェル編，佐野誠訳『世界債務危機—IMFとラテンアメリカ—』批評社，1987年，65-87頁）の分析が優れている。また同様の指摘については，森田桐郎「ラテン・アメリカにおける『開発』と債務」石見徹・伊藤元重編『国際資本移動と累積債務』（東京大学出版会，1990年，208頁）を参照されたい。

11) マネタリズムを理論的拠り所とするチリ軍事政権による失策が，自由市場の「見えざる手」に導びかれた低水準の投資と浪費的消費に起因するというS. ジョージの見解は，M. Honeywell ed. *op. cit.*, 前掲邦訳（82-87頁）における見解と共通している。

12) S. George, *op. cit.*, p.16. 前掲邦訳，24-25頁参照。「アメリカ型の浪費的消費モデルの伝播が奢侈品輸入を膨張させているという問題がある。何をもって奢侈品と定義するかはかなり難しいことではあるが，圧倒的多数の民衆が購入することのできない外国商品の輸入を余計な奢侈品輸入とみなしても不合理ではなかろう」（森田桐郎，前掲稿，208頁）。「チリ・モデルにおける資本投資の抱えるこうした矛盾は，何よりも，同国の新エリートがいかに多額の借り入れ金を浪費したかというその様を反映している。チリの金持は外国商品を浮かれ調子で買い続けるのに外国融資を利用したのである。基礎的需要性を持つとは言えない消費財（毛皮・アルコール・カーペット・娯楽品など）の輸入は1970年から1978年にかけて実質では2倍以上に増え，それが輸入全体に占める場合も14%から21%に増大した」（M. Honeywell ed. *op. cit.*, 前掲邦訳，82頁）。

13) 浪費的プロジェクトの最たる例は次の事例である。マルコス政権は，ウェスティ

ング・ハウス社との原子力発電プラント契約（当然他社よりも高値）に基づきバターン原子力発電所を建設した。だが完成後，原子炉は環太平洋地震帯の真中に建設されたことが判明した（S. George, *op. cit.*, p.19. 前掲邦訳，28頁）。S. ジョージは，R. W. ロンバルディ（ファースト・ナショナル・バンク・オブ・シカゴ前副頭取）の言葉を借りて，最も滑稽なトーゴの事例を紹介している。『西ドイツはトーゴの首都ロメ近郊に重要な鉄鋼複合企業に融資をした。完成時点でトーゴ政府は，操業に必要な鉄鉱石もくず鉄もないことに気がついた。トーゴの国家首脳の信用力は危険な状態であった。ドイツ人技術者はすぐに港にある鉄の桟橋を取り払った。皮肉にもその桟橋は第一次世界大戦の前にドイツによって建設されたもので，まだだめになっておらず，当時も使用されていた。その鉄鋼工場は桟橋による銑鉄が尽きたときに操業を停止した』（*ibid.* p.32. 同上訳，49-50頁）。なお，原文については，Richard W. Lombardi, *Debt Trap*（Praeger, New York, 1985, p.85）を参照されたい。

14）S. George, *op. cit.*, pp. 14-19. 前掲邦訳，22-29頁参照。

15）*ibid.*, p. 77. 同上訳，113頁。

16）S. ジョージによる批判は，IMF のコンディショナリティーの厳しさに対してもさることながら，その均一性並びに一律性に対してのものである。実際の IMF のコンディショナリティーは，クライテリアを通貨供給量，インフレ率，国際収支といったマクロ経済変数に限定するケースが多い。だが，「IMF が non discriminatory な取扱いをするということを意味しているわけではない。それが恣意的なものでない限り IMF は国によって異なった取扱いをすることがある」（滝沢健三「国際金融不安の防止システム」竹内一郎・香西泰編『国際金融不安』有斐閣，1984年，231頁）。また，「一律性」を有すか「弾力性」を有すかの判断についての詳細な説明は，奥田宏司『途上国債務危機と IMF，世界銀行─80年代のブレトンウッズ機関とドル体制─』（同文館，1989年，68-79頁）を参照されたい。その中で奥田氏は，T. Killick ed., *The Quest for Economic Stabilisation : The IMF and the Third World*, 1984（pp. 204-205）から以下の引用を行っている。「われわれは，弾力性についての2つの極端な見解を斥けることができよう。その極端な見解の一つは，IMF は固定した諸政策を一律に課しているという見解であり，もう一つは，IMF の調整計画が大幅に変更されていまい，国際収支悪化の真の原因をあいまいにしているという見解である。しかし上述のことから明らかになったことは，『抑制された弾力性』である。すなわち，限られた制限内で各国の状況に応じて Conditionality を変更させるという試みである」（奥田宏司，前掲書，78頁）。

17）厳格な IMF の政策についてのさまざまな評価として，「いずれにせよ，これまでの展開過程は，外国為替ギャップの一部を銀行融資で賄いつつ，IMF の厳格なコンディショナリティーに従うという枠内にあった。その結果，対外収支面ではきわめて好調であったが，国内面では劇的なほど不調であった。……成長は劇的にマイナスに転じた」（Rudiger Dornbusch, *Dollars, Debt, and Deficits*, MIT, 1986. R.

第 4 章　累積債務問題

ドーンブッシュ，翁邦雄他訳『現代国際金融』HBJ 出版局，1988 年，166 頁）という見解や，「この薬は苦いばかりか効き目がないことがはっきりしてきた」（毛利良一『国際債務危機の経済学』東洋経済新報社，1988 年，7 頁）という見方が有力である。

18）S. George, *op. cit.*, pp.77-78. 前掲邦訳，113-115 頁参照。

19）*ibid.*, pp.80-81. 同上訳 118-119 頁参照。

20）*ibid.*, pp.80-82. 同上訳 117-121 頁参照。70 年代初期の灌漑用ダムプロジェクトの費用の 23％が対外クレジットによるものであったが，80 年代前半には 76％に達した。1970 年に対 GNP 比 18％の債務残高は，1984 年には 110％に跳ね上った（リン酸肥料の国際価格暴落も一因であった）。ダムプロジェクトによる特定富裕農優先策の結果，小規模農家の疲弊による都市への人口流出が生じ，都市での大量失業の発生が食糧暴動を誘発させたことは別に驚くに当たらない（*ibid.*, pp. 81-82. 同上訳，119-120 頁参照）。

21）*ibid.*, p.83. 同上訳，121 頁参照。

22）*ibid.*, pp. 19-21. 同上訳，29-33 頁参照。「シティバンクのように最も積極的な銀行はたぶん，銀行が貧しい国に貸し付けたことになっている金のほとんどを，そっくり銀行資産のなかに蓄積している。彼らの本当の役割は第三世界の指導層が自分の政府から盗んだ資金を取りあげることと，それを改めて貸し付けることであった。どちらも結構な稼ぎである」（James S. Henry, 'Where the Money Went', *New Republic*, 14 March 1986. ただし，この部分は S. George, *op. cit.*, p. 20. 前掲邦訳，30 頁からの引用であることを断っておく。なお，資本逃避の定義については狭義，広義さまざまであるが，この点に関しては，拙稿「『ブラッドレー提案』についての一考察─債務免除の一形態として─」『神奈川工科大学研究報告』（A 人文社会科学編）13 号，1989 年）を参照されたい。資本逃避の正確な調査は，Morgan Guaranty Trust, *Financial Market* (March, 1986) によって衝撃的に報告された。その後いくつかの研究がなされているが，中尾茂夫「多国籍銀行の動向と日本の債権大国化」中村雅秀編『累積債務の政治経済学』（ミネルヴァ書房，1987 年，122-159 頁）の分析が詳しい。

23）S. George, *op. cit.*, p.20. 前掲邦訳，31 頁参照。

24）*ibid.*, p.22. 同上訳，33-34 頁参照。

25）*ibid.*, p.23. 同上訳，35 頁参照。

26）*ibid.*, pp.25-27. 同上訳，37-41 頁。なお，ペンタゴン・コネクションについてはアメリカの裏予算であるオフ・バジェット（off-budget），オフ・オフ・バジェット（off-off-budget）の仕組みを示した図 4-7 を参照されたい。またその図についての説明は，矢島鈞次『ドルによる世界支配戦略』（プレジデント社，1984 年，78-112 頁）を参照されたい。また同書において，アメリカの強圧的なドル還流戦略が詳細に述べられている。また，オイルダラー還流のメカニズムについては，宮崎義

105

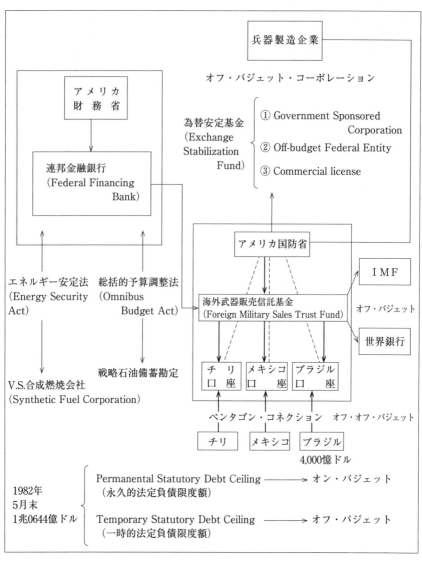

図4-7 アメリカのオフ・バジェット，オフ・オフ・バジェットの仕組み
(出所) 矢島鈞次『ドルによる世界支配戦略』プレジデント社，1984年，97頁参照

第4章 累積債務問題

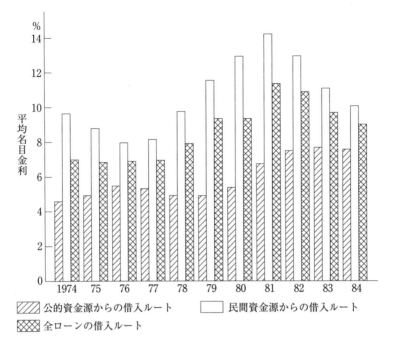

図4-8 長期債務の平均支払金利（1974-84年）

（資料）The world Bank, World Debt Table, 1984-85 edition, p. xiii.
（出所）宮崎義一，前掲書，107頁

　一『世界経済をどう見るか』（岩波書店，1986年，83-134頁）の分析が明解である。
27) S. George, *op. cit.*, pp. 25-27. 前掲邦訳，37-41頁参照。
28) *ibid.*, pp. 27-28. 同上訳，41-42頁参照。図4-8のように民間の平均貸出金利は80年13％，81年14.3％と上昇したが，82年13％，83年10.9％へ低下している。公的資金源の金利は80年5.3％，81年6.7％，82年7.6％，83年7.7％と上昇した。もっとも，1971年から80年までは，平均実質金利のほうはインフレによってマイナス0.8％であった。このため債務の負担が過小評価された。しかし平均実質金利も1981年には7.5％，82年には11％に達した。したがって，オイルダラー還流のメカニズムが，途上国に重い負担をかけたことは明白である（宮崎義一，前掲書，107-108頁参照）。
29)「たとえば，『非産油発展途上国の債務負担の増大をもたらしたさまざまな要因のうち，外部要因として最も重要なものを一つ取り出すとすれば，それは一九七三―七四年と一九七九―八〇年とに生じた石油価格の急騰である』(W. R. Cline, *International Debt* : *Systemic Risk and Policy Response*, MIT Press, 1984. 越智昭

107

二監訳『国際金融危機』金融財政事情研究会，1985年，21頁）と明言されている」
（宮崎義一，前掲書，84-85頁）。また S. ジョージも W. R. クライン（William R. Cline）の分析に基づき，石油価格の高騰が累積債務に与えた影響を次のように説明している。W. クラインのデータによると二度のオイルショックで石油価格が大幅に上昇した1974年から82年の間に非産油途上国は約3,450億ドルの石油を輸入した。仮にオイルショックが発生せず，石油価格が米国の卸売物価指数で測った他の商品と同じ上昇率であったなら，非産油途上国の石油の輸入額は850億ドルにすぎなかったであろうという。つまり差額として，2,600億ドル余分に支払ったことになる。ただし，クラインは石油輸入のための債務の利払いを計算に入れなかったことから，実際には2,600億ドル以上支払っていることになる。（S. George, *op. cit.*, p. 28. 前掲邦訳，43頁参照）。それ故，「石油価格の高騰分だけで第三世界全体の累積債務の4分の1にあたる。この数字は非産油国民にはずっと大きな影響を及ぼした」（*ibid.*，同上訳）。S. ジョージの理論的拠り所は，W. R. Cline, *International Debt and the Stability of the World Economy*, Institute for International Economics, Washington, DC, September 1983, pp. 20-21. 及び W. R. Cline, 'The issue is illegality, not insolvency', *Challenge*, July- August 1984. である。だが，表4－2からもわかるように，「非産油途上国の貿易収支尻をさらに対先進工業国と対産油国とに細分して，それらを比較してみると，第一次石油危機後そのいずれの赤字も増大させたが，累積債務問題が表面化する一九八二年に至るまで，一九七三年から一〇年間一貫して，先進工業国グループに対する赤字の方が大である」（宮崎義一，前掲書，85頁）という点に留意しておくことも重要である。

表4－2　非産油途上国の対先進工業国・対産油国貿易収支尻

単位：10億ドル

	1973 年	1974 年	1975 年	1976 年	1977 年	1978 年
対先進工業国	− 18.3	− 31.2	− 41.6	− 25.5	− 29.3	− 47.4
対産油国	− 5.2	− 17.9	− 15.3	− 20.6	− 20.3	− 17.8
	1979 年	1980 年	1981 年	1982 年	1983 年	
	− 49.9	− 60.9	− 69.0	− 49.5	− 27.0	
	− 32.7	− 52.7	− 47.4	− 40.7	− 35.0	

（資料）日銀『日本経済を中心とする国際比較統計』1983～85年

（出所）宮崎義一，前掲書，86～87頁

30）S. George, *op. cit.*, pp. 34-38. 前掲邦訳，52-57頁参照。

31）*ibid.*, pp.30-31. 同上訳，47-48頁。ある時，フィリピンの建築開発会社（CDCP）は財務が悪化していたにも拘らず，米地銀の顧客筋に当たる米国の機械メーカーが

第4章　累積債務問題

CDCPへの製品売却のため，その米地銀の若い現地銀行員に対し本国の銀行からCDCPへ融資するようにとの圧力がかかった。国際銀行業では返済能力の確認を忘れるよう命じられた。この若い行員は，通常のユーロ市場からの資金調達をせず，ある個人の貯蓄勘定を投資させたという。だがCDCPが支払い不能に陥いる以前に，この行員は転職してしまっているのである（*ibid.*, pp. 30-32. 同上訳，46-49頁参照）。

32) X, 'Bad business for all concerned', *International Herald Tribune*, 16 October 1985. ただしこの部分は，S. George, *op. cit.*, p. 33. 前掲邦訳，51頁のS. ジョージ自身の引用文であることを断っておく。「単純な…パッケージでさえ，借入国の全般的経済市況から切り離しては考えられないということをかれらが悟った時，ふと目覚めるのである。あるミルウォーキーの銀行家が位置づけたように，最終ラインは，もはや個々の顧客の財務の健全性にではなく，その国がいかにしてドルを入手しているかにあるということを人びとは突然気づくのである」（S. George, *op. cit.*, p. 36.）。なお，シンジケート・ローンの功罪を巡って，とりわけシンジケートによる「安易な」貸し出しが債務累増の原因であるという批判について，善悪のフィーリングで論ずるのは何らかの意味で可能だが，オイルショックに端を発するオイルマネーの還流の次元に関する限り，善悪の議論自体がナンセンスであるという（竹内・香西編，前掲書，136頁参照）。一方，これに対して，オイルダラー還流のメカニズムをやや否定的見地に立却して解明した文献として宮崎義一，前掲書，83-134頁の分析が挙げられよう。ただし，最近の研究では，ただ単にオイルダラー還流のメカニズムだけでは債務累積の原因を解明するのに不十分であり，「オイルマネー」に加えて「スタグフレーション・マネー」による累積過程の存在が指摘されている。この点に関しては，板木雅彦「国際的過剰貸付資本と債務累積」（中村雅秀編，前掲書，33-63頁）が詳しい。また，森田桐郎，前掲稿（石見・伊藤編）も同様の視点に立却して分析を行っている。

33) S. George, *op. cit.*, p. 34. 前掲邦訳，52頁参照。

34) 綾川正子『ソ連・東欧・中南米の債務と金融』東洋経済新報社，1990年，31頁。

35) 同上書，31-32頁。

36) 同上書，33-34頁参照。

37) 同上書，35頁。なお，貯蓄・投資ギャップ・モデルの説明については，浜田寿一「累積債務問題」（竹内一郎・香西泰編，前掲書，67-74頁）を参照されたい。そこでの結論としては，「借款を導入する発展途上国にとっての教訓は，最も生産性の高い用途に外国資金の利用をはかることと，できるだけ低コストの借款を利用することである」（同上書，75頁）。ただし，たとえ最も生産性の高い用途に外国資本を投入したとしても，多くの途上国が同一生産物を国際市場に供給することによってその生産物価格が低迷し続けると，この考え方は根本から瓦解する。

38) 綾川正子，前掲書，37-38頁参照。

109

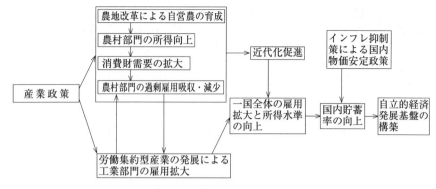

図4-9 自立的経済発展基盤構築のメカニズム

(出所) 綾川正子『ソ連・東欧・中南米の債務と金融』東洋径済新報社, 1990年, 42頁

39) 同上書, 39-42頁参照。自立的経済発展基盤構築のメカニズムを示したものが図4-9である。「フィリピンを除くアジア主要国における労働集約産業発展と農村所得の向上を柱とする産業政策は，自営農の育成→農村部門の所得向上→消費財需要の拡大→工業部門の雇用拡大→農村部門の過剰雇用の吸収・近代化→工業部門のいっそうの拡大といった良循環を形成し，雇用拡大と所得水準の向上により，経済発展とともに国民の貯蓄力強化を可能にさせたのである」(同上書, 41頁)。かくして開発に際し，過度の対外借り入れを回避できたのである。
40) 同上書, 41-43頁参照。
41) 同上書, 46-48頁参照。
42) 同上書, 48-49頁参照。
43) 同上書, 49頁。エネルギー価格の抑制によって恩恵を受けるのは，中所得層以上の自動車保有層である。低所得層を考慮したエネルギー価格の抑制は，目標とは裏腹に財政赤字の拡大によるインフレを助長させ，むしろ低所得層を苦しめた。また財政補助による主要食糧品価格の低位据置きは，都市労働者に受益をもたらした一方，零細農民を圧迫した。さらに補助金がもたらしたインフレによってこれら農民の実質所得をも低下させてしまった (同上書, 50-51頁参照)。
44) 同上書, 51-52頁参照。
45) 同上書, 53-54頁参照。
46) 同上書, 54-57頁参照。輸入代替工業化 (IS) と輸出促進工業化 (EP) の比較については，竹内・香西，前掲書, 79-82頁を参照されたい。
47) 綾川正子，前掲書, 58頁参照。
48) 「ブラッドレー提案」の特徴および内容について論じた文献を紹介しておこう。「債務危機以降，米国のラテン・アメリカ市場向け輸出の減少および同諸国の米国

第 4 章　累積債務問題

市場への輸出攻勢の両面から，米国の農業・製造業は大きな打撃を受け多数の失業が生じている。債務国の貿易黒字の大部分が債務支払いに充てられていると考えれば，現行の債務救済策は米国内の非金融部門から金融部門への所得移転を引き起こしているとも言える」（牛島義章「ベーカー構想とブラッドレー提案」『海外投資研究所報』日本輸出入銀行，1987年 1 月号，27頁）。ブラッドレーは，ベーカープランによる 3 年間90億ドルの上乗せ融資の必要性は認めるものの，民間銀行による 3 年間200億ドルの新規融資では小規模過ぎるし，債務国へ融資しても利払いに充当され，民間銀行を利するだけであり，債務国は IMF の指導によって輸出増進・輸入削減を目指すため，米国から債務国への輸出は停滞し，米国の農業・製造業に大量失業が発生する，と考えたのである。「ブラッドレー提案」は，中南米債務国に対して向こう 3 年間，米銀による一律に元本の毎年 3 ％の棒引きおよび年利の 3 ％カットに基づく420億ドルの債務免除，米政府機関による150億ドルの債務免除，それに国際開発金融機関による90億ドルの免除を合わせた総額660億ドルの減免効果を狙っている。また，ブラッドレーによると，世銀等は 3 年間90億ドルの上乗せ融資に代わって，債務国の国際プロジェクト・経済構造調整のための毎年30億ドルの融資を行うべきであるとしている（熊田浩『国際金融からみた累積債務問題』マネジメント社，1987年，140頁参照）。

49）牛島義章，前掲稿，27頁参照。

50）鳴澤宏英「累積債務問題と資本逃避」『ジェトロセンサー』ジェトロ，1986年12月号，77頁参照。

51）牛島義章，前掲稿，28頁参照。

52）鳴澤宏英，前掲書，77頁参照。

53）同上。

54）熊田浩，前掲書，141－142頁参照。

55）同上書，141頁参照。

56）同上書，142頁。

57）同上。

58）牛島義章，前掲稿，27頁参照。なお，この点については，H. カウフマンも「世界経済秩序のリスク」と題する講演でも指摘している（『日本経済新聞』1987年 3 月 3 日）。

59）米国では1987年 5 月19日にシティコープ銀行による30億ドルの貸倒引当金の計上があり，各国の銀行もこれに追随している。米国の場合，引当金を計上しても，それは債権の放棄を意味せず，銀行内部で帳簿上の損金として計上されるだけである。銀行はその分の含み資産を保有することになり，債権・債務の関係は存続するわけであるから，当然デット・リリーフとは無関係である。日本政府は，税制上の都合から貸倒引当金を認めるのにもともと消極的であった。なぜなら，邦銀が引当金を計上すると，銀行の利益幅が圧縮されるため，政府の税収は減少するからである。

111

ただし，邦銀も遅まきながら87年9月中間決算から有税枠で100〜200億円を積む方針である。これは大蔵省が，債務国向け融資残高の最高5％の有税枠を10〜15％に引き上げたためである。だが，米国では20〜30％に拡充しており，邦銀との格差が広がっている（『日本経済新聞』1987年8月13日参照）。また，英中央銀行の規準によるとブラジルについては30％以上の引当金を要求される（『日本経済新聞』1987年8月14日参照）。カナダも各行10億カナダドルの巨額引当金を積み増した模様だ（『日本経済新聞』1987年12月8日参照）。

60) 債務国自らが公的部門による肩代わりに反対している点については，1984年6月22日の中南米債務国会議の「カルタヘナ合意」第18項（h）において「債権国が民間のコマーシャルリスクを無差別かつ無理に公的部門に移行させようとする要求の撤廃」（外務省『国際政経情報』1984年7月号，69頁）という声明がある。なお，「カルタヘナ合意」の重要性を看取した文献として以下のものがある。「『キト宣言』，および……『カルタヘナ合意』はきわめて重要なものとなった。両会議における合意の基本的特徴は，輸出の一定割合以上を債務の返済に充当しないなど今日の累積債務問題が債務国と債権国（者）の双方の責任によるといういわば責任分有論の立場に立ち，そのうえでIMFの中立性に対する明らかな疑念を表明しそのコンディショナリティの緩和を求めていること，さらにはリスケジュール交渉と新規融資条件のソフト化を求めていることである」。（山岡隆夫・中村雅秀「ラテン・アメリカNICSの債務累積」中村雅秀編『累積債務の政治経済学』ミネルヴァ書房，1987年，188頁）。また，「カルタヘナ合意」について言及した箇所として，熊田浩，前掲書，132-133頁を参照されたい。

61) フランス語圏には公的部門による肩代わりについて一定の規準を設けて歯止めをかけようとする考え方が以前からあった。「民間銀行の技術的な倒産ないし支払い不能に応じたBIS（OECDと金融面で対をなす）による以下のパラメーターに依拠した一般的政策の実施：a）中央銀行がやむをえず最後の手段として不正な民間銀行に行う貸付けは，民間銀行の株主や経営者のためではなく，その銀行の預金をより確実に保証するためにのみ行われなければならない。b）預金保険（assuranace-dépot）の費用と損失は，銀行ならびに金融機関によってのみ支払われなければならない。政府は，いかなる時もこの種の計画による融資に関与してはならない。というのも，このような預金保険の同業団体は自己資金でまかない，参加銀行および金融機関の指揮下に置かれなければならないからである。その上，銀行部門における規律を強化するため，なかんずく信用業務において銀行に対してさらに慎重であるように仕向けるために，工業国の政府は，銀行に対し銀行のベースキャピタル（capital de base）がアメリカの財務省の専門家によって勧告されたごとく資産の10％に達しているように要求しなければならない」（Ahmed Lahlimi, Pierre Moussa, Gilles Couture, "Endettement: Trois Solutions", *Jeune Afrique Economie*, Paris, No.61, 1985, p.73.）。

第4章 累積債務問題

62)「特記すべきことには，銀行は，内部の帳簿上は一部のソブリン・ローンの金額をすでに償却しているにもかかわらず，ときとして政府・当局の要請に基づいて債務国政府に対する『免除』を認めないできた。償却は内部の問題であるが，免除は債権者・債務者間の問題というわけである」。(J. サックス Jefferey D. Sachs「債務免除と『銀行ショック』」『エコノミックス・トゥデー』ウィンター，1987年，79頁)。

63) 同上書，90頁参照。

64) 同上書，87頁。なお，J. サックスの試算によれば，5年間の利払い免除というケースを想定してみると，市場利子率7％の場合，免除額は1ドル当たり0.31ドルに相当するという。債務免除をブラジル，メキシコ，ベネズエラの三大債務国以外の債務国に認めても，コストは米主要9銀行の自己資本の14.5％，非主要銀行のそれの4.4％に過ぎないとしている。また，これを全債務国に適用すると，コストはそれぞれ40％と20％になるとしている（同上)。

65) 詳細については同上書91頁を参照されたい。

66) 同上書90頁参照。

67)「提案」の実施，即イコール資金流入停止をもたらすという因果関係を主張するには無理がある。なぜなら，1988年6月の55億ドルの新規融資を除くと，ブラジルへは，「提案」が構想されるはるか以前からモラトリアム声明に至るまで，事実上新規融資はほとんどストップしたままであったからである。「1980年から86年の7年間に，ブラジルは利子だけで660億ドルというひどい額を支払わなければならなかったのである。同じ期間に，わが国の追加的負債増は540億ドルに増えたのであるが，それは1986年の末までに，ブラジルが1,047億ドルの債務をかかえたことを意味する。かくして，8年間で新たに借り受けた540億ドルという債務は，利子支払いに費やした660億ドルを補塡するものとはならなかった。いわゆるこれが『恒久螺旋型の債務』なのであります。1980年から86年の期間に，利子率が繰り返し上昇したために380億ドルという特別の額がすでに壊滅状態にあったブラジルの債務に追加されたと強調しておくことは重要である。つまりその額は，わが国の輸出から輸入を引いた貿易収支の残高421億ドルにはほぼひとしいからであります。換言すれば，ブラジルは自ら努力して造り出した貿易収支の黒字の90％で，国際市場の利子増加分をどうにかこうにか賄ったということである。過去17年間にブラジルは，元金の支払に利子を加えたデットサービスのために，総計1,598億ドルを外国の金融機関である銀行に支払ったのである。1986年12月の累積債務の総額は，1,047億ドルである。だからわが国は実際に外国の銀行から借りた額よりも52.6％も多く支払ったと言えるのである」。(ジューダス・メンデス Judas T. G. Mendes「ブラジルの累積債務問題」毛馬内勇士訳『明治大学国際交流基金事業招請外国人研究者講演録』1987年度 No.4，明治大学国際交流センター，1988年，10-11頁)。「新規の借り入れ金は以前に借り入れた資金の返済のために，全部またはその一部が取り去られ

113

たということである。このことは，1964年から1984年に渡って，受け取ったドル額と支払ったドル額を比較してみると事実ははっきりし，ブラジルはこの間たった14億ドルしか受け取っていないのである（傍点筆者）。それにもかかわらず，ブラジルの負債は，30億ドルから1,000億ドル以上にも上昇してしまったのである。その差額は，まさしく前に借り受けた負債やその利子，さまざまな手数料，その他コミッションのために使用されたのである」（同上書，12頁）。

68) J. サックス，前掲書，87-88頁参照。

69) 同上書，88頁参照。

70) 熊田浩，前掲書，140頁。

71) 資本逃避の実数値はデータによってまちまちであるが，主要債務国4カ国についてのいくつかの資料を比較してみよう。まず，周知のモルガン銀行による数値から表4-3に示す。

表4-3

単位：10億ドル

国　名	直接投資の純流入	純債務の変　化	経常収支	総海外資産の変化	資本逃避合　計	1976-82	1983-85
ブラジル	20	80	−77	−13	−10	− 3	− 7
メキシコ	11	75	−29	− 3	−53	−36	−17
ベネズエラ	− 1	26	10	− 5	−30	−25	− 6
アルゼンチン	4	42	−15	− 4	−26	−27	1

（出所）Morgan Guaranty Trust, *World Financial Market*, March 1986, p.13.（中尾茂夫「多国籍銀行の動向と日本の債権大国化」中村雅秀編，前掲書，137頁参照）

　中尾茂夫「世界のマネーフローからみた累積債務問題」『大阪経大論集』第174号，1986年，316-317頁および中尾茂夫「多国籍銀行の動向と日本の債権大国化」中村雅秀編，前掲書，136頁において指摘されているように，モルガン銀行による資本逃避の定義は，「民間の非金融機関および，一部の公的機関によって取得された報告済みあるいは未報告分の海外資産」（Morgan Guaranty Trust, *op. cit.*, p.13）であって，「過大な定義」であると見なされている。また，世銀の『世界開発報告』（1985年版）によると，「資本逃避とは総資本流入額から経常収支赤字額と公的外貨準備増加分を差し引いた額と定義する」（The World Bank, *World Development Report*, 1985, p.64）としている。4カ国だけの数値を比較すると表4-4のようになる。

　また，宮崎義一による資本逃避の定義の説明は，「国際収支のうち短期資本収支尻の赤字として計上された金額は，先進国民間銀行の手による短期資金の離脱額ないし撤回額を示し，また誤差脱漏項目の赤字は，自国民その他の手による国外への

114

第4章　累積債務問題

表4-4

国　名	79-82年の資本逃避額
ブラジル	35億ドル
メキシコ	265億ドル
ベネズエラ	136億ドル
アルゼンチン	192億ドル

（出所）The World Bank, *ibid.*

資本逃避額を示す」（宮崎義一『世界経済をどう見るか』岩波書店，1986年，122頁）となっている。宮崎氏が用いた IMF, *International Financial Statistics*, Nov. 1984に基づく数値を4カ国について表4-5に示しておく。

表4-5　資本逃避，インフレーションと為替レート切り下げ率

単位：10億ドル

国　名	1981-83年の3年間合計額			消費者物価上昇率1982-84年平均（％）	対ドル為替レート切り下げ率1984末対1981末（％）
	短期資本収支尻(a)	誤　差脱　漏(b)	(a)+(b)		
ブラジル	-0.59	-1.37	-1.96	142.2	96.0
メキシコ	3.33	-18.53	-15.20	74.5	86.4
ベネズエラ	-7.61**	-4.28**	-11.89**	9.8*	42.8
アルゼンチン	-14.40	-1.05	-15.45	340.4	99.6

＊1981-82年平均上昇率，＊＊1981-82年のみの合計額
（資料）IMF, *International Financial Statistics*, Nov. 1984.
（出所）宮崎義一，前掲書，124頁参照）

　宮崎氏の解釈と同様であるが，短期資本収支と誤差脱漏の払い超過分で，銀行を通じない短期資金の流出を意味する（熊田浩，前掲書，101頁参照）。熊田氏によるIMF の IFS からの数値を表4-6に示しておく。
　最も広義と思われる資本逃避についての解釈は，「本来資本輸入国である国の私的資本（公的資金ではない）が，外国に流出するか，もしくは回収すべき外貨債権を意図的に外国に滞留させる場合を指すものと解すべきである」（鳴澤宏英，前掲書，78頁）。鳴澤氏が使用したモルガンの数値を表4-7で示す。
　「もしもこのような海外逃避が起きなかったとしたらメキシコ債務は120億ドルへ，ブラジルは920億ドルへ，アルゼンチンに至っては10億ドルにまで激減するという」（Morgan Guaranty Trust, *World Financial Market*, March 1986, p.15. 中尾茂夫，

115

表4-6　銀行を通じない短資流出：1981-85（5年間）

単位：10億ドル

国　　名	短期資本 収支尻 (a)	誤差脱漏 (b)	合　　計 (a) + (b)
ブラジル	− 5.4	− 1.5	− 6.9
メキシコ	− 4.5	−17.1	−21.6
ベネズエラ	−15.9	− 4.3	−20.2
アルゼンチン	−11.9	− 1.4	−13.3

（資料）IMF, *International Financial Statistics,* 1986.

表4-7　在外資産と債務

単位：10億ドル（1985年末現在）

国　　名	在外資産 合計額	在外資産の内訳		債務負担
		銀行組織	その他	
ブラジル	30	19	11	106
メキシコ	60	6	54	97
ベネズエラ	54	19	35	38
アルゼンチン	33	7	26	49

（資料）Morgan Guardnty Trust, *World Financial Market,* Sep. 1986.

前掲稿，317頁）。資本逃避の原因は，「為替レートを実勢より過大な水準に維持しながら，通貨の交換性を保証しつづけた点にある」（宮崎，前掲書，123頁）。したがって，その原因は，つまるところ，自国経済ならびに自国通貨に対する信頼の欠如に由来するという。この対策には，当然のごとく強力なインフレ防止策と為替管理のいっそうの強化が不可欠である。

72)「東京クラブ」という機関は，筆者が知るかぎりいまだに存在しない。野村総合研究所が以前，ローマ・クラブに倣って提唱した「東京クラブ」という機関とは無縁の組織である。筆者が提唱するのは，IMF・世銀体制からも独立したデット・リリーフだけを専門に取り扱う機関である。一方，「債務国クラブ」という概念はすでに使用されている。「途上国の債務は，その規模および構造（条件，借入先），そしてまた各国の経済的特性の多様性故に，この戦略〔脱貧困化政策〕は，複数の『債務国クラブ』と称される地域グループによって策定され，調整され，運営されなければならない。このような方式はもちろんのこと，これらの国々を代表する地域的および国際的機関が，これらの『債務国クラブ』の間で必要な調整と国際的訴

第4章　累積債務問題

訟におけるこれらのクラブの立場の弁護とに関して責任を負うことを否定するものではない。要は，途上国に対して債務償還の条件をめぐる交渉の場を提供することである。」（Ahmed Lahlimi, et al., *op. cit.*, pp.70-71.）。

73)『日本経済新聞』1988年9月20日参照。なお，大手米銀による貸倒引当金の巨額の積み増しによって，図4-10から明らかなように，債務国の債権価格の低下は加速化している（『日本経済新聞』1987年8月25日参照）。

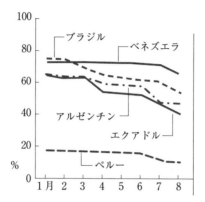

図4-10　債務国向け債権の市場価格の下落率

（出所）シェアーソン・リーマン・ブラザーズ

74) H. カウフマンは，すでに1986年6月の時点で，債務の証券化による途上国の債務の救済策を以下のように提言している。「これは毎年，各国債務の一部を証券化し，新証券の額面価額を当初融資の流通市場における評価額に等しくする方法である。こうすれば途上国にとって，融資の当初額と新証券の額面価額の差額だけ負担が減る。貸付金融機関を支援するために適切な法改正と税制上の優遇措置をとれば，この差額分は証券の償還期間にわたって償却できる。この方法の一変形は，民間金融機関から途上国の債務を買い上げ，借入国との間で融資条件を再交渉する新しい公的機関の創設である。新機関の資本金は融資国政府が出資すべきであろう。いずれの方法も貸付国と借入国が当初の融資契約をする際に犯した過ちに対処するためである」（『日本経済新聞』1987年3月3日）。

75) 徳永芳郎氏が「『徳政令』で累積債務国救う」で示した計量モデルによる試算結果からすると，ブラジルについては，一人当たり実質個人消費の伸び率を年3％まで認める場合，「ブラッドレー提案」では不十分であり，利払い免除を年利3％から年利5％に拡大する必要があるとしている。アルゼンチンの場合，消費伸び率を2％に抑えるならブラジルと同等の免除でよく，メキシコの場合は，消費伸び率を1％に抑えても同等の免除を10年間継続しなければならない，としている（『日本

117

経済新聞』1987年12月29日参照)。また徳政令実施の障害として，①借金の踏み倒しによる金融秩序の崩壊，②新規融資の停止，③リーダーシップの不在（米国の財政赤字による「提案」の実行不可能性）を挙げている。そこで徳永氏は，次のことを提案している。「まず，日本政府は邦銀が保有している金融不安国向けの五兆円の貸付債権を，9割引きで購入する。その際，政府は格安購入の見返りとして，債権売却損を十年にわたって繰り延べ償却してよいとの税制上の特典を銀行に与える。次に，政府はこの貸付債権を当初の表面価額で世銀に特別出資し，これへの見返りは要求しない。世銀は，この途上国向け債権について10年間利子支払いを免除し，元本の返済を猶予するのである。この徳政令は，債務国が持続可能な抑制型の経済政策をとることを条件とする。…この提案は…邦銀の救済を同時に行うことで所要資金の9割を民間に負担させ，財政負担は1割の5千億円で済ませるといった大きなメリットが期待できよう」（同上）。図4-11では徳政令のケースが試算されている。

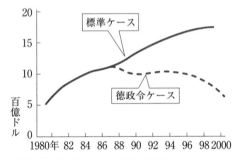

(注) ①1人当たり実質個人消費は年率3％増，金利は9％を想定
　　②徳政令ケースでは，利子5％分免除，元本を毎年3％ずつ棒引き，いずれも3年間実施
　　③新規融資必要額の累計額（1987～2000年）は，標準ケース1,900億ドル，徳政令ケース470億ドルとなる。
　　④徳政令ケースの債務免除累計額は260億ドルになる。

図4-11　ブラジルの対外債務残高

（出所）『日本経済新聞』1987年12月29日

76) The World Bank, *World Development Report*, 1985, p.63-64. 中尾茂夫「世界のマネーフローからみた累積債務問題」前掲稿，319頁。
77) *Ibid.*, 同上。
78) 『日本経済新聞』1987年12月29日付の徳永氏の見解を参照されたい。また，債務問題解決法をめぐるベーカー財務長官と宮沢蔵相の見解の相違については，『日本経済新聞』1988年4月16日付を見られたい。同紙上で，宮沢蔵相は「米国内にはブラッドレー上院議員のようなかなり進んだことを考えている人もいる」と語ってい

第4章　累積債務問題

る。

79) こうした視点については，「エスカレートする『債務危機』」（『選択』1987年4月号，22-25頁）を参照されたい。

80) 篠塚慎吾「ベーカー・プランは債務危機を救えるか」『ソフトタウンレポート』国際事情研究センター，1986年度33号によると，「累積債務問題あるいは債務危機問題は，いずれにせよ，こうした債務国の利払いおよび元本償還の負担を軽減するものでない限り，その解決に貢献することはできず，ベーカー・プランは，この面で無力であるということができよう」（同上，4頁）とすでに達観している。

81) こうした見方は，ドル全面安→アメリカの長期金利引き上げ→T・B債券の上昇→債務国への貸出金利上昇→債務国のモラトリアム声明→金融恐慌というシナリオを予測してのものである。こうした見方については，名東孝二『金融恐慌が日本を襲う』（主婦と生活社，1987年，149-168頁）を参照されたい。確かに，1987年2月20日のブラジルのモラトリアム声明直後においては，中南米諸国が連帯的行動をとろうとする機運も高まり，「アルゼンチンのアルフォンシン大統領やベネズエラのルシンチ大統領がサルネイ大統領に電話をかけ『連帯』を表明，……ペルーのガルシア大統領は，ブラジルの行動を『中南米債務国の共同戦線ができつつある』とまで評価した」（同上書，160頁）。また，こうした情報は，『日本経済新聞』によっても1987年2月20日以降連日のように報道された。しかし，1987年11月30日の中南米主要8カ国大統領会議における「アカプルコ宣言」では，「注目された債務不払い同盟結成は，各国の立場の違いから見送られた」（『日本経済新聞』1987年11月30日）。言うまでもなく，このような「カルタヘナ同盟諸国」による「債務不払い同盟」は，国際金融システムを根幹から揺るがし，IMF体制を崩壊に至らしめる火薬庫となることは明白である。マーサ・尾崎（「カルタヘナ合意—発展途上国の論理—」『ソフトタウンレポート』1986年度69号）は，以前からこの点を喚起している。

82) 宮崎義一氏は，ヘンリー・A・キッシンジャー『ニューズウィーク』1983年1月24日号の論文から以下の引用をしている。「西側の各国政府は，……このオイルマネーの『還流』を大いに歓迎したのである。…目前の問題は解決されたが，その解決は未来を担保に入れてのことであった。産油国の短期預金が銀行の長期貸付に変わったとき，西側の金融業界の体質にどうしようもない脆弱性が生じたのである」（宮崎義一，前掲書，91頁）。

83) 神沢正典「IMF体制と債務累積」中村雅秀編，前掲書，116-117頁。なお，二重カッコの部分は神沢氏による一ノ瀬秀文『債務危機』と新国際経済秩序（上）」（『科学と思想』62号，1986年10月）からの引用文であることを断っておく。

84) 大場智満「中南米累積債務国別メニューを」『日本経済新聞』1988年6月3日。

85) この部分は，宮崎義一氏が『世界経済をどう見るか』（岩波書店，1986年，91頁）においてヘンリー・A・キッシンジャー『ニューズ・ウィーク』1983年1月24日号

119

からの引用を行い，この間の事情を説明した箇所である。

86）『日本経済新聞』1988年10月12日参照。

87）『朝日新聞』1988年9月24日参照。

88）『朝日新聞』1988年9月28日参照。

89）同上。

90）同上。

91）『日本経済新聞』1988年9月30日。

92）同上参照。

93）『朝日新聞』1989年9月29日。

94）米政府が「宮沢構想」に対して冷ややかな反応を示したというこの間の事情は，次のようなものである。「ベーカー前財務長官は六月初め，日本が示した当初案の中で①債券化した部分の元利支払いを確実にするため IMF が長期信用を債務国に供与する，②非債券化部分の返済にあたり，債務国が自国通貨で払い込み後に IMF が交換可能通貨と交換する―の二点について『リスク移転につながる』と強く批判したといわれる」（『日本経済新聞』1988年10月3日）。「日本側は債務国通貨と交換可能通貨との交換の案を取り下げたほか，長期信用について『債券化部分の支払いの財源対策』とは切り離して『債務国の構造調整を支援する目的』とし，しかも『先進国あるいは国際金融機関が信用を供与するのが望ましい』とトーンを弱めた」（同上）。「しかし輸銀と IMF の協融を含め『資金が債券化部分の元利支払いに使われる可能性を否定出来ない』（金融筋）。……債務国が支払い不能に陥った場合，IMF が救済せざるを得なくなるとの懸念も強いとみられる。『米財務省は IMF の参加を特に嫌っている』（在米日本大使館筋）という」（同上）。

95）伊藤三郎「宮沢氏退き債務策残る」『アエラ』朝日新聞社，No.16，1989年4月18日，18頁。

96）邦銀が債権売却のための制限緩和を大蔵省に求めた事情は，『日本経済新聞』1989年2月12日に詳細に説明されている。ところで，民間銀行に対して債権償却の際に減税を認めることが，不良債権の負担を銀行から納税者に転嫁することを意味するという批判は，当の米国内に根強かった点を喚起しておこう。この点については，永川秀男「第三世界債務をめぐる提案の波紋」（『国際金融』No.823，外国為替貿易研究会，1989年4月15日号，11頁）を参照されたい。

97）当の宮沢蔵相の胸中は次の問答で推し量れる。「ところでブレイディ長官は新債務戦略を『ブレイディー構想』とは呼ばないで，と語っています。米国では，"ブレイザワ構想"というジョークも出ているそうで宮沢さんへの遠慮でしょうか」（伊藤三郎，前掲稿，19頁）との質問に対して，「『自分が反対していた考え方を取り入れて，自らの案とするのはどんなものでしょうね，と私に話した銀行家もいます。確かに，ブレイディー構想と呼ばれるのは，ご本人にとっては少々寝覚めが悪いかもしれませんね。…』」（同上）という言葉に宮沢氏の無念さがにじみ出ている。

120

第4章　累積債務問題

98）米国の債務戦略を成功とみる見解としては，柳原透「『宮沢構想をとりこんだブ
　　レイディ提案』」（『エコノミスト』毎日新聞社，1987年4月11日号，37-41頁）を参
　　照されたい。

99）同上稿，41頁。

100）同上。

101）伊藤三郎，前掲稿，20頁。ベーカープランの失敗を論じる文献は多数あるが，永
　　川秀男「第三世界債務問題新段階へ」（『国際金融』No.322，外国為替貿易研究会，
　　1989年3月15日号，16-21頁）の指摘が優れている。

102）伊藤三郎（前掲稿，19頁）における説明によると，1989年2月末に訪日した
　　チャールズ・ダラーラ財務次官補は，内海孚大蔵省国際金融局長との室生寺と長谷
　　寺での話し合いを通じて日本案を取り入れる旨を表明，日米間で具体案の詰めに
　　入ったとされる。

103）この点については『日本経済新聞』1989年3月11日を参照されたい。

104）「宮沢構想」と「ブレイディ提案」の共通性は次のような点にみられる。「たとえ
　　ば債務国が融資債権を割引，新たに発行する低額面の国債に取り換える債券化方式
　　の場合，基金が運用益などをあてこんで国債の元利払いを保証する。債務国が拠出
　　した外貨準備はIMFなどからの融資で穴埋めする」（『日本経済新聞』1989年3月
　　15日）。「メキシコの債券化方式では，メキシコ政府が外貨準備で米国のゼロ・クー
　　ポンを購入して自国債の元本だけの担保としていた。こんどは利子の保証基金もつ
　　くり，国際機関が管理することで，より確実な保証が得られるわけだ」（同上）。

105）柳原透，前掲稿，38頁参照。また『日本経済新聞』1989年3月19日及び1989年3
　　月20日参照。

106）「損出分担ゲームに火花」『日本経済新聞』1989年3月25日。「『債務戦略は自主的
　　な判断を前提にする』（ブレイディ長官）としながら実は厳しいワクをはめること
　　をはっきり示したもので，金融機関の一部が反発することも予想される」（『日本経
　　済新聞』1989年3月21日）。「ブレイディ提案」は民間債権の切り捨てだけを求め，
　　公的機関の債権は切り捨てないため，民間銀行の反発が生じる点については，*The
　　Wall Street Journal* (March, 14, 1989) を参照されたい。

107）1989年4月3日のIMF暫定委での日本の意向は，輸銀の協調融資は債務の債券
　　化の際の担保料，債務買い戻しのために充てるためであった。また，「IMFが中長
　　期融資（拡大信用供与措置 =EFF）をするのに上乗せする形になる。融資額は
　　EFFの50％相当額をメドとする」（『日本経済新聞』1989年4月4日）。

108）「ブレイディ提案」の特徴についての詳細な説明は，「累積債務問題の焦点⑧―
　　『ニューマネー中心』転換」『日本経済新聞』1989年4月24日を参照されたい。

109）1989年4月3日のIMF暫定委において，ブレイディ長官は，債務削減・金利軽
　　減の交渉を促すためシェアリング条項の3年間程度の停止が「特に重要である」と
　　強調した（『日本経済新聞』1989年4月4日夕刊参照）。「ブレイディ提案」は平等

121

規定などの全面的放棄を求めているが，契約事項の放棄は通常，融資案件ごとに融資銀行の３分の２以上の賛成が必要であるといわれている。銀行側が警戒するのは，全面的放棄である。「詳細は明らかではないが，①債務減額の手法とは関係なく前もって利払いを受ける権利を放棄する，②融資案件ごとではなく，ある国に関係するすべての融資についての権利を放棄する—などの可能性があるからだ」（『日本経済新聞』1989年４月４日）。米国の主要銀行はいかなる投票でも「白紙委任」には反対であるといわれている。４月２日のＧ７合意では「全面的放棄」という表現はなくなったが，「契約条項の一定期間の放棄」を重ねて要請している（同上参照）。いずれにもせよ，平等規定の「全面的放棄」は「ブレイディ提案」の画龍点睛に当たる部分であり，これを欠くことは，とりもなおさず同提案の骨抜きを意味し，ベーカープラン同様，砂上の楼閣に終わる可能性を残すものといえよう。

110) 『日本経済新聞』1989年４月５日参照。また，「国際金融にくわしいニューヨークのある有力弁護士は『法律的にできるのか』と疑問をはさむ」（『日本経済新聞』1989年３月25日）。

111) 詳細については *The Wall Street Journal*, April 6, 1989. 及び永川秀男，前掲稿，４月15日号（10-15頁）を参照されたい。なお，「ブレイディ提案」に対する M. フェルドスタイン教授による厳しい批判については，*ibid.*, March, 15, 1989を参照されたい。

112) 制裁措置についても「①元本圧縮，②利払い軽減，③新規融資，④利子の元本加算による事実上の利払い繰り延べ—のいずれにも応じなかった場合に限定するよう求めている」（『日本経済新聞』1989年３月26日）。不良融資先への追加的融資の強制は，株主への背反になるため認められないという考え方である。

113) 債務国向け債権の貸し倒れ対策として，債権の50％を損金として処理できる「間接無税償却制度」の他に「①融資増加の１％まで損金として無税で引き当てできる海外投資等損失準備金，②有税で特定の累積債務国向け債権の15％まで貸し倒れ引き当てできる特定海外債権引当勘定，③累積債務国向け債権の共同買い取り会社『JBA インベストメント』に貸付債権などを割引価格で売却し，貸付額との差額を損金に算入する—などの制度がある」（『日本経済新聞』1989年３月25日）。

114) ペルーなどは，同提案について「『ひとつのアイデア』（リーバス・ペルー蔵相）としながらも，これで一気に問題が解決するとみるのには懐疑的だ」（『日本経済新聞』1989年３月21日）としている。また「ブレイディ提案」が一つの単なるアイデアに過ぎないとする見解は *The Wall Street Journal* （March, 14, 1989）にも見られる。

115) リスクの増大は，債券市場での世銀のトリプルＡの格付け下げ，資金調達コストを上昇させる恐れがあるので，同総裁は，格付けを脅かすようなことは一切受け入れないと言明した（『日本経済新聞』1989年４月９日参照）。

116)「ブレイディ提案の最終枠組みをメキシコに適応した場合，IMF と世銀が約束し

第 4 章　累積債務問題

た融資（総額五十五億ドル程度）のうち，債務減額に回せる資金はざっと十五億ドル前後，これをもとに額面の50％で債務の買い戻しを実施すると，メキシコが減らせる債務は三十億ドル程度（額面）にとどまる。同国の債務総額（約一千百億ドル）には遠く及ばないなど，なお課題は残りそうだ」（『日本経済新聞』1989年6月7日）。

117）「世銀による利払い保証の『一年更新案』は，世銀のリスク（危険）負担を限定的なものにするのが狙い。債務国の利払いが順調なら，保証期間を順次一年ずつ延長する。不払いがあった場合には世銀が債務国に代って利払いするが，その後は保証を打ち切る」（『日本経済新聞』1989年5月8日）。この案は，先進国の納税者の負担増大を回避したいという欧州各国の思惑と世銀のリスク負担増に伴う債券発行の際の格付け低下を防止したいという世銀の要望を織り込んだ妥協の産物である。

118）『野村週報』第2187号，1989年7月24日，12頁。

119）「去年一月に発行したゼロ・クーポンはメキシコ国債の利払いを保証していないので額面一〇〇のメキシコ国債の市場価格がたちまち七〇に下がった。元本を三〇％削減したあと残る元本が七がけになり，合計で一〇〇の元本の価格が四九に下がったわけです」（『日本経済新聞』1989年6月26日）。「今度は利払い保証を一年ごとに更新するというが，いったん利払いが止まり，保証が実行されると利払い保証は打ち切られる不安がある。完全な利払い保証で一〇〇の価値のメキシコ国債を一〇〇のまま維持できるようにしてもらいたい」（同上）というある邦銀首脳の声は切実ではある。

120）「八八年末で途上国の債務残高は一兆三千二百億ドルに達する。メキシコ元本削減方式を一律に適用して元本を三十五％削減すると，四千六百億ドルを……負担しなければならない計算になる」（『日本経済新聞』1989年7月12日）。

121）ラディガー・ドーンブッシュ「中南米の債務危機救えるか」（『日本経済新聞』1989年6月5日参照）。

122）「ブレイディ提案」は，ベーカープラン同様尻すぼみに終わる宿命を辿りそうだとする見解については，永川秀男「ブレイディ・プランをめぐる先進国世論」『国際金融』No.831，外国為替貿易研究会，1989年9月1日号，11頁を参照されたい。なお，メキシコ救済の予測についての永川氏の論拠を紹介しておこう。「ロンドン『エコノミスト』誌（*The Economist*, Aug. 12, 1989）は，『金利の救済と新規融資で毎年のGNPの1％未満がふえる程度だろう』と延べ，『外国の債権者がはるかに多額の融資をしない限り，ブレイディ・プランは不発弾に終る』と結論した」（同上）。

123）IMFアジア太平洋地域事務所「重債務貧困国（HIPC）イニシアチブに基づく債務救済」『IMFファクトシート』2009年6月参照。

124）同上参照。

第5章
ODAの実態
─世界銀行の構造調整アプローチ─

　日本のODAのあり方については，近年各方面からさまざまな問題点が指摘されているが，日本のODAの支出の半分以上を占めている海外経済協力基金（Overseas Economic Cooperation Fund：OECF）自身が，これまでの自らの途上国向けの援助の反省の上に問題点を洗い直し，そのための解決に向けて第一歩を踏み出そうとしていることは，実に意義深いことと言えよう。海外経済協力基金（以下OECFと記す）による世界銀行（以下世銀と記す）への多大な貢献にも拘らず，その活動が「眠れるパートナー」としての評価しか受けられず，OECF自身もそれを甘受してきたことを考えると，正にOECFによる問題提起は，従来からの「世銀の構造調整アプローチ」による途上国向け開発援助の指針を方向転換させようと意図している点において，これまでの日本のODAのあり方を多少なりとも健全な方向へ導く一里塚の役割を果たすのではないかと期待される。

　それまでの「きらわれる援助」の問題点を解明し，それを洗い直して，途上国の経済発展に真に寄与しうるような新たなODAのあり方を目指し，「実りある援助」を行うべきであるとの気運も高まっていたことからも，OECF論文[1]の主張を前向きに検討することは，時宜を得ていたものと思われる。

　つまり，それまでの日本政府による対外援助は，被援助国内の具体的成果の有無に何ら疑問を呈することもないまま，世銀の「構造調整融資」（Structural Ajustment Lending：SAL）に積極的に参加し，協力してきた。しかも，理論面

125

では「新古典派経済学」に裏打ちされ，実践面ではレーガノミクスに依拠している問題がらみの「構造調整アプローチ」に対して，日本のODAは，開発経済学の哲学や理念の上でも「正統派経済学」と称される開発理論に挑戦できる十分な理論的裏付けを欠き，座視するのみで，傍観的姿勢に終始してきた。「いわば『口は出さずに金を出す』（SAL＋MANEY＝サル・マネー≒猿真似）という受け身としての『眠れるパートナー』に概して甘んじてきた側面も少なくないように思われる[2]」（MANEYの綴りは原典のまま）。

本章では，OECF論文による「世銀の構造調整アプローチ」をめぐる四つの視点の指摘が，的を得たものであるとの認識の下に，OECF論文に対する各方面からの反応を横目に見ながら[3]，日本のODAのあり方について若干の考察を行ってみよう。

まず，OECF論文による「世銀の構造調整アプローチ」の四つの視点を整理しておこう。

① 第一の視点（持続的成長のための政策）

市場原理の導入による資源配分の効率化を持続的成長に結びつけるには，構造調整だけでは不十分で，投資促進のための追加的政策が必要である。

② 第二の視点（貿易自由化と産業育成のバランス）

途上国の輸出産業の育成には，世銀が主張する性急な輸入自由化を控え，一定期間の幼稚産業の保護が必要である。

③ 第三の視点（政策金融と優遇金利の意義）

「構造調整アプローチ」は，市場原理に偏り過ぎており，社会的厚生のための優遇金利を伴う政策金融が必要である。

④ 第四の視点（民営化の留意点）

効率性の原則に偏り過ぎた画一的民営化は問題である。

以上のOECF論文の視点について，筆者は盲目的に賛同して鵜呑みにする気はない。だが，いくつかの正しい指摘については率直に評価すべきであり，OECF論文がモノ・エコノミクス・アプローチ（「新古典派経済理論を最大限に尊重するIMF・世銀流の「構造調整アプローチ」において採られている考

126

第5章　ODAの実態―世界銀行の構造調整アプローチ―

え方が，実は，先進国にしか妥当性を有していないにも拘わらず，途上国を含めたすべての国に適用可能だという命題[4]」）に対する大いなる挑戦を意図するものなら，後押ししたい気持ちもある。ところが，日本の識者の反応が余りにも逃げ腰の様相を呈しているように思えてならない。また，問題の所在を明確にしたくないあまり，「世銀の構造調整アプローチ」とOECF論文の内容との接点を求めて妥協を目指しているように思える。両者の折衷的な解決策を意図して二つの視点を相互補完的に組み合わせた複眼的思考の必要性を説き，両者のバランスをとることで一件落着を図る考え方が「開発経済学」の主流を形成しているように思える[5]。

　しかしながら，一方でこれまでのIMF・世銀によって推進されてきた途上国向け「構造調整アプローチ」に対して極めて厳しい評価が存在することも無視できない。IMF・世銀の構造調整策の政策担当者を「安全操置付爆撃機のパイロット」（encapsulated　bomber pilot）と呼ぶ人もいる[6]。我々が現実に多くの途上国における窮状を目の当たりにし，経済的豊かさを享受できる国が地球上の極少数の先進国に限られている厳然たる事実を前にすると，援助の表面的実績のわりには実際の成果が十分であるとは決して思われないのである。

■第1節　世銀の持続的成長政策

　OECF論文の第一の視点は次のようなものである。「世銀の構造調整アプローチ」によれば，規制緩和を推進し，市場原理を生かせば投資が活性化され，持続的成長が可能になるという前提がある。しかしこの前提は，投資マインドが極めて強い経済に限定される。他の途上国においては規制緩和策だけでは不十分で，政府介入による投資振興策向け優遇税制や政策金融といった追加的政策が必要である[7]。その点，日本や東アジアの戦後の財政・金融政策は一つのモデルとなる[8]。

　そもそも「IMF・世銀アプローチ」の背景には，「新古典派開発経済学」が存在している。途上国において「市場の失敗」の是正を目指して導入された1950～1960年代の「国家経済開発計画アプローチ」は諸事情で失敗に帰し，ケ

インズ主義に基づく政府介入策は後退し，オイルショックを契機にマネタリズムに依拠する合理的期待形成学派がIMF・世銀を牛耳るようになる。「理論面では，価格理論を軸とする正統派経済理論の有効性（先進国・途上国の如何を問わず，価格変化への反応は共通するという『モノ・エコノミクス』の復権）を主張するとともに，政策面では，国家計画に基づく公的介入を排し，民間経済主体に活動の自由を保障する市場メカニズム（見えざる手）の積極的活用を強調する『新古典派開発経済学』（Neo Classical Development Economics）に基づく考え方が，80年代以降今日に至るまで開発援助の分野で主流を形成する構造調整アプローチの理論的・政策的支柱となっていることを指摘できよう[9]」。要するに，このアプローチは，「経済成長は奇跡によって起こるものではなく，正しい政策（特に，価格体系を正しく調整させる政策）さえあれば，どの国でも長期的な成長軌道に乗ることができるという命題（換言すれば，市場に対する政策の介入による歪みを除去して市場の自由な働きに任せれば，最も効率的な資源配分・産業選択が実現し得るとの想定）に立脚している点が特徴的である[10]」。

　しかし，このような考え方に対しては，先進国の市場と途上国の市場とはおのずから性格を異にし，途上国の市場経済の不完全性を指摘しておかなければならない[11]。また，途上国においては，市場メカニズムは経済成長に沿って段階的に整備され，未整備段階では同一財での二つの市場が形成される場合も考えなければならない[12]。

　「構造調整政策（Structural Adjustment Policy）は，財政・金融面を中心とした短期のマクロ経済政策である安定化政策（Stabilization Policy）と補完関係にある中期のミクロ経済政策で，制度面，手続き面の改革を通じて資源配分の効率化を図り，それによって経済成長を回復させ持続させようとするものである[13]」。資源配分の効率化のために政府介入を極力排し，市場原理を最大限に活かすこうした「構造調整アプローチ」に対し，OECF論文は次のように反論している。「資源配分の効率化だけを過度に強調する場合には……市場原理の導入の意義をかえって損なう結果となってしまうおそれがある。効率の追求一辺倒に陥らないようにバランスの取れた政策判断を行なわなければならな

第5章　ODA の実態─世界銀行の構造調整アプローチ─

い[14)]」。

　このような OECF 論文の見解に対して，国際協力の実践畑で活躍している
飯田経夫氏は，国際協力事業団『国際協力研究』Vol. 8，No. 2 において以下の
ようなコメントを加えている。氏は OECF 論文の言わんとすることを，途上
国政府による政府介入策の一段の拡大ととらえ，「政府は大いに笛を吹くべき
だ」と単純に解釈している。氏言わく，「これまで途上国の政府は，『笛を吹い
た』だけでなくそれに合わせて国民が『踊る』ようにさまざまな仕掛けを工夫
した。しかし，そういう仕掛けはなかなかうまく行かず，国民はいっこうに
『踊ろう』とはしなかった。その結果，人々はしだいに援助に幻滅し，疲れて
きている傾向がある。『IMF・世銀アプローチ』はこの『疲れ』と関係がある
のではないだろうか[15)]」ということである。しかし，このような主張は，
OECF 論文の考え方の本質を見抜いていないように思える。

　問題の所在は，経済成長を意図する途上国政府がとるべき政府介入策という
「仕掛け」の行為そのものにあるのではなく，世銀主導による，政府介入策の
内容そのものに内在しているのである。途上国政府が市場経済に対して行って
きた「仕掛け」のほとんどは，IMF・世銀自らが推進してきた「誤った仕掛
け」であり，IMF・世銀の政策自体に多くの問題を含んでいたのである。援助
に「疲れ」を生んだ原因を探れば，それは戦後一貫して1970年代まで行われて
きた IMF・世銀主導の政府介入策の欠陥のなかに見てとれる。IMF・世銀も
このことをようやく理解したらしく，1980年代に入ってレーガノミクスの登場
と絡んで，アメリカの利益を直接反映させることを意図して，自らの政策の方
向転換を図った。「いっそのことすべての仕掛けを止めにしようではないか。
それこそが，まさに『規制緩和』にほかならない。『規制緩和』を高らかに揚
げる『IMF・世銀アプローチ』がこれほど一世を風靡するためには，このよう
に，それを必然とする現実が，それなりに存在したものと考えられる。つまり，
援助の現実はかなりひどかった[16)]」。誠にもって，過去においても現在も，世
銀主導の政府介入策による途上国援助は，腐敗や汚職を放置する低俗なものが
多々見受けられる。

129

しかし，途上国において「離陸」が成功するには，「投資マインド」を抱く民間セクターの指導者と政府の強力なリーダーシップ，そして，住民の理解が不可欠である。つまり，市場原理にのみ依拠し，政府介入の排除と極端な規制緩和を推し進める政策だけでは，途上国の発展は不可能であろう。飯田氏は，「このアプローチ（『構造調整アプローチ』）を特色づける『規制緩和』とはこれまで行ってきた政策，つまり政策介入を止めることにはならない[17]」（括弧内筆者）とも述べている」。だが，止めるべきは，先進国の特定の輸出産業と途上国の一部エリートとの結びつきを温存し，「構造調整アプローチ」を拠り所とした政府介入なのである。OECF 論文の言わんとする所も，腐敗や汚職を生みやすいこれまでの「IMF・世銀アプローチ」に沿った政府介入に代わる新しい構想に基づく政策，つまり投資促進向け追加的経済政策をはじめ，幼稚産業保護のために性急な輸入自由化を控える抑制策，並びに社会的厚生を引き上げるための優遇金利政策にあると解釈すべきなのである。したがって「市場原理」だけでは途上国の経済成長は望めず，それには「追加的政策手段」としての，優遇税制や政策金融を柱とする投資促進策からなる財政・金融政策が必要になる，ということであろう。それゆえ，「OECF の提案は下手をすると，今や有効性を失っている1960年代型の開発計画的な発想への回帰とも受けとられかねない[18]」との懸念は，時節を弁えず，低俗な「援助」に満足し，現状維持を図る人の心情といえよう。われわれは過去十数年，マネタリズムに基づく世銀の構造調整による失敗から幾つかの教訓を学んでいる。またわれわれは，すでにケインズ主義の悪しき面も経験し，十分な反省の上に開発論議を展開しているのであるから，たとえ開発計画的な要素があるとしても，それは1960年代の開発理論とは基本的に異質なものであり，レベルアップしたものであろう。「OECF ペーパーの主張の核心は，『市場原理』を活かした『資源配分の効率化がほんとうは先進国にしか当てはまらないにもかかわらず，『IMF・世銀アプローチ』がそれを途上国を含めたすべての国に妥当するかに錯覚するのは間違いだ，ということだろう[19]」と飯田氏は OECF 論文の主旨を正しく理解している。ただし，氏は再び OECF 論文の論点を逸らし，論文の主張を真正面

第5章　ODAの実態─世界銀行の構造調整アプローチ─

から捉えることを恐れているように見受けられる。飯田氏は，「いいかえれば世銀の構造調整アプローチの問題点は，『効率の追求一辺倒』なことにあるのではなく，即ち，『効率と公正のトレード・オフ』を間違えて『効率性の追求に偏った』ところにあるのではない[20]」（傍点筆者）と述べているが，「構造調整アプローチ」の問題点が「効率性の追求に偏っている」ことは，多くの論者が指摘するところである。なお，この構造調整の問題点については，OECF論文の四つの視点を検討した後に後述する。

　飯田はOECF論文の主張を「やや極論すれば，先進国とくらべて手持ちの資源に限りがある途上国では，『資源配分の効率化』は，先進国にもまして切実な問題だとさえ言えるかもしれない。しかしそのためには，先進国とちがって『市場原理』プラス・アルファが必要とされる[21]」と解釈している。しかし，OECFペーパーの主張は，むしろ「市場原理」が十分機能する以前にまず第一に効率化優先政策以外の政策上の処方箋を策定すべきである，ということであり，換言すれば，「市場原理」の導入の意義が生かせるようになるまで，効率化を過度に推し進める政策は控えるべきであろうということである。つまりOECFペーパーの真意は，「市場原理」とプラス・アルファである政府介入の同時進行ではなく，幼稚産業保護のための政府介入にまずプライオリティーを与え，その具体策としての投資振興策の導入にあると解釈すべきではなかろうか。「『構造改革→持続的成長』という『構造調整アプローチ』の基本的前提が当てはまらない場合には，どのような追加的政策手段が必要なのだろうか。それは投資の促進それ自体を“直接”の目的とした政策である[22]」。

　かくして，優遇税制や政策金融が不可欠となる。以上のようなOECF論文の第一の視点は，貿易自由化と産業育成のバランスを図るために輸出産業の育成を通じた国内産業の保護を重視する第二の視点に直結する。

■第2節　貿易自由化と産業育成のバランス

　OECF論文の第二の視点は，次のようなものである。「世銀アプローチ」が主張する貿易自由化を通じた資源の最適分配は，静態的比較優位の下でのみ妥

当し，性急な貿易自由化は途上国の発展にマイナスに作用する。動態的比較優位を目指す途上国の場合，産業の保護育成が不可欠であり，東アジアの経験は手本となるというものである。

　周知のごとく，デーヴィド・リカード（David Ricardo）によって，1817年に『経済学および課税の原理』（*On the Principles of Political Economy and Taxation*, London）において明らかにされた比較生産費説[23]は，二国二財の単一生産要素モデル，国内要素移動の完全性，国際間の要素移動ゼロ，収穫不変，固定的労働投入係数，生産要素市場及び生産物市場の完全競争状態，生産要素の完全雇用状態，自然的・人為的貿易障害ゼロ，外部経済・不経済の不在，等々の多くの前提条件がついた特殊理論といえる[24]。しかもさらに特殊理論と言い得るのは，生産物の単位費用を変えると，両国の相互利益を生まないケースが生じる。なぜなら，比較優位の理論そのものが，証明に有利な仮説例にだけ妥当し，普遍的妥当性を有する一般理論たりえないからである[25]。このユートピア的な素朴型比較生産費説は，現在に至るも国際経済学の分野でいっそう精緻化された理論研究が続いているが，誠に重大なことは基本原理は全くといって変わっていないことである。ところが，現実の開発経済学の実践の面では，この非現実的な旧態依然たる学説に基づく援助が，270年の歳月を経た後も今もって，何の臆面もなく正々堂々と罷り通っているのである。この比較優位の理論は，その後フリードリッヒ・リスト（Friedrich List）によって1841年に『経済学の国民的体系』（*Das nationale System der Politischen Ökonomie*, Stuttgart-Tübingen）において批判される[26]。またこうした批判は，リストによる古典的保護貿易主義だけでなく，近代的に理論武装され，近年にわかに台頭してきた新保護貿易主義によっても繰り返されている。言わく，「自由放任の理論には基本的矛盾が潜んでいる。公権力の介入を非難しながらも，この理論は，決して自生的に確立されることのない生産構造の仮説を言外に含ませている。この理論は，大きな不平等がさまざまな企業間の富や権力および国家間の富や権力の間に存在するという，抗しがたい現実を無視している。競争が，同等の能力を備えた企業間ならびに個人間で，純粋かつ完全であるような世界に，いつ

132

第5章　ODAの実態—世界銀行の構造調整アプローチ—

の日か国際的な自由貿易が適用されることを期待するのは，ユートピア的である[27]」。

　にも拘らず，化石化したこの比較優位の理論をバックボーンとする「世銀の構造調整アプローチ」は，あたかもシーラカンスが大手を振って大海を泳ぐがごとくに，途上国向けODAのレールの上を闊歩しているのである。「構造調整アプローチ」が求める規制撤廃，規制緩和による貿易の自由化を通じて資源の最適配分が可能となる，と主張する場合，OECF論文でも言及しているように，「それはあくまでも現時点における各国の産業構造や技術水準を前提とした限りでの最適配分である。この場合の各国の比較優位は静的な比較優位であり，途上国の場合には，比較優位が一次産品や付加価値の低い軽工業に偏る傾向がある[28]」。つまるところ，「現時点での静的な比較優位構造に基づいた単純な貿易自由化に固執することは，途上国の経済発展の可能性にマイナスの影響を及ぼしてしまう[29]」。

　「世銀アプローチ」は，輸出産業育成のための「外向型」（outward oriented）発展戦略をとりながらも，それが民間セクターの自由な経済行為によって自然に実現可能であるとの前提に立脚し，幼稚産業保護の長期的視点が欠落しているとして，OECF論文は，産業育成には社会的セット・アップ・コストと一定期間の保護が必要であり，その際の留意点として，①当該途上国の将来を担う産業の選定，②保護の程度，③育成の手段と期間（GATTとの整合性を含む）を指摘している[30]。

　経済発展の成功例としては，戦後の日本や近年の東アジアの経験が引き合いに出されるが，「日本の経済的成功についても，東アジアのそれについてもすべての人が納得する形で，その理由がすでに説明されているとは，私は考えない[31]」という反論も成り立とう。しかし，「かりに産業政策が日本や東アジアで成功したとしても，それが他の諸地域でも成功する保証は，必ずしもないだろう[32]」という指摘がよしんば正しいとしても，途上国における政府の介入について軽視する考え方は，歴史的成功例を真正面からとらえていないように思える。無論，産業政策が「良き統治」（good government）によって行われな

133

ければならないのは言うまでもない。J．トイ（John Toye）教授も「投資振興政策に関して，十分な経済性があるプロジェクトに限定する必要性を指摘するとともに，経済運営能力および特定の利益集団に対抗し得る能力を有する『良き統治』（good government）のための努力を援助の供与側および受け入れ側の双方で強化することが重要である[33]」と述べている。マルコス政権のような「悪しき政府」と手を組み，バターン原子力発電所の建設に肩入れしてきた援助政策こそ非難されてしかるべきであろう[34]。

　フィリピン経済の長期低迷の原因はさまざまであるが，その主因の一つがマルコス疑惑を生んだ悪しき官僚機構と結びつき完全にルーティーン化したIMF・世銀主導の政策に起因していることは明らかである。腐敗，汚職，スキャンダルを抱えたマルコス政権を支えた「ひどい開発」とは，「良き統治」と「悪しき統治」の区別も弁えず，「悪しき統治」に肩入れし続けてきたIMF・世銀主導の開発そのものではなかったのか。自らの開発政策が「悪しき政府」と結びついて来たという動かし難い現実の反省の上に立った自己否定の産物が，「IMF・世銀の構造調整アプローチ」なのである。したがって，これに伴い百八十度の政策転換がなされ，「悪しき統治」によって推し進められてきた政府の介入を見直し，極端な自由貿易を推し進めるマネタリストの勢力が台頭し，「IMF・世銀アプローチ」が一世を風靡するに至ったのは別段驚くに当たらない。だが，嘆かわしいのは，そのアプローチが，輸出指向型開発モデルにして各国一律の画一的モノカルチャー生産様式を押しつける政策を推進しがちであったことである。これによってフィリピンをはじめとする多くの途上国において以前にも増して経済が停滞し，国土が疲弊するに至ったのは否定しがたい事実である。モロッコなどはその典型であろう。

■第3節　政策金融と優遇金利の意義

　OECF論文のこの第三の視点は，(1) 途上国内の金融センターの不完全性，(2) 市場原理の限界と政府介入の必要性，(3) ODAと市場原理の歪みを指摘して，「世銀の構造調整アプローチ」に再考を求めるものである。

第 5 章　ODA の実態―世界銀行の構造調整アプローチ―

(1) 金融センターの不完全性

LLDC（Land Locked Developing Countries：内陸開発途上国）など金融セン
ターが未熟な国々においては，「市場金利が資源配分の効率化に果たせる役割
は，先進国の場合に比べて小さくならざるを得ない。市場金利の役割には限界
があり，……政策的介入によってその限界を補完することが不可欠になる[35]」。
このことは，特に宗教や文化が日本や西欧のそれと異質なため，金融センター
が十分に発達しにくい環境にあるイスラム文化圏については，なおさら当ては
まるであろう。こうした国では，補助金に頼るよりも優遇金利政策を採用した
ほうがむしろ有効であろう。

(2) 市場原理の限界

「市場の失敗」は世界中いたる所に散見され，市場金利が適用されるべき地
域は限定される。かかる地域においては，「優遇金利による追加的インセン
ティブを与えることによって，……経済社会全体の厚生水準を高めることが可
能となる[36]」。

優遇金利が必要とされるのは，①投資に高リスクが伴うケース，②正の外部
性をもつケース，③情報の不完全性ゆえに市場原理の下では不利が生じるケー
ス（中小企業，ベンチャービジネス），④幼稚産業の自立に必要な社会的セット・
アップ・コストをカバーするケースである[37]。世銀が理論的裏付けもなく補
助金のみを許容し，優遇金利を否定するのは納得がいかない。「補助金と優遇
金利に一方的な優劣はありえない。……補助金だけに頼って優遇金利を認めな
い世銀の姿勢は非常に残念である[38]」。考えるに，追加的インセンティブを与
える意味からも，補助金に頼るよりも優遇金利政策をとったほうがベターな場
合が多いのではなかろうか。特に企業向けの補助金には，このことが強く言え
るであろう。

「補助金に頼ることは，対外的競争によってひき起こされる販売価格の低下
にもかかわらず，財務均衡の維持が望まれるさまざまな企業の各々に対して支
給される額を公権力が決定する，ということを意味する。仮にこの方式が一般
的に適用されるとすれば，あらゆる種類の証拠を収集・検討するため，そして

援助金の決定・支払いをするために，巨大な行政的装置が必要となろう。不正の機会は多くなるであろう。企業の存続ないし消滅はこうした企業の経営管理の特質よりも国家の恣意的決定に大きく依存する，という挫折感が至るところに蔓延するだろう[39)]」。それゆえ巨大行政装置の排除を目指す「構造調整アプローチ」が，この装置を温存させかねない補助金のほうに肩入れするのは理解に苦しむところである。むしろ優遇金利のほうが，マネタリズムが好むところの自由主義的要素をより含んでいないであろうか。その理由は，優遇金利に頼る場合，それは直接的援助というよりも間接的援助の一形態としてとらえられるからである。優遇金利は，企業体の経営・管理に直接干渉する度合いも補助金よりも小さく，企業体の収益条件を変化させつつも，企業体の経営責任は，経営者に依然として残るからである。

また，自尊心が強く，誇り高い民族からなる国家の場合，尊厳を維持し，プライドを傷つけずに自助努力を促すうえからも，優遇金利のほうが補助金よりも得策ではなかろうか。こうしたことは，契約観念が行政的にも文化的にも定着した国ほど効果が大きいと言えよう。特に北西アフリカのマグレブ諸国についてはこのことが当てはまる。

さらに，補助金は無償のケースがほとんどなのに対し，優遇金利は，市場金利と比較した場合にグラント・エレメントの度合が高いものの，有償であることには変わりはない。イギリスをはじめとする西欧のODAは，有償より無償の比重が高いと言われ，日本のグラント・エレメントを高めることが要求されている昨今，優遇金利策を導入することが批判される筋合はなかろう。イギリスのODAの専門家が，何故に優遇金利に反対し続けるのか理解に苦しむところである。

(3) ODA と市場原理の歪み

世銀が「ツー・ステップ・ローン」に対して批判するなら，ODAそのものが市場に歪みを与えている点はどのように説明するのか，という問題である。世銀は，優遇金利が利権と腐敗を生むという批判をしているが，その点は前述のごとくむしろ補助金のほうが批判の対象となり得よう。世銀のみならず，前

第5章　ODA の実態―世界銀行の構造調整アプローチ―

述のイギリスの経済学者達がこぞって政策金融による優遇金利に対して批判的であるのに，その論拠が不十分であるばかりか，何故優遇金利がタブー視され，補助金だけが許されるのか，その理由が不明確なのである[40]。

　「ツー・ステップ・ローンの転貸金利を市場金利で出すのか，それともソフト・ローン（市場より低い金利のローン）で出すのかという問題は，世銀・IMF流のいわゆるアングロ・アメリカン経済学か，それともそうでない経済学で考えるかという，開発経済学上の大問題を含んでいる[41]」という言葉には，それなりの重みがある。

■第4節　民営化の留意点

　第四の視点として，OECF 論文は，民営化の際の国情の違いに配慮を求めている。世銀の「構造調整アプローチ」は効率至上主義に徹するあまり，民間資本が未成熟な地域でも一律に民営化を推進しようとしているが，サブ・サハラ・アフリカ諸国をはじめ多くの途上国において，民営化は当該国の現実とあまりにも掛け離れている。正しく，OECF 論文のこの視点は当を得ているものと思われる。「離陸」後であるならまだしも，「離陸」以前に民間資本の未成熟段階で民営化を推進することは，極力控えるべきである。このことは，途上国のエネルギー産業のような基幹産業には強く言えることで，むやみやたらの民営化はかえって経済発展を阻害することになろう。

　理論的根拠を欠いた，「はやり言葉」に過ぎない民営化路線は，国営化路線をとっていた中南米諸国をはじめとする途上国の置かれた立場を理解していない。民営化に際しては，累積債務の返済手段の一環としての「債務の株式化」を通じ，外資導入を目指してやむを得ず民営化に移行せざるを得なかった背景があったことを十分考慮に入れなければならない。しかも，この累積債務の主因は，途上国の内部要因よりも，海外からの外部要因に起因することを勘案すれば，なおさらそう言える[42]。「……国営企業の民営化などの措置は，途上国経済を先進国支配の世界市場メカニズムの下に組み込むことになり，最も生産的な経済部門を多国籍企業の手に委ねる結果となり，かえって債務累積問題を

137

悪化させ，国民経済を破綻させるに至らしめている[43]」。

　積極的民営化は，性急な輸入自由化政策と一対をなす政策である。国営化から民営化への転換策は，資金流入を再開するための手段ではあるが，「アメリカ政府や日本政府の最近の対応も，このような転換点にある現局面を自分たちの都合のいいように再編していこうとするものである[44]」。したがって，途上国経済の屋台骨を揺がせかねない列強の多国籍企業による国営企業の買収は，経済的効果だけでなく，社会的・政治的コストも考慮に入れなければならない。「不効率な国営企業を『民営化』せよという政策は，開発戦略の一種の『はやり言葉』になっている。しかし……基幹産業のような会社を外国人が買収してもいいのだろうか[45]」という疑問は当然であろう。

■第5節　日本のODAのあり方

　「日本の政府貸付援助の現地窓口の主要機関は，海外経済協力基金（OECF）である。日本のODAの半分以上を占めるのがこの政府貸付であるからOECFの果たす役割は重要である[46]」。

　日本のODAの現状は，アジア諸国への戦後の賠償の歴史的経緯による借款等，タイドローンをはじめとする有償援助の比重が高く，西欧のそれは，アンタイドの無償援助がほとんどである。無論，これには考慮しなければならない点はある。「欧米諸国は無償援助の比重が大きいというが，英国やフランスは旧植民地に対する援助で，無償にせざるを得ない面がある。また，米国には東西対立の中で西側の仲間を増やすという戦略的な目的があった。日本とは事情が異なるわけだ[47]」。以上のことから，OECF総裁による以下のような援助哲学が展開される。「援助は慈善事業ではない。自助努力を前提に中長期的な途上国の経済成長・発展を手助けするものだ。無償援助は緊急避難的な貧困対策であり，永久的にやるものではない。途上国の一人当りの国民所得の向上には開発プロジェクトに対する有償援助の方が役立つはずだ[48]」。日本の「ODAの経済学」の主流はこのような考え方に立脚している。

　「フランスの場合，贈与（無償資金協力と技術協力の和）が全体の4分の3を

第5章 ODAの実態—世界銀行の構造調整アプローチ—

占め，その中でも技術協力が飛び抜けて大きく，ODA総額の半分近くに達している。政府貸付は10％前後と低率である。アメリカの経済援助の特徴は，安全保障援助（Security Supporting Assistance）という政治的色彩の濃い要因によって大きく左右される贈与資金が主役を演じていることである[49]」。

　近年，ODAの量的面から見れば，日本は世界第1位であるが，質的面から見れば見劣りする。「ODAの質を計る方法としては，『贈与比率』と『グラント・エレメント』がある。贈与比率は，ODA全体の中で無償で供与した贈与部分がどれだけあるかその割合を示す数値である。一方，グラント・エレメントは，金利，償還期間，据え置き期間，割引率などに基づいて市場金利で貸付けられる場合と比較したローンの贈与相当分も計算に入れたODAの贈与の度合を示す数値である[50]」。表5-1，表5-2に示されているように，日本のODAの質は欧米諸国と比較して決して高いものとは言えない。表5-1と表5-2からも分かるように，欧米諸国の贈与比率とグラント・エレメントは，おおむね90％以上なのに対して，日本の贈与比率は46.6％，グラント・エレメントは，75.4％と先進国中最下位である。

　日本のグラント・エレメントが低いことへの批判に対して，OECF論文に基づく市場金利に代わる優遇金利の適用が，ODAの質を高める一手段たりえると認識するのであれば，その路線はあながち誤ったものとは言えないであろう。また，「旧植民地にフランス語教師を技術協力として派遣するフランスのODAのほうが，3％前後の利子率で道路を建設する日本のODAよりも上質の援助だとは一概に言えないだろう[51]」という考え方も成り立つ。

　日本のODAに関して特に問題視されるべきことは，日本のODAの予算配分をめぐり，特定の被援助国の特定のプロジェクトに対する援助額も，そのプロジェクトの受注企業の選定過程も，長期自民党政権下で秘密裏に決定されてきたことである。古くはマルコス疑惑，近年はインドのナルマダ・ダムをめぐる問題が持ち上がっている。ちなみに1985年にインドのサルダル・サロバル水力発電計画に対して供与された円借款は，アンタイドであると公表されたにも拘らず，実際に受注したのは日本企業であったため，円借款の見返りによる日

139

表5-1　贈与比率（約束額ベース，2カ年の平均値）

国　名	順　位	1987／88年	順　位	1986／87年
オーストラリア	1	100.0（%）	1	100.0（%）
ニュージーランド	1	100.0	1	100.0
アイルランド	1	100.0	1	100.0
スウェーデン	1	100.0	1	100.0
ス　イ　ス	5	99.5	7	98.8
ノルウェー	6	99.4	5	99.2
デンマーク	7	98.1	13	87.5
英　　国	8	97.8	8	98.4
カ　ナ　ダ	9	97.4	6	99.1
フィンランド	10	91.9	9	94.0
米　　国	11	91.2	10	91.6
ベルギー	12	90.6	11	91.0
オランダ	13	86.4	12	90.1
フランス	14	78.2	15	77.2
イタリア	15	76.9	14	82.8
西　独	16	69.0	16	72.2
オーストリア	17	64.6	17	64.8
日　　本	18	46.6	18	52.4
DAC諸国平均		（78.4）		80.7

（出所）青山利勝『開発途上国を考える』勁草書房，1991年

表5-2　グラント・エレメント（約束額ベース，2カ年の平均値）

国　名	順　位	1987／88年	順　位	1986／87年
オーストラリア	1	100.0（%）	1	100.0（%）
ニュージーランド	1	100.0	1	100.0
アイルランド	1	100.0	1	100.0
スウェーデン	1	100.0	4	（99.9）
ス　イ　ス	5	99.9	6	99.6
カ　ナ　ダ	6	99.6	4	99.9
ノルウェー	6	99.6	7	99.4
デンマーク	8	99.5	9	98.5
英　　国	9	99.0	7	99.4
フィンランド	10	97.7	10	98.3
米　　国	11	96.9	12	97.0
オランダ	12	94.1	13	96.1
ベルギー	13	94.0	11	98.2
イタリア	14	92.0	14	93.4
フランス	15	89.3	15	87.8
西　独	16	86.1	16	87.2
オーストリア	17	76.2	17	77.8
日　　本	18	75.4	17	77.8
DAC諸国平均		（90.4）		91.2

（出所）同上書

第5章　ODA の実態—世界銀行の構造調整アプローチ—

本企業の受注であるとの疑惑が抱かれる所以である[52]。またこのプロジェクトについては，以下のような疑惑も生じている。「モノだけを売って，使いこなせないにもかかわらず，あとの維持，管理は，客の責任（自助努力）—と突き放す。途上国に対する政府援助の姿勢としていかがなものか。住商の担当者自身も『疑問を感じた』と言う程だった[53]」。

このようなプロジェクトをめぐって，自民党政府と OECF 関係者の間に秘密主義が存在したことはテレビ朝日の番組からも明白である。「OECF とインド政府との間の借款契約（L/A），OECF 審査ミッションの報告書をはじめ，その他の関連資料は一切提出されなかった。また，日本政府は，世銀の関連文書の提出でさえも拒否している[54]」。したがって，このことからも細川政権下で，過去の疑惑に対して明快な解明が期待された所以である。自民党政権下においては，「こうした公金の使い道の根拠を示す文書でさえ，国民の前に示すことができないというのである。これでは，公金の私物化ではないのか。国民には自らが収めた税金，年金などが，どのように使われているのか，また使われ方が妥当なのかを知る権利が，当然にあるといえよう[55]」。もし日本国民の血税が，被援助諸国の住民が生活する環境を破壊しつつ，人権を蹂躙するような用途に向けられるシステムないしメカニズムが存在するのであれば，日本国民は疎外されているのであり，そうしたシステム，メカニズムは即刻撤廃されなければならない。

■ 第6節　「世銀の構造調整アプローチ」について

OECF 論文は，世銀の構造調整策の目的を，需要管理政策による短期安定化という必要条件と，貯蓄向上及び輸出拡大のためのサプライサイドからの制度・機構改革を含む中期的構造調整という十分条件によって途上国の持続的経済発展を図ろうとするものである，という解釈をしている。

この構造調整策を推進するための世銀による資金供給が構造調整融資（SAL）であるが，そもそもこの考え方は，1980年代初頭に生じた途上国における国際収支の悪化によってもたらされた。収支悪化は，累積債務問題として表面化し

141

た。この問題は当初，流動性不足が原因であるとされたが，その後，途上国の構造的要因に起因するという考え方が支配的となった。そこから，国際収支の悪化は，伝統的マクロ経済理論による需要抑制策では解消しえず，収支改善にはサプライサイドの経済学に依拠した構造調整策が必要であるとの認識が出てくる。

　アメリカは累積債務問題の深刻化に伴い，第4章で述べたように，まずベーカープランで対処した。「これは，債務国が標準的マネタリストの経済原則に沿っていっそう努力するように期待している。すなわち債務国は，貿易自由化，民間海外投資を妨げる規制の撤廃，企業家のエネルギーを発揚するための経済への政府介入の縮小，『サプライサイド』の成長の重視，輸出能力の改善を要求されている[56]」。かくして被援助国は，好むと好まざるとを問わず，自国に不利な外的条件や，IMF・世銀による強制的構造調整策を引き受けざるをえない情況に置かれることになった。「その限りで，『開発株式会社』の諸機関が，被援助国の大がかりな政策改革を融資条件とするのは，誤っていない。だが不幸にして彼らが要求する改革の本質が誤っているのである[57]」。

　「調整プログラムにおいて最も常習的に強いられるのは平価切り下げ（輸入削減と輸出促進），政府支出の思い切った削減，なかんずく社会福祉支出の削減や食糧その他の消費向け助成金の撤廃，公社の民営化もしくはその請求料金の値上げ（電気・水道，交通手段等），および物価統制の廃止，賃金頭打ちによる『需要管理』（消費削減を意味する），それと平行したインフレ抑制向けの信用供与の制限と増税，金利引き上げである[58]」。

　「構造調整融資」（SAL）の特徴は，被援助国の特定のプロジェクトへの融資から独立し，その国のマクロ経済政策の変更を条件に即刻支払われるというものである。その政策転換は世銀と当該国政府との「政策対話」を通して行われる。「融資に付けられた特別条件は，関税（の引き下げ），関税外障壁（の削減），（平価切り下げを含めた）為替管理，政府の財政政策，そして経済における公共部門の規模などという多くの問題にわたっていた。SALはみなそうであるが，その資金は特定の購入にたいして支払われるのでなく，さまざまな目的に自由

第 5 章　ODA の実態―世界銀行の構造調整アプローチ―

に使うことができる。……また，そのつもりになれば，腐敗した大臣のポケットを満たすこともできる[59]」。「したがって適用される範囲が一部門にせよ経済全体にせよ，調整融資は政策にかかわっている。寛容な観察者はこの融資を，政府によい助言を受け入れさせる方便と見るかもしれない。世銀のテクノクラートが，貧しい国々の強力な当局者を説得して，国家主権の重要な側面を引き渡させるために用いる賄賂だという人たちもいる。つまり目前の小利と引き換えに，国の永久的利益を売り渡させているというわけだ。さらに，途上国経済の管理について，世銀の能力を疑い，SAL は幼児が幼児の手を引くようなものだと考えている人もいる[60]」。

　特に，構造調整策の最大の欠陥の一つに，途上国の輸出生産物の選定の問題があげられる。当該援助国にとって如何なる生産物が国際市場で有望で，しかも販路を安定的に確保するには如何なる政策が必要かについての検討は，最も肝要であるはずなのに，こうした点についての検討が，世銀アプローチには欠落しているのである。特定の生産物が国際市場において供給過剰に陥って，価格が下落している点については，世銀自身も気付いているという。グレアム・ハンコック（G. Hancock）は，この点に関して世銀の内部資料を引用している。「世銀は『SAL（構造調整融資）プログラムは，国を越えて相互に一貫性を保ち，供給国が多くなり過ぎて特定産物の市場が飽和状態にならないように，行われるべきだ』と述べている[61]」。

　ところで，そもそも「構造調整」という概念を編み出したのは世銀よりもむしろ IMF である。この二つの国際金融の姉妹機関は，通常は連繋プレイを保っていて，協力して行動に当たる場合が多い。ある被援助途上国が，IMF からの要求を拒否し，両者の関係が悪化すると，その国への世銀の融資だけでなく先進国の ODA 諸機関からの融資もストップするといわれている。かくして，「ある種の陰謀が進行していると結論せざるを得ない。すなわち富める国々とその国際機関とが結束し，第三世界諸国に構造調整を受け入れさせようとする陰謀だ[62]」という見解が成り立つ。

　第 4 章の第 3 節で述べたように，スーザン・ジョージは，モロッコを例にと

143

り，このことを検証した[63]。1956年の独立後，モロッコはIMF・世銀の勧告に基づき，小作栽培を止め，比較優位にあると言われた農場近代化による柑橘類及び野菜といった輸出農作物を志向した。これに伴う灌漑ダムの建設は，公共投資向けの財源を圧迫した。また，輸出農作物に有利な低税率は，政府収入の基盤を脆弱にした。さらに，輸出指向型農業政策の結果，小麦の穀倉地帯に恵まれたモロッコは，フランスへの農作物輸出国から食糧輸入国に転落してしまった。国際収支の悪化によって，1983年以降IMF・世銀アプローチが目指した政策は，債務返済の履行を最優先するいっそうの輸出指向型経済政策の導入であった。そしてこれと平行して賃金抑制策並びに賃上げに代わる価格政策が採用された。

　加えて，モロッコにおける人口の爆発的増加に伴う小麦消費の大幅な拡大とこのための小麦の輸入増大とは，深刻な外貨不足をもたらした。政府はIMFの勧告に基づき小麦価格を引き上げたが，これは実質賃金の低下を生じさせ，賃上げ要求となって現れた。それはモロッコの国際競争力の低下と外国企業による海外投資を減退させた。1984年には，IMFの勧告による食糧価格の再度の引き上げによって暴動が発生するに至った。

　一方，モロッコ政府は，IMFの調整プログラムに従って，輸出指向型開発モデルという間違った開発モデルに沿った巨大な浪費型プロジェクトを導入したことで，灌漑用ダムプロジェクトによる特定富裕農への優遇政策の結果，自作農育成の失敗や小規模農家の疲弊による都市への人口流出が続き，都市部での大量失業の発生が食糧暴動を誘発させる直接的原因となった。

　スーザン・ジョージは御用学者が唱えるところのIMF及び世銀による途上国の政策面への内政不干渉，政治的中立性ないし非政治的性格，あるいはまた社会的不公平に対する不干渉政策に関して，IMF前専務理事，ジャック・ドゥ・ラロジェール（Jacques de Larosière）による以下の言葉を紹介している。「これとの関連において生じるかもしれない問題は，IMFが政府の優先順位の決定に際し圧力を行使すべきであるかどうか，さらにまたその援助が最も恵まれない住民グループをうまく守るような施策を条件として行われるようになる

第 5 章　ODA の実態—世界銀行の構造調整アプローチ—

まですべきかどうかということである。IMF のような国際機関自体は，主権国政府に対し社会的並びに政治的目標を指示する役割を負うことはできない[64]」（傍点筆者）。

S. ジョージにとって，こうした言論は狂気の沙汰と映る。世銀は意志さえあれば，債務国の社会的平等性，福祉の向上，公正な所得配分などを達成可能であるはずだ。世銀は多くの軍事政権や非民主的政府に積極的に援助してきているにも拘らず，国家主権への内政干渉を口実に分配政策には立ち入ろうとしない[65]。IMF の秘密資料[66]によると，「『分配政策は全く主権問題であるとする IMF の公式見解は，……潜在的に論争の因となる問題を封じ込める上で現実的に有利な面がある』と記せられている[67]」。

以上のことから次のような言葉が生まれる。「つまり構造調整融資を通じて利用可能となった資金で，政府の権力が強化されているだけのことなのだ。これらの体制のうち選挙民の信任を受けているのはごくわずかで，……むき出しのおぞましいやり方で人権を蹂躙しているし，……そのほとんどが腐敗のウィルスに冒されている[68]」。しかし，「援助機関はこのことを知りながら無視している。構造調整融資を受けるに先だって政府が整えなければならない条件には，例えば人権，言論の自由，軍事支出の削減，汚職の取締まりなどの改革は，決して含まれないのだ[69]」（傍点筆者）。

鷲見一夫氏は，世銀の構造調整について，その本質を見抜き，次のように指摘している。「世銀の推奨する構造調整の下での開発政策は，多国籍企業とこれに結び付いた現地の一部富裕層のみを潤す結果に終わっており，底辺層に何ら裨益しないばかりか，かえってこれらの人々の生活を圧迫することになってしまっている。あえて極言するならば，世銀の要求する構造調整は，貸付金を確実にすることに最大の関心があるのであって，借り入れ国の国民経済の健全な発展に対する考慮は二の次であると言うことができよう[70]」。

つまるところ，「世銀の構造調整アプローチ」の成果と，被援助国の住民の期待との間の乖離は，ハンコックが指摘しているように疎外の問題と理解できるであろう。すなわち，「これは個人の性格を超えた，開発産業全体を苦しめ

145

ている問題だ。仲介者が取り決めを行い，計画を立案し，数百万人の未来を決定する信任状を与えられている世界での，疎外の問題だ[71]」。われわれはこの疎外の問題を真撃に受け止めなければならない。「こうして一方に国際公務員，他方に……常軌を逸した輩，という配置のなかで，援助機関が被援助国政府に語りかけ，被援助国政府が援助機関に語りかけるという情況が生まれた。……これを『開発』というのなら，それは官僚制と独裁制との取引，仲介者やブローカーによって，他人の名前の下に行われる取引にほかならない。真の主役である富める国の納税者と南の貧しい人々は，肝心の事柄についてはあたかも部外者であるかのように扱われる[72]」。

「善良で真正直でヘボな人間には金は行かない」という発想は，住民が，ある男を悪い人間であると薄々気づいてはいるが，そのしたたかな悪人にだまされ続けることにさして苦痛を感じず，無抵抗であり，無意識のうちに事無かれ主義に埋没している風土から生じるようである。またそうした発想は，賄賂をもらわないと村八分にされてしまう慣習が蔓延る土地柄，疑惑を灰色の状態で放置し，それをカモフラージュするために何らかのコンセンサスが暗黙のうちに醸し出されるような土壌から生まれ出てくるものであろう。もしある被援助国の国状がこのような状況下に置かれている場合，「自助努力」は経済面のみならず社会面，政治面の変革なしには容易なことではない。援助に「自助努力」を前提とし，「自助努力」のない国への援助はすべきではないという哲学に根ざした開発経済学では，いくら日本国民の血税を注ぎ込んだところで，穴のあいたバケツに水を入れる行為を繰り返すようなものであり，多額の援助にも拘らず，被援助国の将来の経済発展はあまり期待できない。現に援助の効果が発揮されず，くすぶった不満が臨界状態に達し，内乱にまで発展している国も数多く存在する。座してこのままの状態を放置すべき段階ではなかろう。特定の国々の世界戦略に裏打ちされた現在の世銀の欺瞞的構造調整策を一刻も早く見直し，劇的な政策転換を迫る時期が到来したのではなかろうか。

ポール・モズレイ（Paul Mosley）教授によれば，「構造調整プログラムによる物的・人的資本形成への悪影響にも拘らず，運用面における世銀の政策コ

第5章　ODAの実態─世界銀行の構造調整アプローチ─

ンディショナリティー見直しの動きは現実のものとなっていない[73)]」という。このような事情を察してか，世銀もすでに1991年の World Development Report において，これまでの市場メカニズム偏重の考え方を若干和らげ，政府の介入の役割を認め，市場原理と政府の介入の補完的・協調的機能が生かせる market-friendly approach（市場機能補完アプローチ）と称される新たな考え方を提示し始めた模様である[74)]。

　また「枠組アプローチ」と「中身アプローチ」を適切に組み合わせ，補完的，折衷的とも言うべき「適応型援助アプローチ」を模索する動きもある[75)]。しかし，開発経済学以外の別の経済学の分野であればいざ知らず，こと開発経済学の分野においては，新古典派経済学の存在理由が以後薄らぐことはあれ，決して強まることはありえないであろう。日本のODAの実績からも，もはや「眠れるパートナー」などと侮蔑される時代は終わり，知的節度を保ちつつも，ODAの面で今後日本がリーダーシップを発揮すべき時期に差し掛っているといえよう。これまでの「効率至上主義」を越え，新しいパラダイムに立脚した理論の充実が実務面の充実とともに可及的速やかに図られることが期待されよう。

　かかる観点に照らして，OECF論文の意義は大きいと言わざるをえない。その意義は，新古典派経済学及びマネタリズムに依拠した時代遅れの開発経済学の限界を示唆する一方，21世紀に向けての「開発経済学」という「経済学の新分野における先駆的業績」として位置づけられるべきであろう。ただし，残念ながらOECF論文では，「開発経済学」の分野における最重要課題は依然として残されたままである。それは「開発経済学」なる学問の原理である基本理念に関してである。つまり，「開発経済学」という学問体系がもし存在するとするなら，「援助」とは何かということを明確に概念化する根本的・初歩的作業が不可欠であるということである。すなわち，「援助」とは，当該被援助国の，「自助努力」が当分の間不可能に思える国に対してさえ，将来を視野に入れ，「自助努力」が生まれるように援助する「援助」なのか，それとも「援助」とは，一定の条件の下でのみ機能し，「自助努力」を大前提にする「援助」で

147

あるべきか，ということなのである。筆者は「自助努力を前提とする援助」を「狭義の援助」と定義し，この考え方に立脚する「開発経済学」を「開発経済学の特殊理論」とし，「自助努力を助ける援助」を「広義の援助」と定義し，「開発経済学の一般理論」と位置付けたい。「援助」の理念は今もって不明確であり，これについての概念化は今後の最重要課題となろう[76]。

【注】

1）海外経済協力基金「世界銀行の構造調整アプローチの問題点について」（邦文），*"Issues Related to the World Bank's Approach to Structural Adjustment: Proposal from a Major Partner"*．（欧文）『基金調査季報』No.73，1992年2月。

2）後藤一美「眠れるパートナーの知的目覚め—構造調整に関するOECF論文に寄せられた英国からのメッセージを中心として」海外経済協力基金『基金調査季報』No.76，1993年1月。

3）代表的な文献として同上稿及び飯田経夫「世界銀行の構造調整アプローチをめぐって」国際協力事業団『国際協力研究』Vol.8，No.2（1992年10月）を参照されたい。

4）後藤一美，前掲稿，158頁。

5）「中身のない枠組みはあらく，枠組みのない中身はあやうい」とした，新古典派の「枠組アプローチ」と日本流の「中身アプローチ」による複眼的思考方法についての文献は，柳原透「政策支援借款と日本の政策」『日本・アメリカ・ヨーロッパの開発協力政策』（アジア経済研究所，1992年9月）を参照されたい。

6）Susan George, *A Fate Worse Than Debt,* England, Penguin Books Ltd., 1988, p.6.（スーザン・ジョージ，向壽一訳『債務危機の真実』朝日新聞社，1989年，11頁）。

7）OECF論文に対するJ．トイ（John Toye）教授の評価は比較的好意的である。日本をいみじくも「眠れるパートナー」と喝破しつつ，「市場自由化の推進こそ供給サイドを刺激するための必要十分条件であるとする単純な構造調整理論を信奉する世銀が自らのプロパガンダの虜に陥りかねない危険をはらんでいることに対して，OECF論文が知的警告を発した点に，歓迎すべき多大の貢献が認められると評している」（後藤一美，前掲稿，159-160頁）。

8）この点については「海外経済協力基金創立30周年記念シンポジウム『東アジアの経済発展の経験』について」『基金調査季報』No.75（1992年8月）を参照されたい。またアジアNIES諸国の経済発展についての分析では，綾川正子『ソ連・東欧・中南米の債務と金融』（東洋経済新報社，1990年）も参照されたい。

第5章　ODAの実態—世界銀行の構造調整アプローチ—

9）後藤一美，前掲稿，153頁。

10）同上稿，153-154頁。

11）この点については，石川滋『開発経済学の基本問題』（岩波書店，1990年）を参照されたい。

12）小浜裕久『ODAの経済学』（日本評論社，1992年，170頁）を参照されたい。「IMF・世銀のように，なんでも自由化して市場の歪みをなくしさえすればうまくいくといったナイーブなアプローチは非現実的であり，途上国の自助努力の発現を妨げる。動学的効率性基準によるドナーと途上国の合意のうえでの政策改革，構造調整が望まれる所以である」（同上書，179頁）。

13）海外経済協力基金，前掲稿，『基金調査季報』No.73，5頁。

14）同上稿，6頁。

15）飯田経夫，前掲稿，6頁。

16）同上稿，7頁。

17）同上。

18）このコメントは，後藤，前掲稿（162頁）においてJ．ハウル（John Howell）教授の言葉として紹介されたものである。

19）飯田，前掲稿，5頁。

20）同上。

21）同上。

22）海外経済協力基金，前掲稿，『基金調査季報』No.73，7頁。

23）『経済学および課税の原理』の第7章において，D．リカードは，自由貿易とそこから生じる国際的特化の恩恵を次のように説明している。「完全な自由貿易制度のもとでは，各国は自国にとってもっとも有益と思われる用途にその資本と勤勉とを振り向ける。個別的利益の追求は，社会全体の普遍的利益と見事に結びついている。勤勉を刺激し，才能に報いることによって，また自然の恩恵をできるかぎり利用することによって，かくして労働のより有効な配分とより大きな経済性を達成する。同時に，さまざまな生産物の総量を増大させることによって，友好関係によって，全文明社会のすべての国民を結びつけ，また，そこから唯一の巨大な社会を作り上げている。フランスとポルトガルでブドウ酒を醸造させ，ポーランドとアメリカで小麦を栽培させ，イギリスで金物類およびその他の財貨を製造させようとするのは，実にこの原理なのである。」（David Ricardo, *On the Principles of Political Economy and Taxation*, London, 1817. フランス語訳，コスト版，123頁）。なお，この部分の邦訳については，堀経夫訳『経済学および課税の原理』『リカードウ全集』第1巻（雄松堂書店，1972年，156頁），及び竹内謙二訳『経済学及び課税の原理』（千倉書房，1981年，129頁）を参照されたい。

24）天野明弘・渡部福太郎編『国際経済論』（第2版）（有斐閣，1981年，15-18頁）参照。

149

25) 比較優位の理論の特殊性についての説明は，M.A.G. Van Meerhaeghe, *Economic Theory: A Critic's Companion,* Boston, 1980.（中村賢一郎訳『経済理論入門―経済学説の批判的研究』学陽書房，1982年，224-227頁），並びに拙稿「累積債務問題の発生原因について―スーザン・ジョージの見解を中心に―」『神奈川工科大学研究報告』（A人文社会科学編）第15号，（1991年，54-56頁）を参照されたい。

26)『経済学の国民的体系』によれば，「スミス以来の古典学派は抽象的個人から構成され，『交換価値』の増大が『富』として現れる世界であるが，この『交換価値の原理』と自由放任主義自由貿易の政策の要求とが普遍妥当性をもつのは，現実の諸国民経済の水準が同一になったときだとされる。古典学派の前提とする世界は，農業・工業・商業が調和的に均衡し，まとまった領土と大なる人口とを有するとともに物質的資本と精神的資本（科学技術や教育）に十分恵まれた『正常国民』にほかならない。このような段階に到達していない国民にとっては，『万民経済学』としての『交換価値の理論』ではなく，世界と個人の中間にある歴史的存在として『国民』に対して『国民的生産力の理論』を樹立する必要があった」（田村信一「ドイツ前期歴史学派」永井義雄編著『経済学史概説―危機と矛盾のなかの経済学―』ミネルヴァ書房，1992年，93頁）。

27) J.M. Jeanneney, *Pour un nouveau protectionnisme,* Seuil, 1978.（J.M. ジャヌネ，渡部茂・尾崎正延訳『新保護貿易主義』（矢島鈞次監修）学文社，1985年，38頁）。

28) 前掲稿，『基金調査季報』No.73，7頁。

29) 同上。

30) 同上参照。

31) 飯田経夫，前掲稿，6頁。なお，東アジアの経済発展については，前掲稿，「『東アジアの経済発展の経験』について」『基金調査季報』No.75（1992年8月）を参照されたい。

32) 飯田，前掲稿，6頁。

33) 後藤，前掲稿，161頁。

34) マニラでは近年停電が多発している模様だが，その理由を，「マルコス政権時代のバターン原子力発電所建設計画にストップがかかったのが響いた」（マニラの停電『朝日新聞』1993年9月14日夕刊）ことに帰するのは，あまりにも短絡的過ぎる。なぜなら，「安全性への心配から原発が凍結されたり，石炭火力発電所の大気汚染をめぐって論争を重ねたりする国が周辺にあるだろうか」（同上紙）とのコメントは，バターン原子力発電所が太平洋火山帯の真上に建設されたことを承知のうえで述べた言葉であるとは信じがたいからである。

35) 後藤，前掲稿，『基金調査季報』No.73，8頁。

36) 同上稿，9頁。

37) 同上参照。

38) 同上。

150

第5章　ODA の実態―世界銀行の構造調整アプローチ―

39）J.M. ジャヌネ，前掲邦訳『新保護貿易主義』，101頁。

40）ツー・ステップ・ローンについては，Development Assistance Committee OECD, *Development Cooperation in the 1990s*, Paris. 奥田英信「日本のツー・ステップ・ローンの是非をめぐって―ツー・ステップ・ローンと開発金融戦略―」『世界経済評論』1992年5月号，6月号を参照されたい。

41）小浜裕久，前掲書，172頁。

42）前掲拙稿（57-69頁）を参照されたい。

43）鷲見一夫編著『きらわれる援助―世銀・日本の援助とナルマダ・ダム―』築地書館，1990年，67頁。

44）向壽一『世界経済の新しい構図』岩波書店，1992年，137頁。

45）小浜，前掲書，170頁。

46）高木保興『開発途上国の経済分析』東洋経済新報社，1988年，121頁。

47）西垣昭「ODA と国際貢献」『日本経済新聞』1993年8月23日。

48）同上紙。

49）高木保興，前掲書，116-117頁。

50）青山利勝『開発途上国を考える』勁草書房，1991年，143頁。

51）高木，前掲書，126頁。

52）円借款は，「LDC 開発途上国アンタイド」と発表されたものの，「実際にこれに応札したのは日本企業二社（住友商事と三菱商事）のみであった。こうして一九八七年十二月に，住友商事が，揚水発電機の受注を二九〇億円で行ったのである。従って，LDC アンタイドは，単に多目的なものにすぎず，日本側が円借款を供与する代わりに，その見返りとして日本企業が受注することが両国政府の間で了解されていたのではないかと疑われるところである」（鷲見，前掲書，108-109頁）。円借款に関する小浜裕久のコメントを付言しておこう。「現在では，日本の円借款に関する限り，商業主義的であるとの批判は当たらない。かつての固定観念から，いまだに日本の円借款を日本の輸出振興の手段であるようなことをいっている専門家（正しくは似非専門家）がいるようだが，惑わされてはいけない」（小浜，前掲書，161頁）。鷲見，小浜のいずれが惑わされているかは読者の判断に委ねよう。なお，ODA における民間活力利用論については，安藤実「政府開発援助の財政問題」日本財政法学会編『政府開発援助の検討』（学陽書房，1992年，27-44頁）を参照されたい。

53）毎日新聞社会部『国際援助ビジネス―ODA はどう使われているか―』亜紀書房，1990年，81頁。

54）鷲見，前掲書，120頁。

55）同上書，120-121頁。

56）S. George, *op. cit.*, p.190. 邦訳，278頁参照。

57）G. Hancock, *Lords of Poverty*, Macmillan London Ltd., 1990.（グレアム・ハン

151

コック，武藤一羊監訳『援助貴族は貧困に巣喰う』朝日新聞社，1992年，114頁)。

58) S. George, *op. cit.*, p52.

59) G. ハンコック，前掲邦訳，106頁。

60) 同上訳，106-107頁。ただしこの部分は，G. ハンコックによる James Bovard, *The World Bank us.the World's poor*, Cato Institute Policy Analysis, No.92 (Washington, DC, 28 Sep.1987) からの引用であることを断っておく。

61) G. ハンコック，前掲邦訳，120頁。ちなみにこの内部資料とは，*Structural Adjustment Lending:An Evaluation of Programme Design*, Staff Working Paper No. 735 (World Bank, Washington, DC, 1985) を指す。なお，日本の ODA 政府機関の内部資料を入手するのも難しいが，世銀の内部資料を入手するのは極めて困難であるとハンコックはいう。それは，世銀が自己の誤りを隠蔽したいためか，極度の秘密主義に陥り，「機密性」「部外秘」の保持のためアクセスを極端に制限しているという。「世銀加盟国の一般納税者は，世銀自身が選んで出版するガス抜き的文書以外には世銀についてのいかなる種類のいかなる情報にもアクセスできないのである」(G. ハンコック，前掲邦訳，123頁)。

62) 同上訳，111頁。こうした見方に対する否定的意見として，ハンコックは寛容にして無知といわれるクリストファー・パットン (英国，海外開発庁長官) の言葉を紹介している。「肥え太った西側資本主義が，嫌がる被援助国に，無理矢理構造調整を押し付けているなどと主張するのは，バカげている」(同上)。「そして実際彼 (パットン) は正しい」〔(同上) 括弧内筆者〕。「ここでいうところの被援助国とは，発展途上国の政府を指すのであって，……ほとんどの途上国政府は少しも『嫌がって』などいない。それどころかアジア・アフリカ・ラテンアメリカの腐敗した大蔵大臣や独裁的な大統領たちは，自分たちの高価な靴に足を取られながら，みっともなくわれ先に『構造調整』しようとするのだ」(同上)。

63) この検証は，S.George, *op. cit.*, pp.77-85. 前掲邦訳，113-125頁を参照したものである。モロッコが歩んだ転落への指定コースとは，IMF プログラムの導入→対外指向型経済政策の推進 (国内自給自足体制の放棄) →各国一律のモノカルチャー生産様式の定着→国際市場への同一生産物の供給過剰→一次産品価格の暴落→ IMF の保証による国際市場の枯渇→インフラ整備用借入金の利払い不能というお決まりの標準コースである。

64) *ibid.*, p.53. 同上訳，79頁参照。なお，日本の ODA は被援助国への内政不干渉の原則を建前としているという。この点についての説明は，小浜裕久，前掲書，156-188頁を見るとよい。

65) S. George, *op. cit.*, p.53. 前掲邦訳，79-80頁参照。「IMF の運営にあたって，プログラムを企画したり計算するさい，(所得配分に関して) そうした影響を考慮に入れることを各国政府の問題であるとして拒むことは愚かしいのではないだろうか。……これが第一義的には各国政府の問題であることは疑いないが，それは，この国

第5章　ODA の実態—世界銀行の構造調整アプローチ—

全体の政策という様相を持っていることも事実である。IMF の使節団はその国の国際収支や物価安定化とそのプログラムの成長の側面政策に助言を与えるが，分配の結果に関しては一体どんな原則があって助言を行うことをしないのであろうか」(*ibid.*, p.54. 同上訳，81頁)。なお，この部分は S．ジョージによる Tony Killick, *The Quest for Economic Stabilization* (St. Martin's Press, New York, 1984, p.246) からの引用文であることを断っておく。

66) IMF, 'Fund supported programs, fiscal policy and the distribution of income', prepared by Fiscal Affaires Department, SM/85/113, 25 April 1985, p. 7 (document marked 'not for public use') を指す。

67) S. George, *op.cit.*, p.54. 前掲邦訳，81頁。

68) G. ハンコック，前掲邦訳，119頁。

69) 同上。

70) 鷲見，前掲書，68頁。

71) G. ハンコック，前掲邦訳，122頁。

72) 同上訳，124-125頁。

73) 後藤一美，前掲稿，161頁。

74) 小浜裕久，前掲書，178頁参照。

75) 後藤一美，前掲稿，169頁を参照されたい。

76) 猪口邦子は，「BSN について」海外経済協力基金『基金調査季報』No.75（1992年8月，2頁）において，「援助」についての概念規定に関して，以下の注目すべき指針を教示している。「日本の援助には理念がないとよくいわれる。また，日本のインフラストラクチャー重視の援助は，評判の高いベーシック・ヒューマン・ニーズ（BHN）型援助の理念と比べると，どこか後ろめたい感じになってしまうことが多い。日本がこれほど熱心に行っていることを，説得力をもって世界にアピールできないとすれば，あまりにも残念である。国際社会においては地道な努力も，適切な概念化を伴わなければ，人の心はつかみにくい。日本の援助はたしかに交通網，電力，治水などインフラ部分を重視してきた。実際に途上国の現状をみれば，個人単位では救済しきれない集団的＝社会的解決を必要とする課題があまりにも多い」。BHN 型援助と一対をなす概念として，「このように集団的＝社会的解決を必要とすることへの援助を，BHN 型援助に対して，ベーシック・ソーシャル・ニーズ（BSN）型援助と概念化してはどうだろうか。BSN とは，個人的単位ではなく，社会単位で問題を克服していく必要性のことであり，その結果，個人の自助努力が実りやすくなることを目的としている。治水工事で洪水が防げるようになれば，洪水による病気や食糧不足に対する BHN 型援助は必要なくなり，その資金を初等教育や農法といった，より自立を助ける種類の BHN 型援助の強化に振り向けることができる」（同上稿，2-3頁）。しかし，「BSN 型援助とはいえ，従来の日本のインフラ援助は，まず第一に商業利益があり，副次的に民生向上効果も期待できると

153

いったプロジェクトが多すぎたかもしれない。また環境や人権の面で，援助受入れ国政府の開発中心主義の強硬姿勢に与しすぎたり，任せすぎたりしたかもしれない。21世紀の世界では，環境や人権には国境はなくなるだろう。内政干渉といった19世紀の軍事国家間の観念は，すでに環境，人権，経済運営といった分野では通用しなくなりつつある。そのような時代の方向性をしっかりと見極めて，日本の援助が先進的諸価値に抵触することのない水準のものに成長していかなければならない（同上稿，3頁，傍点筆者）。また猪口は西垣 OECF 総裁による有償援助偏重の OECF の援助のあり方を軌道修正して，新しい「援助」のあり方を提言している。「大規模な BSN 型援助は，成功すれば社会の自立を助けるために，有償協力であっても，その社会にとって十分にペイするであろう。しかし，その有償プロジェクトに伴う環境保全や人権保護のための支出は無償協力で賄ってあげたいものだ。そうすることによって受け入れ国の強硬姿勢にも効果的に対抗して，先進的価値を提示することができるであろう。海外経済協力基金のローンにも，無償のエンバイロメンタル・ファシリティや，BHN・ファシリティを組み込めるような柔軟性が期待される」（同上）。

第6章
産業空洞化

■第1節　産業空洞化の経緯

　産業空洞化とは，国内の企業が企業利益を上げるため生産拠点を海外に移転させ，その結果，国内の雇用や企業の設備投資の減少をもたらし，経済活動の水準を低下させることである。産業空洞化の原因はさまざまであるが，主として①生産費格差，②為替レート，③法人税率，④日本の場合には中国などの新興市場の拡大などがあげられる。1994年時点において，対ドル為替レートは1ドル＝96円の円高に進行し，当時の通産省は，日本企業の幅広い業種において産業空洞化が一層加速すると警告していた。事実，日本企業のさまざまな業界で空洞化が見られた。例えば，ベアリングや電子部品を手掛けるミネベア株式会社（現ミネベアミツミ株式会社）は，売上高の80％をタイをはじめ海外で生産しており，ミネベアの企業戦略は，日本企業の典型的企業戦略となった。だが，こうした経営戦略がいつまで，どこまで進むかは定かでない。ミネベアは生産拠点を海外に移転しながらも，日本国内に設計部門を含めた「司令塔」を残す戦略をとった。こうした経営方式は，日本の製造業のあらゆる分野に見られる傾向である。スミダ電機は香港へ，神明電機はAV用スイッチの生産拠点を中国，インドネシアに完全に移管した。しかしながら，このような戦略は，多くの業界で早晩破綻をきたし，経営方針の転換を余儀なくされる恐れが生じていた。つまり，単刀直入に言えば，日本企業の一部の業界で「司令塔」ごと海外に移転するケースが増大することが懸念されたのである[1]。

155

産業空洞化はすべての先進国で見受けられる現象である。日本からは中国をはじめアジアの新興国へ，西欧のドイツ，スランスでは中東欧へ，アメリカも例外ではない。アメリカの産業空洞化は，はるか昔，1980年代に始まった。アメリカにおける家電産業そのものの消滅は，遠くレーガン政権下のレーガノミクスに起因する。アメリカは第3章第3節で述べたように1980年代プロジェクトの国家戦略により鉄鋼，造船，家電，自動車，繊維等を従来型産業と位置付け，軽視したこともあり，もはやアメリカにテレビ，洗濯機，冷蔵庫，掃除機，クーラー等の家電産業は存在しなくなったのである。その経緯をマサチューセッツ工科大学の1980年代の出版物である『メイド・イン・アメリカ』は，アメリカの家電産業の消滅を以下のように端的に物語っている。「米国企業は組み立て生産を海外企業に託し，次に部品生産，完成品の生産を手放していった。製造を放棄した後，研究開発，経営支配をあきらめ，ついにはマーケティング機能すら失った」。これを他山の石にしたいものだが，今日，家電産業のみならずあらゆる分野で日本を除くアジア諸国がモノづくりの中心拠点に変貌しつつあり，アジア諸国の家電製品の生産高は急増している[2]。

　以前，日立製作所は，エアコンの生産拠点を海外に移転するためタイにエアコン製造向けに日立コンシューマー・プロダクツ・タイランドという子会社を設立した。エアコン生産の開始にあたって，この会社は心臓部であるコンプレッサーの在庫不足のため競争相手の三菱重工のタイのエアコン製造部門からの調達を余儀なくされた。その理由は，日立がタイ国内でコンプレッサーを内製化すると多額の設備投資で採算がとれず，また，日本からコンプレッサーをタイに輸入すると，多額の関税を支払わなければならないからである。従って，一度，ある生産物が海外で生産されるようになると，脱系列化が派生するのである。そして，部品をライバル会社と互いに流通し合って製品化し，その一部は日本へ逆輸入されることになる。そこで，現地法人の部品の在庫不足を解消するため，日本の自動車メーカーも日本の通産省の肝煎りで自動車部品の規格化，共通化を推進しつつある。

　産業空洞化の原因の一つに日本の法人税が高いことがあげられる。1990年代

第6章　産業空洞化

において日本企業が海外で現地法人を設立して，海外で得た巨額の利潤を日本へ送金して日本国内で受け取るとしたなら，その利潤の約50％は日本政府に法人税として徴収された。当時の日本の法人税率は37.5％であったが，これに法人住民税と事業税が加算されると，実効税率が49.98％になったからである。この税率は他のアジア諸国に比べて際立って高かった。日本の中堅企業の中には本社ごと香港に移転したケースも存在した。「香港は今年，法人税を１％引き下げて16.5％にした。マレーシアは95年度から法人税率を２％下げて30％にする。インドネシアも35％の最高税率を来年度から30％に下げる。シンガポールは毎年のように下げてきて，90年の32％から，今年は27％だ[3]」。アジア諸国による法人税の相次ぐ引き下げにより派生する問題は，日本の税体系に影響を及ぼす。各国の法人税の引き下げによる自国への企業誘致合戦の中で，日本政府は「安価な政府」「小さな政府」を目指して「政府のスリム化競争」に巻き込まれるであろう。なぜならアジア諸国の法人税引き下げは，日本企業の海外シフトを助長し，日本政府の法人税収入は大幅に落ち込むことが確実視され，日本の法人税収入は数兆円の減収を免れ得ない。日本政府は税収不足による行政スリム化のための大胆な行政改革を迫られるであろう。だが，行革は特殊法人等からの頑強な抵抗に遭遇し，難航が予想される。歴代内閣は口では行革を唱えながらも終始消極的姿勢を取り続けてきた。今後も行革を期待できないのであれば，税収不足を補う手段としては，政府は安易な増税政策に向かう可能性が高い。つまり消費税の５％から８％へ，さらに10％への増税である[4]。

　さて，果たして日本は，従来型産業に区分されるあらゆる生産物を日本国内において自前で生産する必要があるのであろうか。無論，日本独自の文化に裏打ちされた伝統的産業もあり，一定の補助によって存続させる保護政策があってもよかろう。しかし，「自前主義を前面に打ち出す日本は，本来アジアに明け渡すべき市場を囲み込みたがる。後からくるアジアの目には，それが日本の偏狭さだと映る。モノ作りへのこだわりは大切だが，何かを捨てる痛みなしにアジアとの共生はない[5]」。アメリカは遥か昔にレーガノミクスの一政策である意図的高金利政策によりドル高を演出し，アメリカが不要と判断した家電産

業をアメリカ本土から駆逐することに成功したではないか。アメリカは1980年代プロジェクトと呼ばれた国家計画の中で家電産業，繊維産業，鉄鋼，造船，雑貨等を従来型産業と位置付け，アメリカ本土から追い出し，自国の生産力を情報通信，宇宙産業，軍事産業，海洋産業，高度医療産業，バイオ・薬品産業という先端技術型産業にシフトさせたではないか。はたして日本はアメリカのように国内から家電産業を駆逐させるのであろうか。それは日本政府が敢えて潰さなくても，単純な家電製品を生産する業界は，資本主義の過酷な経済原理によって海外シフトを余儀なくされるか，あるいは消滅の道を辿ることになろう。一例を上げるなら，家電産業の中で日本の代表的音響メーカーは厳しい環境下に置かれて来た。パイオニアは過去に大量の管理職の早期退職の実施を余儀なくされ，音響の老舗のラックスマン株式会社は，三星電子（サムソン電子）に買収され，山水電気もイギリスのポリーペック社を経て，その後，香港のセミテック社に身売りされた。オーディオ機器メーカーのみならず日本の家電メーカー全体を取り巻く環境は，一段と厳しさを増すことが予想される。

　ところで，長らく日本人には，ヘイトスピーチに見られるように日本を除くアジア諸国の人々を蔑視する悪い性癖がこびりついている。日本人の心の奥底に潜むアジア諸国の人々に対する侮蔑の感情は，日本人の心の中で幾世代にもわたって培われてきたものであるから，早々たやすく拭い去ることは難しく，払拭するのに数世代を要するかもしれない。当初，山水電気が韓国企業からの株式公開買い付け（TOB）の申し出を拒否し，イギリスのポリーペック社からの買収に応じたのも，日本人の妙なメンツとプライドの問題が潜んでいたと言えよう。しかしながら，メンツを重んじる状況は，はるか昔に終わっている。日本のかなりの業界においても，もはや背に腹は代えられず，中国，台湾，韓国の優良企業との資本提携，もしくは企業の合併・買収（M&A）に応じる企業が増加しよう。台湾企業のホンハイ（鴻海）によるシャープの買収劇は記憶に新しい。翻って見ると，三星電子によるラックスマン買収は一つのターニングポイントであったであろうし，日本とアジア諸国との経済関係に新時代の到来を告げる象徴的出来事であったと捉えられるであろう。前述の山水電気がポ

第6章　産業空洞化

リーペック社の倒産によって，セミテック社にわずか50円で全株式を引き取っ
てもらった特殊ケースと異なり，三星電子によるラックスマンの買収は，韓国
企業が経営戦略上の一環として日本企業を買収したという意味合いにおいて異
次元の出来事なのである[6]。これを契機として，アジア諸国の企業による日本
企業の買収が盛んになった。かつては日本がアジア NIES 諸国，ASEAN 諸国
を従え，あたかも渡り鳥の雁が三角形の編隊を組んで飛行する姿を経済発展に
結びつけた用語として「アジアの雁行経済」という言葉が存在した。しかし，
アジア諸国の技術向上や資本蓄積のペースは急速で，雁行経済の行く末は安穏
を許さないであろう。今後は，日本の経済不況の長期化による株価の低迷が続
けば，日本企業を格好のターゲットとして買収する妙味からアジア諸国による
日本企業の買収は拡大しよう。痴態を演じた経営不振によって，アジア企業に
よる東芝の買収が囁かれる昨今，安易な技術移転が進行することは食い止めな
ければならない。また，LBO (Leveraged Buy Out ＝レヴァレッジド・バイ・ア
ウト）と呼ばれるジャンクボンドやハイリスク・ハイリターンの低格付債によ
る最も手荒い敵対的企業買収に対しても備えを固めなければならない。

■第2節　産業空洞化の防止策

　円高，人件費格差，法人税率に伴う日本企業の生産拠点の海外シフトは，資
本主義における企業の利潤最大化原理という経済原則からしてみれば至極当然
であるのだが，このまま座して見守るだけでよいのであろうか。かつて数十万
人規模の地方の工業都市の人口は，このままで行くと半減する恐れがある。大
都市とは言えないまでも，地方の中堅の都市は厳しい状況となろう。大店立地
法から規制緩和の行き過ぎによる地方都市のシャッター街の急増も加わり，地
方の工業都市は苦戦を余儀なくされるだろう。円高の進行で，まず経営難に
陥った産業の代表として，燕三条市のように食器製造産業で成り立っている地
方都市がある。また，浜松のような楽器のメーカーで活況を呈してきている地
方都市もあるが，今後は苦戦を余儀なくされよう。地方都市を担う産業の育
成・助成が急務であり，産業空洞化に対処する処方箋を見出さなければならな

159

い。さまざまな処方箋が考えられるが，思い付く方法を列挙しよう。

処方箋1「アジア諸国との結合強化」は，人的情報ネットワークの構築を推進することである。

処方箋2「技術・製品の高度化と高付加価値の創造」は，中小企業が多く存在する機械・金属産業や家具等々のモノ作りの地域産業の基盤整備を行うことである。1994年時点で，工作機械業界の従業員は2万8,000人を割り込み，「一度失った人材のストックを復元するには二十年はかかる[7]」。電子部品産業の空洞化に対応するには，工法，つまり製造方法の独自性を高め，アジア諸国には存在しない全く新しい発想に基づく生産工程を開発することによって，「装置産業化」が不可欠である。これによって，生産費に占める労務費の比率を低下させることでコストダウンを図り，生産拠点の海外シフトを防止できるのである。

処方箋3「文化の産業化」は，アニメ業界やユニバーサル・スタジオ，ハウステンボスに象徴される文化産業や娯楽産業の育成である。

処方箋4「無形文化遺産の保護・育成」は，日本の和食をはじめ和紙のような伝統工芸の多岐にわたる分野で日本の独自性が認知されたことで，2020年の東京オリンピックに向けて日本の食文化を皮切りに日本文化そのものの世界への伝播活動を強化することである。

処方箋5「スマート産業の育成・強化」は，原発を可及的速やかに全廃し，スマートグリッド関連産業を育成・助成することである。新エネルギー産業を皮切りに，スマートハウス，スマートシティー，スマート家電等々の関連産業の発展である。従来型家電産業ではなく，ICTに依拠した先端技術型産業としての家電産業の復活である。

処方箋6「ICT関連産業の育成・強化」は，人工知能の発達に伴い，ICTを通じた家電以外の分野のIOT関連産業の発展，強化である。有望な分野は，人型ロボット産業，人工知能関連産業，センサー・制御関連産業，インターネット関連産業，セキュリティ産業，水資源産業等々である。

処方箋7「先端技術型産業の強化」は，アメリカの産業政策を後追いするこ

160

第6章　産業空洞化

となく，日本独自に軍事産業を除く，宇宙産業，航空産業，バイオ産業，高度医療産業，海洋産業等々の分野を強化することである。

【注】

1）「第5部　アジアと生きる(1)さらば「島国」―同化めざし本社ごと移転（甦れ製造業）―」『日本経済新聞』1994年5月23日参照。

2）「第5部　アジアと生きる(5)工場と共に去りぬ―技術も消える（甦れ製造業）―」『日本経済新聞』1994年5月27日参照。

3）『日本経済新聞』1994年10月27日。

4）同上，参照。

5）「第5部　アジアと生きる(6)日本を売ろう―捨てる痛み克服してこそ（甦れ製造業）―」『日本経済新聞』1994年5月29日。

6）同上，参照。

7）『日本経済新聞』1994年7月20日。

161

第7章
EU とユーロ

■第1節　EU の成立

　中世よりヨーロッパを支配してきたハプスブルク家からの自治・独立を目指し，1914年6月28日，ボスニア系セルビア人は，オーストリア＝ハンガリー帝国の皇太子夫妻を暗殺するというサラエボ事件を引き起こした。この事件をきっかけに1914年7月，第一次大戦が勃発した。帝国の後ろ盾にはドイツが，セルビアの後ろ盾にはロシアおり，ドイツとロシアの争いに発展した。当時，ロシアとフランスは露仏同盟を結んでおり，フランスはロシア側に立った。また，イギリス・フランス・ロシアは「三国協商」を形成しており，イギリスもフランス・ロシア側に付いて参戦した。同年のクリスマスまでには終結すると思われた戦いは，長期戦になった。開戦当初，イギリスの青年将校たちはピクニック気分で戦場に赴いたとされる。ノブレス・オブリージュ（貴族が責任を負うこと）の精神の下，機関銃が待ち受ける敵陣に突入し，若者は全滅を目の当たりにして，ようやく戦争というものの恐ろしさを実感したのであった。1,000万人の戦死者，1,000万人近い行方不明者，2,000万人以上の戦傷者，数千万人の戦争被害者を出したヨーロッパは，第一次大戦後，反省する。国境が陸続きで中世から争いの絶えないヨーロッパは，各国がばらばらなので，一つの国であれば争いを避けられるのではないかという考えを持つ者が現れた。その男こそ日本名，青山栄次郎ことクーデンホーフ＝カレルギー伯爵であった[1]。彼は1923年，「汎ヨーロッパ」を執筆し，「汎ヨーロッパ運動」の提唱者で，大

163

戦後の1920年代に争いのない「一つのヨーロッパ」を構想した。余談になるが、後のヒトラー政権下、彼はゲシュタポに命を狙われカサブランカまで逃げる物語がある。不朽の名画「カサブランカ」の「ラズロ」役の男は、伯爵を想定した人物とされる。

　第二次大戦ではまたしても数千万人もの死傷者を出し、1945年に終戦を迎えた。二度にわたる戦争を経て、ヨーロッパ諸国は不戦の誓いを新たにする。特に国境のルール地方とザール地方に石炭や鉄鉱石の天然資源が埋蔵されているフランスとドイツでは、指導者たちの間に資源の領有をめぐる争いを避けるため、資源を共同で管理するという新たな機運が醸成された。1951年、フランス、西ドイツ、イタリア、オランダ、ベルギー、ルクセンブルクの6カ国により欧州石炭鉄鋼共同体（ECSC：European Coal and Steel Community）がパリ条約で設立され、1952年にこの機関が発足した。1957年には欧州経済共同体（EEC：European Economic Community）が設立され、1958年までに共同体内の鉄鋼関税が撤廃され、対外関税の調整も完了した。1967年には、EEC、ECSC、EURATOM（欧州原子力共同体）の3機関が統合し、欧州共同体（EC：European Communities）が成立した。これには、1973年にイギリス、アイルランド、デンマークが加わり、81年にギリシャ、86年にスペイン、ポルトガルが加盟し、12カ国となった。ECではEC型付加価値税やEC輸入監視制度等が整備された。1979年にはイギリスを除く8カ国で欧州通貨システム（EMS：European Monetary System）の仕組みが成立した。この仕組みは、1976年の欧州通貨危機、1979年の第二次オイルショックを契機にEC域内の為替安定化を目的とした組織で、ユーロ導入以前の1999年までの移行期間のシステムとして機能した。EMSの発足に伴い、参加8カ国は、各国の通貨の加重平均を取ってバスケット通貨として欧州通貨単位であるエキュー（ECU：European Currency Unit）を編み出した。これは流通通貨でもなく法定通貨でもなく、各国の中央銀行間の決済、信用メカニズムの計算単位、欧州為替相場メカニズム（ERM：European Exchange Rate Mechanism）の表示機能・乖離指標基準等に活用された。1979年3月、欧州委員会は欧州の為替相場の変動の抑制と通貨の

第7章 EUとユーロ

安定の確保のためEMSの一環としてERMを導入したのである。ERMはドイツマルクとダッチギルダーを基準に中心レートとし，ERM参加国の各国通貨は他のメンバー通貨に対し，規定された中心レートの15％以内の範囲での変動が許されるシステムである。ドイツマルクとダッチギルダーそのものも，2.25％のバンドの中での変動が許されるものである。また，各国の経済政策の調整とユーロ導入の準備のため，1990年7月に第1段階としての欧州経済通貨同盟（EMU：European Monetary Union）が設立された。一方，既に1985年には，域内の人，商品，サービスの移動の自由化を図るため「シェンゲン協定」が結ばれた。1992年にはユーロの使用条件のための5つの収斂基準についての取り決めである「マーストリヒト条約」（欧州連合条約）が調印された。1993年11月1日，クーデンホーフ＝カレルギー伯爵の構想から約80年，遂に欧州連合（EU：European Union）が成立した。1998年，EMUの第2段階で欧州中央銀行（ECB：European Central Bank）が設立された。図7-1はEU成立とユーロ誕生までの概要である。

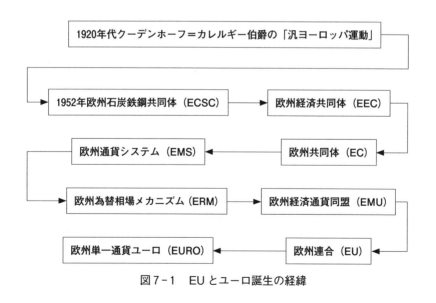

図7-1　EUとユーロ誕生の経緯

165

■第2節　ユーロ誕生[2)]

　ユーロへの道は、「国民国家の概念の消滅」を通じて、域内で二度と戦争を起こさず、福祉向上と、ゆとりある生活（高賃金水準、労働時間短縮）を志向するため欧州型経済モデルを改革し、「共存」を目指した「運命共同体」の実現への道である。そこには、市場経済の競争原理の徹底による欧州経済再生への期待を込めながらも、資本主義における完全な自由競争を理想とはしないヨーロッパ型の社会観が根底にあり、各国の自己中心的な利潤追求を排除しながら「共同体」を構築しようとする強い意志が窺える。ユーロは「共存のシンボル」となる新国際通貨なのである。「国民国家の概念の消滅」とはどういうことかというと、そのことは日本であるなら、日本の国家の消滅と引き換えに日本国民の生活を向上させるという意味であり、今日の日本人には理解し難いであろう。EU はアメリカ型資本主義とは一線を画し、ヨーロッパ型の資本主義を理想とする。アメリカ型資本主義は、完全な自由を理想とし、ヨーロッパ型資本主義は制御された自由を求める。前者は自然の体系、自然法を基本に人間も動物の一種であり、「社会ダーウィン主義」の哲学を拠り所とし、動物には「適者生存」の掟が厳然と存在し、「自然淘汰」、「弱肉強食」は免れ得ないとする。完全な自由の見返りとして失業も自由であり、自助努力の欠如で失業しても、ホームレスとなっても自己責任であるという考えである。失業保険、健康保険、厚生年金等の社会保険は、全額自己負担であり、国や企業から働く人々への拠出金は存在しない。つまり低福祉・低負担の原則である。これに対しEU の理念は、極端な自由主義を排し、制御ができる範囲での自由を追求し、高福祉・高負担の社会の実現を目指す。アメリカ型資本主義は、高所得者に累進課税を課して税収から低所得者に所得を配分するという所得再分配政策には消極的である。ヨーロッパ型資本主義では所得再分配政策は当然であり、特に北欧諸国では、第二次大戦中に「制度学派」という経済学の系譜の中でミュルダール（Karl Gunnar Myrdar）らによって高福祉国家が実現し、EU 諸国も同様の社会福祉政策を目指している。

166

第7章　EUとユーロ

　1998年5月，ユーロのコインが製造開始された。1999年1月1日に帳簿上の通貨として使用開始され，ユーロと各通貨との交換レートが決定された。ドイツ，フランス，イタリア，オランダ，ベルギー，ルクセンブルク，アイルランド，スペイン，ポルトガル，オーストリア，フィンランドからなるユーロ参加11カ国は，欧州中央銀行ECBの政策に従うこととなった。これによりEU内で単一巨大経済圏が誕生した。2002年1月1日，ユーロは各国通貨と交換され，日常生活上の使用が開始された。筆者が目にした光景は，同年1月5日のパリ市内では人々が手持ちのフランをユーロに替えていたことである。2001年ギリシャ，2007年スロベニア，2008年マルタ，キプロス，2009年スロバキア，2011年エストニア，2015年リトアニアがユーロを導入し，ユーロ加盟国は19カ国となった。

　当初，EUの通貨当局はユーロの価値を1ECU（エキュー）＝1ユーロとしたが，ECUは流通通貨ではないので，1ユーロの実際の価値は，2ドイツマルクをもって1ユーロと決めた。1998年8月6日時点，1マルク≒82円であったので，当時の為替レートは1ユーロ≒164円で，円・ドルの為替レートは1ドル≒140円であった。通貨当局は1ユーロ＝1ドルを目論んでいたので，この時点でユーロは過大評価されていた。だが，ユーロの誕生は，巨大経済圏を実現させたEUにとって以下のような多くのメリットをもたらすこととなった。①各国通貨の為替変動のリスク解消に伴う貿易・投資の活発化，②取引コストの低下，③利子率の低下，④投資の増大，⑤安定した金融・通貨政策，⑥ドルと並ぶ国際基軸通貨（アメリカの金融・通貨政策からの防衛）等々である。

　ユーロ導入には，各国において導入基準としてのマーストリヒト条約の批准が不可欠であった。当時，条約の可否をめぐるフランスの国民投票では，条約賛成が50.5％，反対が49.5％の結果で，辛くも批准された。ユーロ参加11カ国における条約の収斂基準達成の判定は，ECBの前身の欧州通貨機構（EMI）が行ったが，数値基準自体には経済学的に厳密な根拠はない。マーストリヒト条約の収斂基準は以下のとおりである。

167

ユーロ参加のための五つの収斂基準 (Conversion Criteria)

(1) インフレーション…………消費者物価上昇率が上位3カ国（低水準の3カ国）の平均値を1.5%以上，上回らないこと

(2) 長期金利………………………上記3カ国の長期金利（10年物国債）の平均値2％以上，上回らないこと

(3) 財政赤字…………………………GDPの3％未満であること

(4) 公的債務残高(公共債)……GDPの60%未満であること

(5) 為替レート……………………為替相場が少なくとも過去2年間ERMの変動幅内にあること

※上記基準は97年実施で判定

ERM（Exchange Rate Mechanism：為替相場メカニズム）
　ERM参加国の各国通貨は他のメンバー通貨に対し，ドイツマルクとダッチギルダーとで規定された中心レートの15%以内の範囲での変動が許される。中心レートのドイツマルクとダッチギルダーそのものも，2.25%のバンドの中での変動が許される。

　ユーロ導入の準備段階で，各方面からユーロについて否定的，懐疑的見解が出された。ユーロは荒唐無稽であり，夢のまた夢，非現実的であるなど悲観論も多かった。1998年1月13日のファイナンシャル・タイムズ紙は，ユーロをめぐる三つの問題（ユーロは強い通貨たりうるか，統合後，放漫財政にならないか，ユーロは存続可能か）を指摘した上で，通貨統合後の円滑な機能を悲観視していた。また，欧州中央銀行総裁人事問題で国益の衝突が起きたことも懸念材料としていた。また，ユーロ参加予定国における財政赤字削減策の不確定要素も，ユーロ導入の悲観論を煽り立てていた。特にマーストリヒト条約の財政規律の遵守が困難な国があり，やむなくフランス，ドイツ，ベネルクス三国の先発5カ国だけでユーロ導入を図る案もあった。しかし，その後各国は，懸命に財政規律遵守の努力をすることになる。

　1993年において財政赤字の対GDP比3％以下の基準達成国は，アイルランドとルクセンブルクの2カ国のみであった。各国の劇的な財政改革により赤字幅が縮小し，欧州通貨機構は，1998年3月，ユーロ参加11カ国の財政赤字削減を調査し，赤字が3％以下であるとのOKの判定を下した。これによりアメリカと競合可能な巨大経済圏の誕生のためユーロが実現したのであり，これは世

第7章　EUとユーロ

界経済，国際金融の歴史の中で極めて重大な出来事である。

　財政赤字の対GDP比3％以下の基準達成はどのように行われたか，フランスを例に説明しよう。1997年6月ジョスパン社会党政権が誕生し，ユーロ参加のための厳しい政策と並行して，失業対策等国民にやさしい政策を公約通り実施した。シラク大統領ら保守党は，サッチャーイズムのような「小さな政府」を目指し，社会保障費や公務員の削減といった国民に痛みを伴う政策を将来的には実施せざるをえなくなる以前に総選挙を行い，敗れた。図7-2は各国の1993年と1997年の財政赤字を示した図であり，赤字の劇的削減となっている。

　表7-1はフランスの2党の財政政策を示したものである。ジョスパン首相

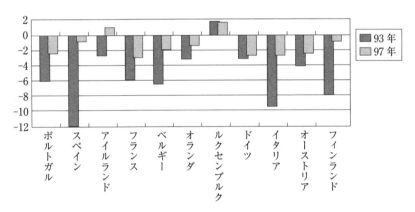

図7-2　各国の財政赤字の対GDP比

(出所)「ユーロ・世界を変えるマネー第2回―ヨーロッパ経済に何が起こるのか―」NHK『ETV特集』1998年7月2日放送番組より転載

	ジュペ保守政権	ジョスパン社会党政権
政　策	公務員年金改革 医療費抑制 社会保障費削減 小さな政府	法人税増税 防衛費削減 失業対策 適正規模の政府

表7-1　フランスの2党の財政政策

(出所) 同上，NHK放送番組より転載

169

は，当初，法人税の増税，防衛費の削減など国民生活に影響の少ない政策を採用したが，それだけでは足りず，結局，1997年10月，オブリー雇用大臣は，養育手当削減法案を提出し，社会保障費も削減せざるをえなかった。法案は共働きの夫婦合わせて月収2万5,000フラン（約58万円）以上の世帯の養育手当を廃止するというものであった。「赤字削減のためもっと連帯を」というモットーを掲げる一方で，「職場と暮らしを守る予算」によって若者の失業対策を最優先とした。パリのある家計は，1カ月660フラン（約1.5万円）の養育手当を失った。その措置で470万世帯のうち11万世帯が手当を失い，210億フラン（4,800億円）の節約が試算された。EU委員会は，社会保障の財政赤字への影響に対して，中立的立場をとった。ヨーロッパ大陸の各国は「大きな政府」路線をとっていたが，1990年代にユーロという入会の厳しい「会員制クラブ」に入るという大義名分があったので，普通では不可能な赤字削減が可能となったのである。ユーロ入会という錦の御旗を掲げて財政赤字削減を行って経済効果を向上させ，財政健全化を図ろうとした。財政赤字削減手段としては，小さな政府や国家公務員削減等の政策があるが，政府の役割を重視する「適正規模の政府」の維持を貫いた。ドイツ，イタリアは年金制度改革，社会保障制度の見直しを行い，財政赤字削減を行った。イタリアはさらに増税政策も行った。一方，ジョスパン・フランス社会党政権は，「政府には政府の役割がある。政府を小さくして経済をすべて市場原理にのみ任せるのではなく，政府による富の再分配機能を維持すべきである」と主張した。小さな政府と市場経済至上主義，適者生存・優勝劣敗，ある程度の失業者の黙認という考え方に対し，正反対の適正規模の政府，混合経済体制，所得再分配政策，完全雇用の実現という考え方である。

　しかしながら，問題はマーストリヒト条約等により，財政政策の余地も限られ，不況時に赤字国債による積極的財政政策は限定され，また，欧州中央銀行（ECB）の金融政策が優先し，各国独自の金融政策も不可能になったことである。したがって，不況になると失業問題が深刻化する。ユーロ圏全体で2.5%の経済成長率が可能ならば，失業率は低下するのであるが，これが実現できない場合は，失業率の低下は難しい。いずれにせよ，「ユーロ導入は壮大な実験室」

第7章　EUとユーロ

と見做される所以である。

■■第3節　ユーロ導入の成果

　ユーロの導入によりユーロ使用予定国の通貨は，この世から消えることになった。フランス・フラン，ドイツ・マルク，イタリア・リラ，オランダ・ギルダー，ベルギー・フラン，ルクセンブルク・フラン，スペイン・ペセタ，オーストリア・シリング，フィンランド・マルカ，アイルランド・ポンド，ギリシャ・ドラクマの各通貨である。ユーロ導入以前であれば，ヨーロッパを旅行する際，国ごとに通貨が異なるため訪問国ごとに通貨を両替しなければならなかった。ちなみにドイツを皮切りに，始めに100マルクをもってユーロ参加予定の11カ国を旅するため訪問国ごとに両替し，ドイツに戻って来たとする。すると，たとえ一銭のお金を使用しなくても，最初の100マルクのお金は，各国ごとの両替手数料で50マルクになってしまうのである。このことからもユーロの利便性は，以前とは隔世の感がある。

　ユーロ導入以前は各国通貨の為替レートがまちまちで，同一生産物の価格差は，その都度換算せねばならず，価格差は目立たなかったが，ユーロ表示によって各国の価格差は一目瞭然となった。つまりユーロ導入の最大の成果は，「価格の透明化」なのである。共通のユーロ表示による自動車の価格差を図7-3で示そう。図によると同一製品にも拘らず，ポルトガルの価格を100とすると，ドイツの価格は135であり，これは両国の生産・販売および税金格差を反映したものである。

　図7-4はユーロ導入前の各国の賃金格差を示した図である。

　EUの成立は大市場の成立を意味し，スケールメリットつまり「規模の経済」を享受できる。これによってEUの政策当局が，米国やアジア諸国との競争に打ち勝ち，欧州のサバイバルを目指すことは当然である。他方，ユーロ導入はEUの企業の経営判断に影響を及ぼすことになった。EU諸国の賃金格差の明白化によって，例えばルノーはベルギー工場を閉鎖してリストラを行い，スペインへ生産拠点を移転した。ルノーのベルギー工場の閉鎖は，EUの失業問題

171

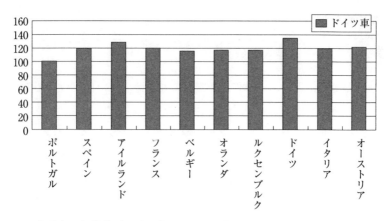

図7-3　自動車の価格差（現地通貨をユーロに換算し，ポルトガルを100とした場合）
(出所) 前掲 NHK 放送番組より転載

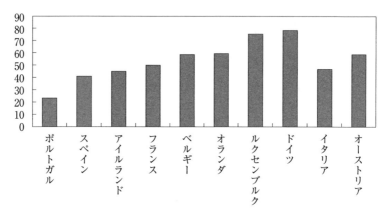

図7-4　各国の大都市の賃金格差（北欧諸国を除いた高賃金国のスイスの最大都市チューリッヒを100とした場合）
(出所) 同上 NHK 放送番組より転載

の象徴的出来事であった。経営者側の主張は，通貨統合による EU 市場開放に伴ったリストラを行い，国際競争力を強化することである。消費者に安価で良質なものを提供しようとしない労働者は必要としないという論理で，労働者側

第7章　EUとユーロ

の主張は，通貨統合によるEU経済圏の拡大及びEUの繁栄というのは資本家側の論理であり，各国の賃金格差の縮小は受け入れても良いが，他国への労働移動は受け入れられないとするものであった。ここで，ユーロ導入で明らかなことは，いつの日にかユーロ参加国の賃金はほぼ等しくなるという「賃金平準化」への胎動である。ただし，伊藤忠中東欧代表兼ハンガリー社社長，田路亮三氏によれば，「中東欧の賃金が西欧に追いつくには少なくとも70年以上は要するであろう」（筆者のインタビューによる田路氏自身の言葉）という。ユーロの導入とユーロ使用の恒久化の前提には，EU諸国において賃金の透明化によって域内の所得格差が是正され，富の再分配を通じて賃金平準化の達成が不可欠であるという。つまり，EUの高賃金国の労働者は賃金水準の低下を甘受し，低賃金国の賃金が上昇するという合意形成が必須条件なのである。労働者にしてみれば生産拠点の海外移転があっても，「賃金平準化」は受け入れるが，他国への長期の単身赴任は受け入れられないというのである。

　通貨統合の成功とEUが開放されることでメガコンペティション，つまり競争の激化とリストラが生じ，これによりEU企業の業績は好転し，国際競争において生き残りを図ろうとする。しかしユーロ導入とEU経済圏の拡大に伴い，価格透明化を介して企業の新規参入が生じ，非効率企業の倒産と失業問題が深刻化しよう。当然，国によって負け組と勝ち組の地域格差が出てこよう。資本家側の論理としては，労働組合による賃金の下方硬直性，労働移動の硬直性がEUのアキレス腱であるという。ユーロが成功するかどうかは，労働市場を改革できるかが鍵を握るという。

　EUの政策当局の舵取りは難しい。当局は経営者側からの安価で良質な製品を供給するという要求と失業問題の板挟みになるからである。当然，失業問題の防止策を講じなければならないが，それには通貨統合のメリットの告知・浸透の徹底を図りつつ，財政・金融の経済政策を成功させて，低失業率に導かなければならない。しかし，現実はユーロの安定化に欠かせない経済成長率を実現している国は僅かで，失業率も高止まりの傾向が続いている。もし経済政策に失敗して不況を招き，EU域内で高失業率が続けば政治・社会不安を呼び起

こそう。今日，イスラム国 IS の迫害を受けた大量の難民の EU 諸国への流入
も，不安定要因に拍車をかけている。前述のように，「ユーロは壮大な実験室」
であるという人もいる。ユーロの導入で「ルビコン川を渡った」のであり，後
戻りのできない，出口の見えない実験室と考える人々もいる。成功すれば，サ
バイバルに打ち勝ち低失業率を成就でき，バラ色の欧州経済が待ち構えるが，
失敗すると政治・経済不安が醸成され，ネオナチ等の台頭を許すことになろう。

【注】
1）リヒャルト・クーデンホーフ＝カレルギー伯爵は，オーストリア＝ハンガリー帝
　国の在日本大使であった父ハインリヒ・クーデンホーフ・カレルギー伯爵と東京牛
　込の豪商の娘である母，青山ミツとの間に次男として明治27（1894年）11月16日，
　東京に生まれた。オーストリアの政治家として1920年代に「汎ヨーロッパ主義」を
　提唱し，EU の構想の先駆者であり，「EU の父」と呼ばれる。シュミット村木眞寿
　子編訳『クーデンホーフ光子の手記』（河出文庫，2010年）参照。
2）本節及び第3節は「ユーロ・世界を変えるマネー第1回—ドロール前 EC 委員長
　の証言—」NHK『ETV 特集』1998年7月1日放送，及び「ユーロ・世界を変える
　マネー第2回—ヨーロッパ経済に何が起こるのか—」NHK『ETV 特集』1998年7
　月2日放送を参考とした。

第8章
拡大 EU

■第1節　第1次 EU 拡大

　1995年時点での EU 加盟国は15カ国であったが，その後の欧州統合の地域的拡大の経緯は次の通りである。1998年，ポーランド等6カ国と EU 加盟交渉が開始され，2004年に先行10カ国が EU に加盟し，この時点で EU 加盟国は25カ国となった。EU 加盟には加盟のためのコペンハーゲン基準が1993年に既に取り決められた。この基準は，EU 加盟希望国が EU に加盟するのに適しているかを判断する基準で，加盟希望国に対して民主的な統治や人権の尊重等の諸々の基準を課している。政治的基準としては，民主主義，法の支配，人権および少数民族の尊重と保護とを保障する安定した諸制度を有すること。経済的基準としては，市場経済が機能しており，EU 域内での競争力と市場力に対応するだけの能力を有すること。EU 法の遵守については，政治的目標ならびに経済通貨同盟を含む，加盟国としての義務を負う能力を有することとしている。

　経済格差の大きい場合の統合は，EU の中での不均衡を拡大させ，好ましくない結果をもたらす可能性もあり，それを防ぐためにも中・東欧諸国への拡大を急ぐべきではなく，これらの国の経済水準が EU のそれに十分近づいて安定を見せるまでは保留すべきであるとする見解が一方では存在した。しかしながら，拡大 EU は困難が伴うが，宿命であり，「国民国家の概念の消滅」を通じて平和を求め，共存と共栄を図る「運命共同体への道」であると解釈するのが正しい見方であろう。

175

拡大EUに対する評価はさまざまであるが，「400年ぶりの欧州の平和的統一」，「多様性の中の統一」，「単一市場の成立」，冷戦時代の「鉄のカーテンの消滅」，キリスト教・ローマ文明の「欧州アイデンティティー」の構築，「大家族の成立」，「歴史的快挙」，「世界史に燦然と輝く拡大EU」，クーデンホーフ＝カレルギー伯が夢想した「欧州合衆国」の建国への道等々がある。

　拡大EUは欧州統合の一到達点であり，通過点である。東欧諸国の人々にとっては晴れてヨーロッパ人の仲間入りを果たすことができたのであり，蒙古斑のあるハンガリー人（マジャール人）がヨーロッパ人となったのである。改めて調和と寛容の精神によって平和な共同体の建設を目指すものなのである。拡大EUの動きで当然のごとく新規EU加盟国への工場移転が進み，既存のEU加盟国の産業空洞化が加速化する。第6章の産業空洞化の箇所で述べたが，産業空洞化の原因の第一は生産費格差で，特に人件費の占める要素が大きい。第一次EU拡大の時点での中東欧諸国の環境は次のようなものであった。①ハンガリーの人件費はドイツの約6分の1，②中東欧諸国の法人税引き下げ競争による低法人税率，③良質労働・高度技術（チェコ，スロバキア，バルト三国等），④地政学上の中央ヨーロッパの有利性（EUのど真ん中の地の利），⑤低価格原料の調達（ロシアの資源），等々である。第一次拡大EUの時期の各国の法人税率は以下の通りである。ドイツ38％，フランス35％，イギリス30％，チェコ28％，スロバキア20％，ポーランド20％，ハンガリー18％，アメリカ45％，日本48％。

　工場移転の空洞化の実例としては，バルト海に面したエストニアのムーガ港付近にアメリカの鉄鋼メーカーのガルベックスが新工場（ロシアの安価な原材料使用，天然の良港）を建設した。スロバキアのツメナバにプジョーシトロエングループ（PSA）が新工場を建て，チェコへは独シーメンス，マイクロソフト等が進出，スロバキアでは韓国の起亜自動車が100万台体制の工場建設，ハンガリーではブダペスト近郊のエステルゴム市（Esztergom）にスズキ自動車の現地法人マジャールスズキによる生産規模拡大等々があげられる。独ケルン経済研究所の2004年の試算によると，東方拡大に伴う物資流通緩和，競争条件

176

第8章　拡大EU

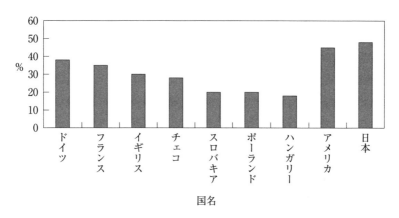

図8-1　欧州各国の法人課税（2004年1月現在）

の向上等の拡大の経済効果のプラス要因が産業空洞化のマイナス要因を上回り，ドイツはGDPの0.5％の成長を期待できるとしている。新規EU加盟国のGDP（域内総生産）は，全EUの5％にすぎないが，各国の平均GDP成長率は4％で潜在能力があるとしている[1]。

■第2節　拡大EUの留意点

1999年のコソボ紛争当時，米軍の誤爆に対して欧州各国は反発した。全会一致を基本とするNATOの意思決定に遅延が生じた。このことによりNATOは弱点を露呈することになった。一時，仏，独の安保構想によるEU軍の創設が目論まれ，EU軍司令部の設立が遡上に上った。アメリカのイラク派兵はNATOではなく，有志連合のポーランド，チェコ，ハンガリー等がイラクへ派兵したが，これらの国はアメリカによって旧ソ連から解放された恩があったからである。オーストリア，フィンランドはEU軍を支持した。イギリスはNATOの形骸化と機能停止に反対し，アメリカもこの動きを警戒したため，EU軍は実現しなかった。明らかに仏，独の狙いは，アメリカ一国支配主義の打破であろう。

さて，拡大EUが始まって過去5年でチェコ，スロバキア，スロベニア，

177

ポーランド，ハンガリーの5カ国へ海外から800億ユーロ（11兆円）の直接投資が行われた。スロバキアは法人税率の引き下げを行い，外資優遇と外国企業誘致の積極策を推し進めた。財政不足が生じると失業保険の削減を行い，これによりゼネストが発生し，路線の変更を迫られた。ポーランドでは，ワレサ委員長率いるグダニスク造船所において（労働者の多くはベトナム人を中心とした外国人であった。）優秀なポーランド人は数倍の給与を求め出国した。拡大EUに伴い移民のドミノ現象が懸念され始めた。当時，東欧と西欧の賃金格差はおおむね6倍で，大量の労働移民が懸念された。仏・独は最長7年の移民流入規制を敷いたため，不法就労が増加した。労働移民を受け入れ，低賃金化を図り，外国企業の企業誘致を推し進める政策がある一方で，労働者の移民流入規制は優秀な人材の域外流出を招き，EUの競争力低下を招きかねない懸念もあった。図8-2は拡大EUと雇用問題の関係を示したものである。

既存のEUはジレンマに陥ることになる。つまり東欧への工場と研究開発拠点の移転は，国際競争力の向上をもたらす一方，仏・独等の国内の雇用悪化と消費低迷，経済成長の鈍化をもたらすことになるからである。

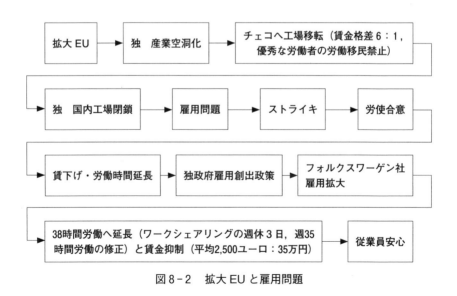

図8-2　拡大EUと雇用問題

第8章 拡大 EU

　拡大 EU の政治面では，2004年10月29日に欧州憲法条約である「ローマ条約」が締結された。発効にはすべての加盟国の批准が必要であったが，フランスとオランダで批准が拒否された。2007年12月13日にリスボンで欧州連合条約及び欧州共同体設立条約を修正する「リスボン条約」締結され，2009年12月1日に発効した。EU 憲法の骨子は，共通外交・安全保障政策の EU 代表の「EU 大統領」を選出し，EU 首脳会議議長とする。共通外交・安保政策を統括・調整する「EU 外相」を選出する。閣僚理事会の意思決定方式は，全会一致を減らし，多数決分野（司法・警察等）を拡大するといった内容であった。この決定には大国の仏・独の譲歩があった。しかしこの決定にイギリスが反対を唱えた。今日のイギリスの EU 離脱，いわゆるブレグジットの芽はこの頃から存在していたものと思われる。

■第3節　日本企業の EU 進出―マジャールスズキの事例―

　2004年5月1日，EU にはポーランド，チェコ，スロバキア，ハンガリー，スロベニア，リトアニア，ラトビア，エストニア，マルタ，キプロスの10カ国が新たに加盟して，拡大 EU が誕生した。そこで筆者は2004年8月26日，新規 EU 加盟国の今後の発展の可能性を探るため，いち早くハンガリーのエステルゴムに進出したスズキ自動車の現地法人であるマジャールスズキを視察した。

　1991年，ハンガリーにおいてマジャールスズキが，スズキ自動車40%，コンソーシアムによるハンガリー資本40%，伊藤忠商事11%，世銀9%の出資比率により100億円の資本金で設立され，スタートした。スズキ自動車にブダペストから約50キロのエステルゴム市（Esztergom）に進出を決断させた要因は幾つか考えられるが，工場建設の候補地選定の決定的要因には，以下の事情が考えられる。

　1．ハンガリーは，チェコやスロバキアと同様に国際金融機関からの借り入れに関して，債務の返済を忠実に履行してきた歴史があり，このことは，債務返済に当たってリスケジュールによりしばしば返済猶予を求めるポーランドのような国とは決定的に異なっていて，投資を行いやすい環境に

あったと言えよう。

2．対日感情が比較的良いこと。

3．チェコには，チェコ国内で圧倒的なシェアを占めるシェコダ（Scoda）の車が既に存在していたこと，そして，その後フォルクスワーゲンが引き継いでいること。

4．法人税が比較的低率であったこと。更に，法人税は段階的に軽減し，2004年現在16%であること。

5．西欧諸国の約6分の1の低賃金であること。

6．蒙古斑を有するマジャール人の言語形態が日本語同様，主語，目的語，動詞の順序で，日本人にはハンガリー語が取り付きやすいこと。

なお，工場選定時の決定的要因ではないが，ドナウ川を隔てて隣接するスロバキアからの大量の労働者をハンガリーより安い賃金で雇用できるようになったこと（2002年以降，ハンガリーとスロバキアの国境を結ぶマリア・ヴァレリア橋の開通によって雇用が容易になった）もメリットとなった。また，ハンガリーと既存の EU 諸国との間で2001年12月16日に Europe Association Agreement が締結され，一定の現地調達率を満たすことでハンガリーから EU 諸国へ無税で輸出できるようになったことも追い風となった。

100億円の資本でスタートしたマジャールスズキは，その後，スズキ自動車が増資をする一方でハンガリー資本を買い取り，現在に至っている。共産圏のコメコン（COMECON）の枠組みにおける分業体制下，ハンガリーでは，バス（イカルス）とトラックだけを生産し，乗用車は生産していなかった。それまで乗用車は，旧ソ連，ルーマニア，ポーランド，チェコで生産されていた。西側のフィアットのライセンスによる FSM（ポーランド）やルノーのライセンスによるダッチア（ルーマニア），シェコダ（チェコ）等が旧ソ連の認可のもと乗用車を生産していた。マジャールスズキの設立にも当然コメコンの中で旧ソ連の許可が必要であった。ハンガリーとスズキ自動車との合弁事業のプロポーザルを1985年にハンガリー政府に提出してから，1990年に基本契約が締結されるまで，5年間のブランクがあった。当初，マジャールスズキは，社会主義体制

第 8 章　拡大 EU

下での生産を決意していたが，ベルリンの壁崩壊後の自由化の波と現地での新規の生産がたまたま時を同じくしたものであり，自由化の結果として生産が開始されたわけではない。1992年にカルタス（現在名スイフト）の生産を開始した。輸出は主に西ヨーロッパで，2000年には，オペルとの共同生産車ワゴン R ＋の量産を開始した。法人税が16％と低率なこと，EU 諸国への輸出税がゼロであることは，大きなアドバンテージである。CEFTA（中欧自由貿易協定）との関係においては，ポーランドもスロベニアも離脱したが，ルーマニアなどは残留している。マジャールスズキの2004年6月現在の会社概要は以下のとおりである。

1．会社名　マジャールスズキコーポレーション

　　所在地　エステルゴム市（ブダペスト北西約50キロ）

　　敷　地　566,000㎡（工場建屋　54,840㎡）

2．資本金　819億 Ft（ハンガリーフォリント），約450億円

　　　　　　出資比率　スズキ97.51％，伊藤忠2.46％，その他0.03％

3．役員構成　スズキ5名，伊藤忠1名，マジャールスズキ社員4名

4．会社設立の経緯

　　　1985年　　　　乗用車の合弁生産のプロポーザルをハンガリー政府に提出

　　　1990年　　　　基本契約締結

　　　1991年4月　　合弁契約調印，合弁会社設立

　　　1992年9月　　約2億ドルの投資で年産5万台の能力の工場完成

　　　1992年10月　　生産・販売開始

　　　1994年4月　　輸出開始

　　　1999年8月　　累計生産販売30万台達成

　　　2002年3月　　累計生産販売50万台達成

5．従業員数（正規）

　　　約2,200人（2004年8月現在）間接比率19.4％，女子比率22.8％

　　　平均年齢　33歳

6．生産機種　ワゴンR＋　1000cc，1300cc，1250cc ディーゼル

イグニス　　1300cc，1500cc，1250cc ディーゼル

7．生産・販売実績

	台数	売上
1994年	19,300	155億フォリント
1996年	50,800	560億フォリント
1998年	66,300	871億フォリント
2000年	77,000	1,260億フォリント
2002年	85,000	1,487億フォリント
2003年	90,000	1,832億フォリント

8．国際標準取得

ISO 9002　　1996年取得

ISO 14001　1998年取得

9．販　売

国内　120販売店舗

輸出　EU 及び東欧諸国32カ国

10．労働条件

年間労働日数　246日（2004年）　有給休暇　最高30日

1日労働時間　8時間（拘束時間8時間50分）

工場　　　　2勤制

1勤　6：00〜14：50

2勤　14：00〜23：40

事務所　　　　8：00〜16：30

　マジャールスズキ製の自動車は小型車にも拘らず，2003年からディーゼルエンジンを搭載した車も生産を開始し，全生産車に占める比率も2割程度に達し，徐々に比率を上げている。ディーゼル車はチッソ酸化物を抑え，オゾン層の破壊を防ぎ，環境に優しい車である。各メーカーは小型のディーゼル車に力を入れ，ハンガリーのみならずポーランドにおいてもオペルやフィアットなどが生

第8章　拡大EU

産している。エンジンにターボチャージャーを搭載した小型車の馬力は著しく
向上している。エンジンの音も比較的静かで，加速もガソリン車に劣らない。
ハンガリーでは，日本のデンソーの子会社がディーゼルの燃料噴射装置，コモ
ンレールなどを生産し，EU諸国へ輸出している。

　マジャールスズキの間接比率（直接的に生産に従事しない比率）は，19.4％で
女子比率は22.8％である。工場の四つの生産部門のうち，アセンブリー部門で
は女子工員も混じっているが，プレス，溶接，塗装の各部門においては女性の
数は少ない。2004年現在の生産台数は年産9万台であり，2005年度には10万台
を目指している。将来は，20万台体制へと生産規模の拡大を視野に入れ，コス
トの削減を図る方針である。無論，販路の確保が前提であることは言うまでも
ないが，小型車の20万台レベルでの生産体制は，チェコにおけるトヨタ・プ
ジョーの合弁企業による小型車の生産30万台，フォルクスワーゲン社のシェコ
ダの生産50万台，スロバキアでの近い将来のプジョーシトロエン（PSA）によ
る30万台，起亜自動車の30万台（2007年），フォルクスワーゲンの30万台に対
して，コスト面で対抗する上で不可避的であるとも言える。マジャールスズキ
も車1台当たりの単位費用を削減し，最適経営規模を確保するためにも将来的
には30万生産体制を構想するはずである。したがって，今後，各社の競争はよ
りいっそう熾烈となることが予測される。スロバキアでは，プジョーシトロエ
ンが生産工場をフランスから移転させ，韓国の起亜自動車も1,000億円規模の
巨額投資を行った。ルーマニアにおいては，ルノーが安価な5,000ユーロカー
の生産を目指しており，各メーカーによる競争の激化が避けられそうにない状
況が作り出されている。

　マジャールスズキの雇用や労働条件について尋ねたところ，以前は，工場労
働者たちは本業を終えてセカンドジョブにつくため，早く仕事を終えて帰宅
したいと希望する者が多かった。2004年時点において，マジャールスズキでは，
従業員の要望もあり昼休みは僅か30分である。工場の敷地が広大なため，食堂
から遠くに位置するような工場の従業員の場合は，素早く食事を済ませている
者もいる。雇用状況について，ハンガリーでは，日本の山洋電機（携帯電話の

183

電池の現地トップメーカー）や，フィンランドのノキアなどの電機メーカーの進出によって，労働市場がやや逼迫して，労働者の確保が以前より難しくなくなっており，賃金も幾分上昇傾向にある。前述のようにマジャールスズキでは，マリア・ヴァレリア橋の開通によりドナウ川を渡る隣国のスロバキアからの労働者の雇用が可能となった。スロバキアの失業率は依然高めであり，賃金はやや低めである。彼らはハンガリーと同じマジャール人であり，ハンガリー語を話すことができる。しかしながら，スロバキア政府の経済政策において海外企業の誘致政策は既に成功を収めており，この点において，その時点ではチェコやハンガリーに先行している面があった。海外企業の誘致合戦に限定するなら，ハンガリーはスロバキアに惜敗したとも言える。なぜなら，韓国の起亜自動車は，スロバキアに1,000億円にのぼる巨額投資に踏み切ったからである。したがって，今後，徐々にではあるが，スロバキア国内の賃金も上昇することが確実視される。

　さて，ハンガリーにおけるユーロ導入についてブダペスト在住の邦人に質問したところ，導入に対して慎重な意見が返ってきた。今のままであれば，ハンガリーのフォリントの通貨切り下げによってEU諸国に対抗できるが，ユーロ導入に伴って，切り下げによる対抗措置は不可能となるので，性急にユーロ導入に踏み切る必要がないというものであった。

　元来，ハンガリーについては低賃金が魅力であったが，労働集約型産業の中にはハンガリーから撤退して，ルーマニアやウクライナ，そして中国へ生産拠点を移転させている企業もある。ルーマニアは海外企業の誘致に積極的で，部品の輸入税を撤廃する政策をとっている。このような状況にも拘らず，マジャールスズキがハンガリーのエステルゴム市に工場を設立した背景には，冒頭で述べたさまざまな要因が存在していたからである。

　ところで，マジャールスズキの設立には伊藤忠商事が資本参加しているが，伊藤忠商事のような商社がメーカーの工場設立と同時に資本参加するケースはまれである。概して，商社は短期スパーンでビジネスを展開するのが一般的である。自動車メーカーのようなビジネスは，多額の設備投資を要し，また，

第 8 章　拡大 EU

ディーラーや販路の確保などのマーケッティングの分野で長期的スパーンに立って経済行為を行わなければならないため，商社にはリスクの高い事業であるとされる。マジャールスズキへの資本参加は，成功例ではあるが，その背景にはハイリスクを十分カバーするだけの高度なビジネス戦略に裏打ちされた経営判断があったと思われる。

　生産拠点が国内から海外へシフトするいわゆる産業空洞化が発生する原因は，第一に安い人件費と労働の質，第二に法人税率の低さ，第三に現調率（部品の現地調達率のハードル）及び部品の価格，第四に文化的及び地理的条件，第五に自国の為替レートなどがあげられる。日本企業に関して言えば，中東欧進出に伴い，1ドル110円を切る円高が不利に働いた。円高以前はこの地域における日本製の部品の調達・販売は比較的容易であった。部品調達を円で行っていた自動車メーカーにとって，円為替レートの高騰によって，日本製部品の使用がアゲインストの風となった。したがって，日本からエンジンやトランスミッションといった部品を輸入していた自動車メーカーには痛手となった。

　さて，2004年5月1日の時点でEU拡大について指摘すべき点は，EUの東方拡大に伴いドイツの勢力圏が広がったことである。もともと，ドイツ国内で働く中東欧諸国やトルコからの労働者は多く，中東欧諸国はある意味でドイツ語圏に属するといえよう。当時，フランスは以前から外交的に絆の強いルーマニアをEUに参加させることで，ドイツに対して戦略的布石を打ちたかったのであるが，次回のEU統合へ持ち越すこととした。ドイツとハンガリーは，10年前から特恵関税の関税率ゼロを実施しており，ドイツは中東欧諸国EU加盟への誘い水によっていわゆるマルク経済圏の拡大を実現させたと言えよう。ドイツは，ヒトラーの野望を平和的に実現させたとする穿った見方をする人もいる。一方，新規加盟国にもメリットがある。新規加盟への「あめ」は，EU既存加盟国の負担による新規加盟国への膨大な補助金である。これは単なる補助金ではなく，特別インセンティブの色彩が強い。つまり，新規加盟国の輸出企業には特別補助金を給付するという代物である。具体的には，現行にプラスアルファして16％まで特別補助金を引き上げ，外資導入を手助けしようとする

185

ものである。実態は，EU 既存加盟国にとっては，新規加盟国への直接的な補助金が大きな負担なので，新規加盟国に特別インセンティブを供与して各国の自助努力を期待しつつ各国の自由裁量に任せることで，政治的解決の道を選んだものと思われる。

　ところで，伊藤忠商事，中東欧代表の田路亮三氏によれば，われわれはどうしてもルーマニアやブルガリアといった次なる EU の新規加盟候補国の発展可能性と投資の可能性について興味を抱き，アメリカ，日本，欧州の主要自動車メーカーも東欧での次なる生産拠点作りを模索しているが，このような戦略は日本の自動車メーカーを含め誰もが思い付くことができるという。氏はこのような戦略が二流の戦略であると断定はしなかったが，東欧には未だに隠された処女地が眠っており，ビジネスチャンスは「ごろごろ」しているという。チェコ，スロバキア，ハンガリー，ルーマニアよりも，人々が「あっ」と驚くような地域こそビッグチャンスが潜んでいると言えよう。その国はずばり，セルビアであるという。われわれの常識では，セルビアはコソボ紛争によって廃墟と化し，到底新規企業の誘致には向かないと判断しがちである。セルビア共和国が独立国として成立する以前の旧ユーゴスラビア連邦共和国は，ハンガリーよりも生活水準は上であり，賃金もルーマニアの賃金を上回っていた。コソボ紛争以前，自動車メーカーのザスタバの生産台数は22万台に達していたし，紛争による破壊後，復活している。モンテネグロには日本のベアリングメーカーの大同メタル工業が進出して，製品をホンダに提供している。ベオグラード近郊では，GM やオペルへの部品供給を行い，ドイツの風力発電の部品を生産している。ただし，2004年の時点ではセルビアは当分の間 EU には加盟しないであろう。セルビアは，まず EU のレギュレーションをクリアしなければならないであろう。

　本音を言えば，既存の EU 諸国は，日本企業には中東欧に来て欲しくないと思っている。ウクライナは，まだ早いと言えよう。恐らくウクライナは，EU とロシアとの間で最後の攻防の場となろう。人口5,000万を抱えるウクライナは，労働集約的な産業であれば投資の可能性があるが，にわかに工業製品を生

第 8 章　拡大 EU

産する土壌ではないと思える。工業製品の生産であればむしろセルビアの方が
適している。60％の現地調達率と環境設備への投資を考慮すれば，たとえ２％
の関税を支払ったとしてもおつりがくる。セルビアは１千万人の人口を抱え，
教育水準，識字率も高く，しかも，実に国民の50％が英語を話せる。ロシアと
セルビアとの間には貿易協定があり，共有のアグリーメントには，セルビアが
現地調達率50％を実現した場合，ロシアはセルビアからの輸入を認めるという
ものである。対ロシア戦略の見地からも，セルビアへの大型投資は有望と言わ
ざるをえない。ベオグラードは人口200万人を擁し，迫力のある町である。

　さて，無論，ハンガリーの EU への加盟によって，マイナス面もないわけで
はない。飼料や暖房費に始まり，日常生活においては特に食肉の値段が上がっ
た。ハンガリー人は肉が大好きな人間で，365日肉を食べたいと思っている。
食肉の価格が20％も高騰したことによって，EU 加盟を疑問視する庶民もいる。
牛乳もドイツ産，スロバキア産が流通して，ハンガリーの牛乳は価格競争に勝
てず，供給せずに生産調整によって破棄している状態である。オルバン前首相
には，当然のことながら EU に加盟しないという選択肢もあったはずである。

　今回の現地調査でお世話になった方々へ深甚なる謝意を表したい。旧友の伊
藤忠フランス副社長の荒木徹氏，伊藤忠プラハ事務所長の吉倉忍氏，マジャー
ルスズキについては，エステルゴム市の工場視察において玉木進氏にお世話に
なった。そして，伊藤忠商事，中東欧代表の田路亮三氏から，中東欧の将来に
ついて詳細な情報の提供を受け，セルビアの潜在能力を熱心に説いて頂いた。
次回ブダペストを訪れる際には是非とも車で６時間のベオグラードまで赴き，
この眼でそのダイナミズムを確かめてみたいと思っている。セルビアについて
は第９章で後述する。

■　第４節　EU 加盟後の東欧における邦人企業への影響について

　ハンガリー経済にとって，EU 加盟によりさまざまなメリットがあげられる
が，ハンガリーに進出したスズキ自動車の子会社のマジャールスズキなどは，
EU 諸国向け輸出の関税手続きが大幅に簡素化されたことによって従来よりも

187

プラスの効果が現れ始めている。マジャールスズキは，ドイツのハンブルグ港で日本製の自動車部品の船荷を降ろし，そこからハンガリーへ輸送している。国境の消滅によってもたらされた真のボーダレス時代の到来により，運輸及び流通の機能は格段に改善された。以前，ドイツやチェコの国境では，税関通過のトラックが渋滞となり日数を要したが，今では通関手続きの撤廃により，自動車会社などは，部品調達に要する日数が前もって確実にカウント可能となり，製造工程や在庫管理の面で計画が容易になった。

ハンガリーは，2004年5月のEU加盟以前は準EU諸国であったものの，部品の現地調達率（EU域内で完成品を製造するためのEU域内製の部品調達義務）は，60％と高率であった。EU加盟後，現地のメーカーはこの現地調達率の義務から解放され，EU域内からの部品等の輸入品は，僅か2％の輸入税（関税）を支払うだけで調達可能となった。EU域外の第三国からの部品の輸入税に関しては2～3％のなかで若干の幅があり，中国製の部品には平均2.75％の関税が適用されている。

EU加盟以前，ハンガリーの輸入税は10～10数％と高く，高関税障壁が立ちはだかって現地に進出した日本企業の競争力を阻害していた。したがって，以前は競争力維持のためにやむなくEU域内の部品を使用することで現地調達率を上げざるをえなかった。しかし，高関税障壁の消滅に伴う輸入部品のコスト低減は，海外からのEUへの進出企業にとって明らかに追い風となった。

だが，裏を返せばEU諸国の部品メーカーにとって事態は決して好ましい方向を向いているわけではない。つまり，海外からの部品との新たな競争に直面し，大幅なコストダウンと品質の向上を迫られることとなった訳である。このような状況下，コストダウンと品質向上に耐えられる産業分野においては苦境を切り抜けることができようが，明らかに価格差が歴然とした繊維産業などにおいては，事態は一層深刻化しつつある。中国製のユニフォーム等は近年にわかに品質も向上し，EU諸国に大量に持ち込まれている。ユニフォーム等は年々の消費動向にあまり左右されず，たとえ1シーズン販売が不振で在庫を抱えても，次年度へ繰り越して販売可能である。現状では，中国製の繊維製品に

第 8 章　拡大 EU

関して特別な輸入制限を課しておらず，このことから，チェコやポーランドに
おける繊維産業などは直撃を受け，苦戦を余儀なくされるであろう。かくして，
EU 諸国において民衆の不満が醸成されつつある。

　一方，中国からの輸入については別の視点から見なければならない。つまり，
部品調達を中国からの輸入に頼ることには，デメリットもある。実際，中国か
ら部品を調達するにはかなりの日数を要し，物流の面から，つまりロジス
ティックの面からも問題がある。仮に EU 諸国のメーカーが部品を中国に発注
し，中国企業が部品を生産し，コンテナに積んで輸出し，EU の企業が部品の
積荷を降ろして組み立て生産に使用する場合，そこにはタイムラグが存在する。
部品の輸入に余りにも日数を要する場合，EU 企業にとっては大きなマイナス
となる。なぜなら，部品が到着する間に市場の動向が大きく変化する場合，
EU 企業にとってもはやその部品が不要となりかねないからである。明らかに，
予期せぬ市場の動向の変化は，リスクの拡大に直接的に結びつく場合がある。

　一例として，チェコへ進出した日本のダイキンというメーカーについてみる
と，クーラーの部品を中国に発注し，部品が納品されるまで約半年を要すると
いう。クーラーを生産する年の夏季が猛暑であれば問題ないが，冷夏の場合，
無論，洋上在庫はキャンセルできないので，多量の在庫部品を抱え込むことに
なり，ハイリスクを背負うことになる。このようにリードタイムを要する部品
は，当然のごとくハイリスクが生じやすい。このことから，EU 企業は，中国
製部品を調達する場合，低コストのメリットかハイリスクかを天秤にかけ，い
ずれかの選択を迫られる。予測が外れ，多量の在庫を次年度に繰り越しても
クーラーのメーカーは経営が可能であろうが，総じてメーカーは，多量の在庫
を受け入れる余裕はないのである。

　自動車産業はクーラーのメーカーに比べ，より消費市場と直接的に密着して
いる。自動車メーカーの部品に関して言えば，組み立ての過程での部品の在庫
管理はおよそ 2 週間程度であり，多量の在庫を抱える必要はない。EU 域内の
自動車部品の実勢価格は，EU 製部品を100とした場合，中国製部品は約60と
言われている。EU 域内の自動車メーカーにとって，アセンブリーのための 2

189

週間を考慮すれば，部品の不確定的在庫調整を回避できるので，たとえ割高な EU 製部品を使用しても，入手に半年を要する中国製部品よりも効率的で，企業収益を生みやすいと言えよう。

　また，別の不安要素もある。中国企業への L／C（Letter of Credit）つまり金融機関から中国企業への信用状の発行である。一般的に言えば，信用状の発行銀行は，自行を支払い銀行と定め，取引先（EU 進出の邦人メーカー）の依頼によってその信用を補強するため証書を発行し，依頼者（EU 進出の邦人メーカー）の指定する受益者（中国の部品メーカー）に手形振り出しの権限を与えるものである。多くの場合，信用状は，発行銀行が手形の引き受けと支払いを保証する取消不能信用状である。予期せぬ在庫を抱えるリスクの可能性を考慮すると，リードタイムが長期に及ぶ部品を中国企業に注文する段階で在庫を抱え込むことに他ならない。すると，発行された信用状は塩漬け状態となる。信用状発行に伴う金利計算をすると，EU 域内の部品を購入するより割高になるケースがある。

　以上のことから，EU 製部品が生き残れる部門もあれば，消滅する部門も出てくるであろう。季節要因が大きな割合を占めることを考慮すると，リードタイムを最小限にするように努力することが，メーカーのトータルメリットを極大化させる手段であると言えよう。この点に関して，EU 諸国に進出した日本の自動車メーカーの企業戦略はどうであろうか。EU 諸国での生産の拡大を目指すホンダのような自動車メーカーは，EU 製の部品か中国製の部品かの選択を迫られよう。現在，デンソー等，既に多くの日系自動車部品メーカーが EU 諸国に進出している。ホンダは，安い中国製の部品を EU 進出の日系自動車部品メーカーに突き付け，部品のコストダウンを迫った模様だ。しかし，デンソー等がそうやすやすと脅しに屈するとは思えない。また今日，状況はやや変わりつつある。中国に部品を発注したが，ミスマッチの部品が納入されたり，あるいは遠距離の輸出ゆえの納期の遅れが生じるなどしている。つまりこのことは，在庫を抱えることと同じことを意味する。部品を 1 日後に欲しいのに 3 日後に納入されたら，生産ラインは 3 日間停止する。言うまでもなく，このよ

第8章　拡大 EU

うな場合，ラインの停止を回避するため3日間分の在庫は最低限必要ということになる。かくして，EU に進出した日本の自動車メーカーも，日系の EU 製部品の調達を図りつつ，また，その部品の価格を値下げさせる圧力を加えることで，コストの削減を目指す方がアドバンテージはあるのであろう。結論から言えば，EU 域内への中国製の部品の輸入が，平均2.75％と超低関税であるにも拘らず，EU 域内においては，自動車部品すべてが，中国製に置き換えられるということにはならないのである。すなわち，それなりの技術力があれば EU 製の部品が競争に打ち勝ち，生き残れる余地は依然存在していると言えよう。無論，自動車部品以外にもそれぞれの製品によって事情は異なろう。季節に左右されない商品であれば，中国製の商品の販路の拡大は大いに予想されるところである。つまるところ，チェコやハンガリーのような EU 新規加盟諸国における日系自動車メーカーにとって，両国による拡大 EU への新規加盟前も加盟後も，EU 製部品の需要は依然根強く，状況は以前と大きく変わっていないと言えよう。

【注】

1）「統合による市場拡大で『GDP 成長率が年0.5％押し上げられる』（独・ケルン経済研究所）という予測もある」（『労働新聞』2004年5月15日号）。

191

第9章
セルビアの政治・経済情勢とEUへの加盟

■第1節 セルビアの政治・経済情勢とハイパーインフレーション

　社会主義に基づく経済運営は，中央集権化による計画経済が基本である。チトー大統領率いたユーゴスラビア連邦共和国は，社会主義の変形として自主管理に基づく地方分権化を推進した。ニクソンショック，オイルショック，レーガノミクスというアメリカの一連の政策を経て，1980年代に世界各国で累積債務問題が顕在化したが，ユーゴスラビア連邦共和国も例外ではなかった。当時，逆オイルショックに起因する国際的な一次産品価格の下落に伴い，多額の債務返済に直面したユーゴスラビアは，苦境に陥った。チトーの死後，ユーゴスラビア連邦共和国の政治の求心力は急速に失われ，社会主義体制の下で共産党の一党支配に対する批判が高まり，複数政党制に移行した。また，国富全体のパイの縮小に伴う経済的要因から，ユーゴスラビアを構成した共和国のリーダーの中には独自路線を歩み出す者も現われ，他の共和国リーダー達も追随するところとなり，連邦国家の分列の兆しが見え始めた。

　ユーゴスラビア連邦共和国の下でのスロベニアは，消費財の生産を中心にその取引規模はかなりの大きさを誇っており，同じくセルビアは，主として工業製品を中心に大企業による生産が行われていた。ユーゴスラビア連邦共和国の分裂を避ける話し合いは幾度も行われた。しかし，社会主義を基盤とした自主管理に基づく地方分権化から資本主義社会の基本理念としての市場原理の導入への政策転換に伴い，ユーゴスラビア連邦共和国の分業化は急速に進行した。

193

スロベニアはイタリアにも近く，市場経済の加速に伴い共和国中最も近代化が進んでおり，最初に自由選挙が実施され，事前の西側との折衝も準備万端に整えつつ，やがて独立を宣言する。スロベニアの独立に関しては，イデオロギーや宗教面よりはむしろ，多分に功利主義的な側面が強いと言えよう。独立をめぐる当時の西側諸国の反応はまちまちで，当時，ベーカー米国務長官は，スロベニアやクロアチアは独立を目指してユーゴスラビア連邦共和国に対して戦争を仕掛けていると発言していた。

　スロベニアの独立宣言後，一転してセルビアは悪者扱いされるようになる。ベルギー，オランダ，イタリアの３カ国が仲介に入る（後に，これら３カ国の外相の内２人は収賄の容疑で逮捕される）。仲介の協議において，独立をめぐる交渉期限が設定された。独立の交渉期限の延長が示され，スロベニアとクロアチアはひたすら期限の終了を待った。

　各共和国の独立以前に当然，各共和国内で自由選挙が実施されたが，その際，民族主義的色彩が強い勢力が実験を握ることとなった。以前の連邦国家における社会主義体制の下では，いわゆるブルジョワジーという支配階級は存在せず，したがって，国家の基盤を支える支柱は，民族というものが最大のカテゴリーであった。唯一の例外はセルビアで，セルビアでは選挙の結果，社会党が勝利した。その理由は，セルビアが連邦内のセルビア以外の地域に多数のセルビア人を抱えており，ユーゴスラビア全体で連邦国家として留まりたかったからである。ミロシェビッチ大統領はそれがベストであると考えていた。

　他方，クロアチアではやがてファシストが実権を握った。亡命者達もアメリカの庇護の下，徐々に富を蓄え，次第にクロアチアに住むセルビア人をクロアチアから排除しようと考えるようになった。その後，セルビアとスロベニア共に共和国自決，つまり民族自決主義の考え方に基づき，己自身の住処は己で決めるという自主独立の気運が高まり，民族派つまり独立派が勝利をする。アメリカはマケドニアが共産党政権にも拘らず，マケドニアが反ミロシェビッチであったためマケドニアを支援した。イデオロギーの観点とは別に，クロアチアは宗教面の観点においてクロアチア内に住み，セルビア正教を信奉するセルビ

194

第 9 章　セルビアの政治・経済情勢と EU への加盟

ア人に対してカトリックに改宗することを強制した。

　旧ユーゴスラビア連邦共和国は，内戦を経て 6 カ国に分割された。1991年か
ら2000年に及ぶユーゴスラビアの紛争によって，盟主であったセルビアは，一
時は一小国に転落したが，現在は目覚ましい復興を遂げている。セルビアは内
戦中の1993年から1994年にかけ，近代の文明国では類い稀なハイパーインフ
レーションを経験した。この間，発行された旧5,000億ディナール紙幣はその
すさまじさを物語っている。セルビア国立銀行のビデオの資料によって当時の
大混乱を描写するため，英文の資料の邦訳を以下に記す[1]。

　1993年，ベオグラードは世界の「ハイパーインフレーション」の首都であっ
た。物価は価値を失った通貨のために日々上昇し続けていた。人々は店の棚で
見つけられる全ての物を買っていた。1993年末には，パン 1 個の値段は40億
ディナールであり，1 リットルのミルクは95億ディナールであった。平均的サ
ラリーである10ドイツマルクでは年金以下で，買えるものはほとんど無かった。
当時，ドイツマルクはブラックマーケットで 1 京ディナールの価値があり，実
際には唯一の支払手段となっていた。連続的に紙幣が発行され，33番目の5,000
億ディナールの銀行券が発行され，流通した。当時は，社会主義の旧ユーゴス
ラビア連邦共和国が崩壊した後の時期であり，生産は停止され，戦争と共に当
時のユーゴスラビア連邦共和国に対し通商禁止の措置が採られていた。さて，
ハイパーインフレションはどのようにして起こったのであろうか。

　それはまったくシンプルなものであった。国家予算はお金を必要とし，国立
銀行に向かった。国立銀行は予算のために貨幣供給を行った。その予算から国
家行政における給与や軍隊，そして全ての軍事支出が賄われた。そうした貨幣
は発行された訳であるが，しかし価値を有していなかった。と言うのも，貨幣
を支える生産も生産物も無かったからである。それはミロシェヴィッチ大統領
が行ったことである。彼は薄い空気から貨幣を作った。そこで，最初の通貨発
行が十分に生産体制を構築するために使用されず，むしろ金融取引やハイパー
インフレーションの巧みな操作のために使用されたのではないかという批判が
存在していた。

195

「その問題について詳しく述べるには長い年月が必要であろう。だが，あなたは目下我々の経済の最も痛い点である通貨システム並びに通貨政策についていみじくも指摘している」（当時のミロシェヴィッチ大統領の言葉）。

ユーゴスラビアのハイパーインフレーションは，歴史上最も長かった。それは24カ月も続いたのである。またそれは，月々の尺度では最も強烈なものであった。1994年1月には物価は313,000,000パーセント上昇した。ここデディンジェ村（Dedinje）では，ダフィメント銀行（Dafiment Bank）にだまされ易い顧客と取り交わした契約が貯まっていた。

「私は契約を申し込んでいません。私の成功は現実のものです」（市民の声）。

銀行の前の行列は，日々よく見かける光景であった。彼らは金利が支払われる以前に夜できるだけ早く家を出た。

「私は朝早く3時から待っているけど，まだ私の順番に廻ってこないのです。私は自分の前で卒倒する何人かの夫人を見かけました」（市民の声）。

利鞘を稼ぐ銀行の創立者の目的が手段を正当化した。そうした銀行は，政府の幹部によって創設され，管理されてきた。ダフィメント銀行とジュゴスカンディック銀行（Jugoskandik Bank）の豪華に飾られたオフィスが，潜在的に危うさを秘めた金利で誘い込んだ。セルビアは貯蓄の狂乱に陥れられたのである。ある推計によると，およそ60億ドイツマルクが人々の隠したんすから上手く引き出された。

セルビアがデューティーフリー地域になるために，全ての膨大な所得税が廃止され，そして全ての生産物の全ての価格が，一夜のうちに100%以上急落した。それがハイパーインフレーションと平価切下げの終焉であろう。こうした方法こそ，この世で頭の良い人々がビジネスをするやり方である。ここでその処方箋を履行しない手は無いだろう。彼らは外国貿易赤字に対し資金を充てる必要があったのであり，それ故，彼らはDafinaを考案したのである[2]。

「たとえ私が1日3シフトも働いたとしても，こうした多額の金を手にすることができるところは世界中どこにも無い」（市民の声）。

1994年にユーゴスラビア国立銀行総裁ドラゴスラヴ・アブラモヴィッチ

第9章　セルビアの政治・経済情勢とEUへの加盟

(Dragoslav Avramovic) が際限の無い貨幣発行を停止して以来，10年が経過したにも拘らず，破壊的経済政策による重大な影響が今も心に残っている。金融上の大混乱は，経済のみならず社会全体を破壊した。国家の貨幣を価値無きものにし，ミロシェヴィッチ政権は全ての金銭的価値を破壊した。

　ハイパーインフレーションは，ミロシェヴィッチの統治下に行われた計画的な国家プロジェクトであった。ハイパーインフレーションは再び起こり得るものであろうか。そうしたモデルは，アルゼンチンにおいて銀行システムが崩壊し，ハイパーインフレーションが発生した時に経験している。その国の政府は，IMF，世銀のような国際金融機関に対する責務を忘れ，人々を悦ばそうと務め過ぎた。ある時，市民への約束事と国際金融機関への約束事とのギャップが余りにも大きくなって，その金融システムは崩壊した。この国の市民はそのことをよく考えるべきである。ハイパーインフレーションは，市民にとって近年に起きた最も悲劇的経験の一つであった。

　以上が資料の邦訳である。

■第2節　セルビアの内政・外交[3]

　セルビアはリーマンショック直後からここ2年半余り極めて厳しい経済状況下にあり，経済問題に対して多大の労力と資金を要してきた。最悪な事態はかろうじて脱却できたものの，危機は未だ収束に至っていない。国民は今もって生活苦を強いられてはいるが，最大のピンチはひとまず終息した観がある。セルビアの緊急な課題は新たなる投資と雇用の創出であろう。だが，そのための条件は未だ未整備といえよう。近年の成果を挙げるならば，EU加盟申請手続き，対EU査証免除の実現などがある。

　一方セルビアは，政治面においては，外交政策によって国際社会によるコソボの独立承認のプロセスを遅延させてきたものの，今後コソボの長期的安定を目指す諸条件を醸成させることによって，セルビアの領土一体性及び主権を保持することが最大の課題であろう。

　欧州委員会の拡大EUに関する動向として，フューレEU拡大担当委員は，

197

コソボ問題がセルビアの EU 加盟の支障とはならない旨の意見を述べている。

ファン・ロンパイ EU 大統領（当時）の見解は以下の通りであった。2010年7月のファン・ロンパイ EU 大統領とセルビアのタディッチ大統領の会談において、タディッチ大統領は、セルビアの可及的速やかな EU への統合がバルカン諸国の将来の安定に不可欠であり、EU は西バルカン諸国の EU への加盟を受け入れる用意があるのか否か明確にすべきであり、統合のプロセスが緩慢なことに懸念を表明している。ファン・ロンパイ大統領は、すべての EU 加盟国が西バルカン諸国の EU 加盟へのプロセスを明確に支持しているものの、西バルカン諸国が迅速な加盟プロセスにむけて全ての EU 加盟基準をクリアするための継続的努力を遂行すべきであり、そのために具体的政策を要求している。

タディッチ大統領は、セルビアがモンテネグロの NATO 加盟に異を唱えることは無いが、セルビアは今後も NATO には加盟せず、軍事的中立性を堅持すると述べた。しかし、同大統領は、モンテネグロによるコソボ承認については全く理解できないと述べた。モンテネグロとしては、国際社会においてコソボ独立の承認国が69カ国、未承認国が123カ国の現実を踏まえ、セルビアとコソボ自治州の双方が交渉し、合意に至ることを希望している。

中国はコソボ問題に関して一貫してセルビアの主張を認め、セルビアの領土一体性と主権を支持している。中国はベオグラードのゼムン・ボルチャ間橋梁の建設資金への大型融資に合意し、また、中国の対セルビア無償援助の協定に署名した。

2010年7月22日、国際司法裁判所（ICJ）は、コソボによる一方的独立宣言に関する勧告的意見表明を行い、独立宣言は、国際法に違反しないと発表した。これを受けタディッチ大統領は、「ICJ の意見はセルビアにとって厳しいものであるが、セルビアは、主権と領土一体性を守るための外交的・政治的戦いを継続する」と述べ、コソボ未承認国55カ国に対し大統領特使の派遣を表明した。また、イェレミッテ外相は、「今般の IJC 勧告意見は、コソボの一方的独立宣言文書が国際法に違反しているか否かという極めて技術的判断しか行っておらず、コソボの一方的独立自体が国際法上認められるか否か、また民族自決権

第9章　セルビアの政治・経済情勢とEUへの加盟

と領土一体性原則との関係という本質的問題には触れていない」と述べた。つまりICJは，コソボが勝手に独立宣言を表明すること自体は自由であり，独立宣言の正当性は認めたが，ICJの決議は，コソボの独立そのものの正当性を考慮したものではないということになる。

ICJの意見を受け，7月26日，セルビア政府はコソボに関する議会緊急会議を開催し，コソボ独立の不承認，外交的手段によるセルビアの領土一体性及び主権維持のための取り組みなどの政府決議案が主要野党を含む圧倒的多数で可決された。タディッチ大統領は，「セルビアはコソボの一方的独立を決して承認しない。また，当事者の合意に基づくコソボ問題の解決策の追求と同時に，EU加盟という目標の追求も継続する。政府は国連総会に提出する決議案の起草作業を行っている」と述べた。一方，野党セルビア民主党（DSS）党首のコシュトゥーニッツァ前首相は，コソボ独立反対を優先し，対EU関係を悪化させて来たが，これまでの現政府のコソボ政策は失敗であったとした上で，「国連総会への決議案提出は誤りであり，行うべきはコソボ承認国をICJに提訴することである」と述べ，コソボ承認を訴えるリベラル民主党（LDS）と共に政府の決議案に反対した。

7月28日，セルビア政府はコソボに関する国連総会決議案を国連事務局に提出した。セルビア外務省によれば，同決議案は，前文において「一方的独立は領土紛争の解決法として受け入れられない」と明確に述べており，また主文において「（コソボ問題の）当事者に対し，あらゆる未解決の問題について平和的対話によって相互に受け入れ可能な解決策を見出すよう慫慂する」としている。

セルビア政府は，コソボ独立に関する国連決議案対してその修正案を模索した。2010年9月8日，セルビアは，コソボ独立に関する国連総会決議案をEUと共に修正する方針を明らかにした。コソボ独立を承認するEU27カ国の多数の国の説得で妥協に応じたとされる。EUの要請で，コソボの独立を「容認できない」としていたセルビア原案の表現などが緩和される一方，両国間の交渉再開を求める部分は残るとみられる。キャサリン・アシュトンEU外務・安全保障政策上級代表は，本日，EUとセルビアがICJの勧告的意見に関する国連

199

決議案を共同提案することに合意したことを受け，「同決議案は，欧州の28カ国が提案する。すなわち，EUの全27加盟国とセルビアが共同提案者となる」と述べた。

■第3節　セルビアの政治・経済情勢 [4]

1．対外関係

【貿易収支】

　セルビア統計局によると，2010年1月～10月間の貿易赤字は42億7000万ユーロで，前年同期比5.6％減であった。その内容は，輸出が59億6000万ユーロで前年同期比21％増，輸入が102億ユーロで8.2％増であった。国別輸出先は，1位イタリアの9億290万米ドル，2位ボスニア・ヘルツェゴビナの8億9010万ドル，3位ドイツの8億2820万米ドルであり，一方輸入先は，1位ロシアの17億米ドル，2位ドイツの14億5000万米ドル，3位イタリアの11億6000万米ドルであった。

【セルビアの外交】

　セルビアの電力公社（FPS）と中国企業（China National Machinery and Equipment）がコストラッツ火力発電所Bの再生事業に関する契約を締結した。総額2億5000万ユーロの予算の内，2億2000万ユーロは中国輸出入銀行からの融資である。本件契約は，セルビアと中国の2国間の経済及びエネルギー面での一層の協力関係をもたらすであろう。

　韓国はセルビアのWTO加盟に合意した。加盟の合意は4カ国目であり，今後セルビアと韓国の経済交流が進展し，制度的インフラの構築に発展する見込みである。セルビアにおける韓国製品，とりわけ液晶テレビの売り上げは日本製品を凌駕しており，日本の対セルビア政策は後手を踏んでいる。

【IMFの採択】

　2010年12月27日，IMF理事会は対セルビア第6次スタンバイ取極め改定を正式に採択した。これによりセルビア政府は，外貨準備金として新たに約3億7300万ユーロの引き出しが可能となり，引き出し可能合計金額は15億9000万

第 9 章　セルビアの政治・経済情勢と EU への加盟

ユーロとなった。IMF のリプスキー副専務理事は『セルビア政府による IMF
支援計画の実行は概して満足できるものであり，セルビアの輸出志向による経
済回復は勢いを有している。ただ，インフレ率の急上昇，貿易赤字の拡大及び
バルカン地域の発展から生じる負の波及効果といったマクロ経済の安定を脅か
す要因があることに警戒が必要である』と述べ，『セルビア経済のバランス取
り戻しのためには構造改革の加速が不可欠』とも述べた。

２．セルビアにおける海外投資と民営化

　セルビア財務省は，2010年12月10日までに外国企業 7 社がテレコム・セルビ
ア株競売に応募する意志があると発表した。同省によれば，ドイチェ・テレコ
ム，フランス・テレコム，テレコム・オーストリア，アメリカモバイル（メキ
シコ），ウェザー・インヴェストメント（エジプト），タークセル（トルコ）及び
ビンペルコム（ロシア）が応募を表明し，同省は2011年 2 月21日を応募提出期
限とした。競売を所管するマチィッチ通信・情報社会担当大臣は，ギリシャの
OTE 社（在ベオグラード日本大使館の注：テレコム・セルビア全株式の20%所有の
通信会社）が株式を取得した前例に習い，今競売により株式を取得した外国企
業は，同社のインフラ関係の権利も取得できると述べた。これに対して，一部
から欧州の全ての国が通信関係のインフラの売却を禁止していることを例に挙
げて，同大臣を批判している。バラッチ腐敗防止委員会委員長は，2010年12月
6 日にタジィッチ大統領宛に，なぜこの時期に同社を売却するのか，また，同
社の通信インフラも併せて売却するのかといった内容の質問上を送付した。

３．国内経済と金融危機の影響

　ジブコビッテ・セルビア中央銀行（NBS）専務理事会理事長は，現行のスタ
ンバイ合意の期限である2011年 4 月以降も IMF との協力関係の継続を表明し
た。同理事長は， 4 月以降 IMF との合意に至らずとも，IMF からの提案及び
その存在は無視すべきでないと述べ，IMF との新たな合意の際は，現行の融
資条件の緩和の可能性を示唆した。

201

【セルビア中央銀行（NBS）の政策金利】

　NBS理事会は農産物価格の上昇と物価上昇及びディナールの下落に鑑み，政策金利の10.5％から11.5％への引き上げを決定した。同理事会は，2011年のインフレの見通しについて，インフレターゲット（在セルビア日本大使館注：4.5％プラスマイナス1.5％）の範囲に止まると予測した。

【資産税制改正とタバコ物品税及び付加価値税の増税】

　財務大臣は，これまでの逆進的な資産税制の改正を決定した。また，同大臣はコンピューター，ホテル及びトロピカル・フルーツの付加価値税を8％から18％に増税し，タバコ物品税を1箱当たり17.27ディナールから26ディナールに増税すると発表した。

【セルビアの経済成長率とインフレ率】

　セルビア商工会議所は，セルビアの2010年実質経済成長率を1.5％，インフレ率の10％から11％の見通しを明らかにした。また，セルビア経済における低流動性と企業の高債務率のため来年度の銀行の融資規模は，本年度に比べ大幅に落ち込むとの見通しを明かした。

【セルビアの平均給与】

　セルビア統計局は，11月の平均給与（手取り）は3万4444ディナールであり，先月比実質1.6％減少，同月の平均給与（税引き前）は，4万7877ディナールであり，先月比実質1.6％減少となったと発表した。

【2011年度予算案の採択】

　セルビア議会は，2010年12月29日，2011年度予算案を可決・成立させた。内訳は歳入約7240億ディナール，歳出8450億ディナールで，財政赤字は1210億ディナールである。予算案は2011年の経済成長予測値を3.0％及びインフレ予測値を4.5％プラスマイナス1.5％としている。また，予算案は，給与及び年金の引き上げを含んでいる。税収増を前年度比10.1％と見込み，法人税20.3％，物品税18.9％，付加価値税10.9％及び個人所得税7.6％の増収を見込んでいる。歳出では社会保険関連基金への拠出金が2309億ディナール，次いで公的部門の給与1966億ディナールとなっている。財務大臣は，予算案がセルビアの健全財

第 9 章　セルビアの政治・経済情勢と EU への加盟

政法及び IMF との合意で定めた財政赤字の上限の範囲内であるとしている。

４．政　治

　コソボとセルビアの直接対話：第一ラウンドとして2011年３月８日，セルビアとコソボの直接対話がブリュッセルで行なわれた。テーマは，「土地区画図」と「各種証明書（出生証明，結婚証明等)」，「関税印」「航空交通」等であった。対話の冒頭，「対話による解決は欧州への道であり，プリシュティナ，ベオグラードの協力関係推進と EU 統合へ近づくことが目標。地域協力，物・人の自由な移動，法の支配が主要テーマとなる」旨のアシュトン外交・安全保障担当EU 上級代表の声明が読み上げられた。

　コソボ議会はセルビアとの直接対話に向けた決議し，コソボ議会はセルビアとの直接対話に向けた決議を賛成63票，反対48票，棄権１票で採択した。対話の議題は，コソボの主権，領土的一体性等を侵害しない旨の内容である。

　コソボとセルビアの対話：第二ラウンドとして　３月28日，ブリュッセルにおいて，土地区画，出生証明等の各種証明書のほか，電力供給問題についても交渉が行なわれた。

　以下はセルビアをめぐる一連の出来事である。

・タディッチ大統領来日

　2011年３月７日，日本政府の招待でタディッチ大統領が来日した。大統領は管首相と会談し，「日・セルビア共同声明」への書名がなされた。両国は，ベオグラード近郊のニコラ・テスラ火力発電所における排煙脱硫装置建設計画に円借款を供与することで合意した。セルビア側からは，2015年の国連安保非常任理事国選挙にて日本を支持する旨の表明があった。

・ツベトコビッチ・セルビア首相，トルコ訪問

　３月10日，11日，ツベトコビッチ首相はトルコを訪問し，エルドラン，トルコ首相と会談。両国の関係改善と経済関係の強化で合意した。ツベトコビッチ首相はセルビアのインセンティブと自由貿易協定について言及し，トルコ企業のセルビアへの投資拡大を呼びかけた。

203

- セルビア，小麦一時禁輸措置へ

　3月16日，セルビアが今年度すでに60万トン以上の小麦を輸出したのを受け，国内向け小麦不足に対応するため，3カ月間の小麦輸出の禁止を発表した。モンテネグロからは，禁輸措置は中央ヨーロッパ自由貿易協定（CEFTA）に違反するとのクレームがあった。セルビア政府は4月から3カ月間，小麦を10万トン無関税で輸入する一方，状況に応じて最大3万3千トン小麦の輸出を許可する旨発表した。

- プーチン露首相，セルビア訪問

　プーチン首相がセルビアを訪問し，サウスストリーム・ガスパイプラインを始めとする経済，エネルギー，運輸分野への融資が話し合われた。パイプラインは，2013年に建設を開始し，2015年に完成の予定である。セルビア国内を400億立方メートルの天然ガスが通過し，40億立方メートルがセルビア側に供給される予定。セルビア内の建設費は13億ユーロ～15億ユーロの見込み。パイプライン手数料として露からセルビアに毎年2億ユーロ支払われる予定。

- セルビア風力発電連合会，セルビアへの投資計画を発表

　3月6日，風力発電連合会は，セルビア国内で合計1億5,000万ユーロ，発電量合計1000メガWの風力発電パークを建設すると述べた。

- ヨーロッパ復興開発銀行及びドイツ復興金融公庫，セルビアに1億4,000万ユーロ融資

　融資は，石炭火力発電所のクリーンエネルギー化事業に使用される。

- テレコム・セルビアの株競売，テレコム・オーストリアのみ参加

　3月21日，テレコム・セルビア株の競売にテレコム・オーストリアのみが参加表明した。セルビア政府の提示金額は最低14億ユーロであったが，テレコム・オーストリア側の応札額は9億5,000万ユーロで，提示金額を大きく下回った。セルビア政府は14億ユーロまで応札額を引き上げるよう要請し，テレコム・オーストリアは5月3日までに回答すると答えた。

- コリドー10高速道路未着手分建設へ

第 9 章　セルビアの政治・経済情勢と EU への加盟

　3 月30日，政府からコリドー10の高速道路の建設は，2012年末までに完成
させる予定である旨の発表があった。

- ビジネス・フォーラム2011開催

　3 月10日，ツベトコビッチ首相は，セルビアには EU 以外にセルビアの未
来に関する選択肢はないこと，最大の課題は，生活水準の向上であると述
べた。ショシュキッチ・セルビア中央銀行総裁は，2011年のインフレ率は
インフレ目標（在セルビア・日本大使館注：4.5% + − 1.5%）の枠内に収まる
旨述べた。

- セルビア中央銀行，政策金利を12.25%へ

　3 月10日，セルビア中央銀行はインフレ緩和のため，政策金利を12%から
0.25%引き上げ，12.25%にすると発表。

- タディッチ大統領，フランス訪問

　4 月 6 日〜 8 日，タディッチ大統領はサルコジ大統領と会談し，セルビア
の EU 加盟の重要性及び EU 加盟に向けた準備の必要性を謳った宣言に署
名し，また EU 統合，経済，防衛，科学，文化等の分野での戦略的パート
ナーシップ協定に署名した。

- 4 月10〜11日，タディッチ大統領，クウェート訪問

コソボ問題に関するクウェートの支持に謝辞を表明。両国の経済協力関係
促進が協議された。また，クウェートと防衛分野の協定に署名し，湾岸戦
争当時の1990年にユーゴスラビアからクウェートに納入された，旧ユーゴ
製の戦車（M − 84戦車）の修理・近代化プロジェクトへの入札の話し合い
が行なわれた。

- 4 月19日，ラブロフ露外相，セルビア訪問

ロシア・セルビアの戦略的パートナーシップ協定の文面に関する合意がな
された。

ラブロフ外相はセルビアの EU 加盟に関し，「西か東かという議論はすで
に廃れたものである」と述べた。イェレミッチ・セルビア外相は「セルビ
アの EU 加盟によりロシアは真の友人をブリュッセルに持つこととなり，

205

ロシア・EU 間の相互理解促進につながる」と述べた。ラブロフ露外相はまた，コソボ問題に関し，ロシアは国連安保理決議1244に則ったセルビアへの支持を表明し，コソボにおける人体臓器売買に関するセルビアからの国連への提案に理解を示した。

- 4月26日，セルビア・トルコ・ボスニアの三国首脳会合
  三国首脳は，欧州統合への道を相互に支持する旨の共同声明を発表した。
- コソボ国勢調査
  コソボ政府は4月1日〜9日に国勢調査を行なったが，コソボ北部に住むセルビア系住民は国勢調査をボイコットした模様。セルビア系住民は，セルビア政府側が今秋予定の国勢調査に参加する方向である。
- コソボとセルビアの直接対話：第三ラウンド
  4月15日，ブリュッセルにて ID カード，パスポート，車両保険，車の免許証及びナンバープレート等に関する協議が行われた。しかし，通信分野の交渉は合意に至らなかった。ただし，協議は継続するとしている。
- セルビアが国連事務総長宛書簡を発出
  セルビアはコソボにおける人体の臓器売買に関する包括的捜査に係る提案を記した書簡を国連事務総長宛に送付した。

5．経　済

IMF によるスタンバイ最終取極改定採択

　4月8日，IMF はセルビア向け第7次スタンバイ取極改定に関し理事会で採択し，セルビアは外貨準備金として約3億5,350万ユーロを引き出せることとなった。実際に引き出す金額は合計15億ユーロとなる。ストロスカーンIMF 総裁は，IMF との取極による経済計画をセルビア政府が実行したことにより，セルビアは経済の脆弱性を減少させ，経済危機間の財政メルトダウンを回避でき，今後の成長を期待できるとした。ただし，インフレ圧力に懸念を表明した。

- 4月15日〜19日，ツベトコビッチ首相の訪米

第 9 章　セルビアの政治・経済情勢と EU への加盟

ツベトコビッチ首相はワシントンで IMF 副専務理事と会談し，2009年に
合意したスタンバイ取極の他に，今後新たに予防的スタンバイ取極につい
て話し合うことで同意した旨発表した。また，世界銀行専務理事とは今後
4 年間世銀から毎年 2 億ドル，合計 8 億ドルの融資引き出しえる取り決め
に合意した。8 億ドルの半分は財政赤字の補塡，残りは大型プロジェクト
に配分することで世銀と合意した。一方，ツベトコビッチ首相はアメリカ
滞在中，クドリン・ロシア財務大臣と会談し，ロシアのセルビア向けの 8
億ドルの鉄道インフラへの融資について加速化することで合意した。

- セルビア中央銀行総裁，インフレターゲット維持に弱気

総裁は石油・天然ガス及び食料品価格の高騰がなければ2011年のインフレ
はインフレターゲット内であると述べたが，総裁はツベトコビッチ首相に
対し，インフレ率が年内にターゲットの域内に戻るのは困難であるとの見
解を述べた。

- 公的部門の給与及び年金を5.5％上昇へ

政府は IMF との合意に基づき公的部門の給与と年金を5.5％上昇させると
発表。

- セルビアの公的債務 GDP 比39.8％

政府はセルビアの公的債務が126.9億ユーロで GDP 比39.8％であると発表
した。

在セルビア EU 代表部は，同代表部が民間調査機関に委託して実施してい
る EU 加盟に関する世論調査結果を公表（2015年 5 月19日）した。同調査
によれば，セルビアの EU 加盟に対する支持率は，約59％，セルビアが10
年以内に EU に加盟できると考える人は全体の57％となり，いずれも2014
年 9 月実施の調査とほぼ同じ結果となった[5]。

【注】
1 ）Visitor Center of the National Bank of Serbia 保蔵のビデオ資料 "Hyperinflation

1992-1993" を参照。また，P. Petrovic, Z. Bogetic, Z. Mla de novic The Yogoslav Hyperinflation of 1992-1994: Causes, Dynamics, and Money Supply Process, *Journal of Comparative Economics*, Vol. 27, 1999を参照されたい。

2）ダフィナ（Dafina）とは1990年代のねずみ講式の銀行で，ダフィメント・バンカ（Dafiment Banka）を設立し，多額の個人預金を集めて破綻したダフィナ・ミラノビッチ（Dafina Milanovic）のことである。

3）本節は在セルビア日本大使館『セルビア情勢』（2010年7月報道分）を参考とした。

4）本節は同『セルビア情勢』（2010年12月報道分）を参考とした。

5）同『セルビア情勢』（2015年5月報道分）を参考とした。

第10章
イギリスのEU離脱

■第1節　EU離脱の背景[1]

　2016年6月24日の国民投票の結果，イギリスはEUからの離脱を決めた。離脱のさまざまな理由の中で最大の理由として，国民による大量の移民・難民の受け入れへの反発があげられた。しかし，その理由に根拠があるかは疑わしい。ちなみに，イギリスで外国籍を有してイギリスに居住する約500万人の人々の約半数は，他のEU諸国出身で，約半数はEU域外の出身である。一方，イギリスはEU域内での人々の移動の自由を保障する「シェンゲン協定」に加盟しておらず，イギリスがEU加盟のままでは，他のEU諸国から自由に無制限に移民がイギリスに入ってくるという恐れは幻想である。無論，EU域内出身者には域外出身者にはない「就労の自由」及び社会保障の権利が与えられているが，従来も将来もEU域内出身と域外出身に関係なく出入国管理は徹底されているからである。イギリスに住むEU諸国出身の人々には，ポーランド人，ルーマニア人等の中東欧諸国の人々もいるが，彼らの多くはイギリス人が嫌ういわゆる3Kの職業に就いている人が多い。もし彼らがいなくなったところで，イギリス人が就きたい仕事に就ける保証はどこにもないのである。また，EU域内からのイギリスへの移民の多くは若者で，しかもハングリー精神が旺盛であり，良質な労働を提供する人々である。雇用者も質の落ちる地元民を雇用しづらく，彼ら移民を解雇しがたいのである。法律で英国籍以外の移民を就労禁止にすることはできるが，空いた職はEU域外出身者に流れるであろう。

209

難民については，2015年のイギリスでの庇護難民申請数は3.2万人であるが，ドイツ44万人，スウェーデン16万人に比較して少なく，ギリシャやイタリアへの多数の申請者と比べれば微々たるものである。また，イギリスは庇護難民申請者が他のEU諸国を通過したら，最初の通過国が庇護申請の責任を負うという「EUのダブリン制度」に加盟しているので，イギリスから他のEU諸国に申請者を追い返せるのである。一方，イギリスは2014年9月に欧州委員会で決められた「イタリアとギリシャにいる庇護申請者のEU諸国間での緊急分担制度」等の「EU内での義務的痛み分け制度」には入っていないので，「EUがイギリスに庇護申請者を押し付ける」というマスコミの報道は虚偽である。イギリスはEU離脱と「ダブリン制度」からの離脱によって，逆に庇護難民申請者が増えることが予想されるのである。

　2015年にイギリスに辿り着いた庇護申請者は約1万人で，他のEU諸国と比較して決して多くない。イギリスは難民認定制度の最低基準を定めた「EU指令」に入っておらず，「EU規則によって難民認定制度が左右されている」という主張も全く根拠がない。そして，フランスのストラスブールにある欧州評議会と欧州人権裁判所による欧州人権条約に定められた人権基準と判決は，EUとは別の組織の決まりで，たとえイギリスがEUから離脱しても「欧州人権条約」の基準を無視することできないのである。従って，「移民・難民の大量受け入れを制限するためにEUから離脱しよう」というスローガンはデマゴーグであった。

　イギリスは1％のエリート層と99％の労働者階級で成り立つ階層社会である。労働者階級の人々は，住居や医療・年金等の社会保障制度に不安を抱え，制度改革には所得再分配の政策による抜本的な租税制度の見直しが必要であるが，エリート層はそれに抵抗するのである。そして，資産はタックスヘイブンのパナマ等に隠し持つのである。

　イギリス保守党や，独立党の一部の扇動的政治家たちは，自分たちへの国民の不満を逸らす目的で，「EUから離脱すれば，大量の移民・難民は来ない」という論理を捏造し，国民を欺いたのである。イギリス国民はペテン師たちに

第10章　イギリスの EU 離脱

よって「移民・難民と EU が悪い」と思い込まされてしまったのである。この現象は民衆を扇動する一種のプロパガンダという意味において，1990年代の旧ユーゴスラビア連邦共和国での「民族浄化のスローガン」によって内戦が引き起こされた背景に相通じるものがある。日常生活に何らかの不満のある民衆があれよあれよという間に呑み込まれてしまった現象に酷似している。こうした現象は歴史上多々あることで，ヒトラーの政権奪取，日本の金解禁からファシズムへの道，今日の日本国憲法改正への動きを見れば一目瞭然である。

　イギリスの EU 離脱によりポンドが下落し，イギリスの企業がムーディーズ等の格付け会社からランクを引き下げられたことからも明らかなように，イギリス経済は今後停滞を余儀なくされよう。EU の金融機関のシティからの撤退，日本の自動車メーカーのイギリス工場の閉鎖等，イギリスにとって明るい未来はない。EU 離脱によって自分達の生活がよくなると思った労働者階級の人々は，経済の悪化によって犠牲者となろう。イギリスの労働者は，「EU 離脱で移民・難民が減り，生活の向上をもたらす」ことが，大いなる幻想であったことをいつの日にか知ることになろう[2]。

■第 2 節　EU 離脱と「清算金」

　2017年 9 月22日，メイ英首相は，EU 離脱後も2020年までは，EU 予算の分担金を支払う考えを表明し，イギリスは EU 加盟中にした約束を守ると明言した。EU とイギリスの離脱交渉が膠着した主因は，離脱に伴う EU への「清算金」の支払いである。当然ながら EU 側は，「EU 加盟国として約束した財政負担の履行」を求める。一方，EU 離脱により英国の財政負担を軽減すると主張してきた英離脱派は，離脱に伴う清算金の支払いに応じない。メイ首相の発言は，一応の前進をみた。メイ首相による2019年〜2020年分の EU 分担金支払の表明を受けて，他の EU 加盟国の不安は幾分緩和された。英離脱で，2020年までの 7 年間の EU の現行の複数年度予算に「大きな穴」が空けば，EU の追加予算や補助金の大幅削減等が不可避であったからである[3]。

　しかし，EU とイギリスとの間にはなお議論の余地が存在する。それは EU

211

の共通予算のうち，インフラ事業等，過去にイギリスが支払いを約束した EU 予算の未払い金，EU 職員の年金等の長期負債の清算，EU 提供のローンへの保証等の清算，EU 機関の移転費用等である。また，EU 予算以外にも，EU 機関（欧州投資銀行等）や基金（トルコ支援等）からの離脱に伴う清算等の問題もある。現時点では英国は約束履行の具体案を示していないが，EU 側は，EU 加盟国としてイギリスが決定に参加した「すべて」の財政負担を守ることが，交渉打開への「唯一の道」だとしている。「金額の協議は離脱交渉の最終盤にする方針だが，EU 側が試算する600億ユーロ（約 8 兆円）と，イギリス側が念頭に置く約200億ユーロとの差は大きい[4]」。EU 側は清算金等の離脱条件が進まない限り，将来の通商協議には入らない構えである。清算金等の交渉の進展には数カ月を要する見込みである。「英国の正式な離脱通知から29日で半年を迎える。交渉期限は2019年 3 月29日だが，EU 側は議会承認手続きを踏まえると実質的な交渉期限は『18年秋』とみる。"時間切れ"まで残り 1 年。産業界でも，離脱を巡る合意なしで無秩序な離脱を迎えるリスクへの警戒感が強まりつつある[5]」。

【注】

1）本節は，橋本直子 http://www.huffingtonpost.jp/naoko-hashimoto/lie_eu_b_1086 8404.html を参考とした。

2）『日本経済新聞』2017年 9 月29日，参照。

3）同上。

4）同上。

5）同上。

補論

ある自由貿易主義理論の若干の問題点について

■第1節　絶対生産費説（Theory of Absolute Cost）

　国際分業の古典的理論としてのアダム・スミスの絶対生産費説は，貿易を行う2国が，おのおの一つの商品に「絶対優位」（absolute advantage）を有するような「比較優位」（comparative advantage）の特殊なケースにおいて貿易の根拠を説明しようとした[1]。

　「絶対優位」とは，各国において同種の生産要素が同一の要素価格であると仮定した場合に，1国における一つの商品の生産費が他国における生産費よりも低いことをいう。表補論1における例では，ポルトガルはイギリスに対して二つの商品（ラシャとブドウ酒）とも「絶対優位」を有しているといえる。つまり，「絶対生産費説」とは，ある一つの商品の生産費を他国の生産費と比較した時，自国の生産費が他国のそれより低い場合（自国が「絶対優位」にある場合），自国がその商品の生産に特化し（specialize），他国がその商品を輸入する方が2国にとって有利になるという理論である。しかしながら，このような「絶対優位」の存在自体は，2国が貿易を行う直接的根拠とはならない。なぜなら，1国が一つの商品について「絶対優位」を有することと，その国がその商品を輸出するかどうかは，次元を異にする問題だからである[2]。

■第2節　比較生産費説（Theory of Comparative Cost）

　「比較優位の理論」は，一般にはデーヴィッド・リカードとロバート・トレ

213

ンズによって提唱された理論であるとされている[3]。「比較優位」の概念自体は，「ある1国がある財に比較優位を有する」という表現のみで言い表せるものではなく，いかなる貿易相手国に対して，また，いかなる財との比較において「比較優位を有する」のかということが明示される必要があり，このように少なくとも2国のしかも2財について定義されることが不可欠である。

　デーヴィッド・リカード（D. Ricardo）の「比較生産費説」によると，ある1国（A国）の2つの商品の絶対生産費が，ある貿易相手国（B国）の生産費よりたとえ2商品とも生産費が高い場合（2商品とも劣位にある）であっても，その国が劣位の度合いの比較的小さい商品に生産を特化する（2商品のうち1商品のみを集中して生産する）一方，2商品とも絶対生産費で優位に立つ貿易相手国が，2商品のうち優位の度合いがより大きい商品に生産を特化して貿易を行えば，両国とも国際分業によって利益を享受できるという[4]。

表補論－1　特化前

	ラシャ1単位の生産に要する労働量	ブドウ酒1単位の生産に要する労働量	生産量合計
イギリス	100人	120人	2単位
ポルトガル	90人	80人	2単位

表補論－2　特化後

	ラシャ1単位の生産に要する労働量	ブドウ酒1単位の生産に要する労働量	生産量合計
イギリス	$\dfrac{100人＋120人}{100人}$		2.2単位
ポルトガル		$\dfrac{80人＋90人}{80人}$	2.125単位

補論　ある自由貿易主義理論の若干の問題点について

表補論－3　特化前

	ラシャ1単位の生産に要する労働量	ブドウ酒1単位の生産に要する労働量	生産量合計
イギリス	100人	120人	2単位
ポルトガル	80人	90人	2単位

表補論－4　特化後

	ラシャ1単位の生産に要する労働量	ブドウ酒1単位の生産に要する労働量	生産量合計
イギリス	$\dfrac{100人＋120人}{100人}$		2.2単位
ポルトガル		$\dfrac{90人＋80人}{90人}$	約1.9単位

　表補論－1によると，ポルトガルがブドウ酒1単位の生産に要する生産費80人は，イギリスがブドウ酒1単位に要する生産費120人の2／3である。また，ポルトガルがラシャ1単位の生産に要する生産費90人は，イギリスがラシャ1単位に要する生産費100人の9／10である。この場合，ポルトガルは2商品ともイギリスに対して絶対優位に立つが，2国の2商品の費用（労働）を比較すると，ポルトガルはラシャよりブドウ酒の生産に比較優位を持つ。一方イギリスは，ブドウ酒1単位の生産費がポルトガルの1.5倍（120/80），ラシャについては100/90＝10/9を要して2商品とも劣位に置かれているが，劣位の程度の小さいラシャに比較優位を持つ。それ故，ポルトガルは相対的に不利なラシャの生産を止め，その分の労働を使ってすべての生産能力を集中させ，比較生産費の安いブドウ酒の生産に特化すべきであり，イギリスも同様に，劣位の度合いの大きいブドウ酒の生産を放棄して，その分の労働によって生産をラシャに特化すべきであるというのである。リカードは以上のことを式補論－1の比率の比較によって説明している。

215

式補論－1

$$\frac{\text{ポルトガルのブドウ酒の単位費用（80人）}}{\text{イギリスのブドウ酒の単位費用（120人）}} < \frac{\text{ポルトガルのラシャの単位費用（90人）}}{\text{イギリスのラシャの単位費用（100人）}}$$

式補論－1から，$\dfrac{80}{120} < \dfrac{90}{100}$という関係がわかる。だが，ポルトガルとイギリスの両国では労働の質に差異がある場合，1つの生産物について2国における生産費を比較することには問題がある。そこで，両国それぞれ自国内でのブドウ酒の費用とラシャの費用を比較すると式補論－2のようになる。

式補論－2

$$\frac{\text{ポルトガルのブドウ酒の単位費用（80人）}}{\text{ポルトガルのラシャの単位費用（90人）}} < \frac{\text{イギリスのブドウ酒の単位費用（120人）}}{\text{イギリスのラシャの単位費用（100人）}}$$

式補論－2から，ブドウ酒とラシャの交換比率（労働価値説が妥当する際に労働者数で測定された単位費用による2商品の相対価格）は，労働者数の比率で表示され，イギリスでは100人：120人，ポルトガルでは90人：80人である。つまりイギリスでは，ブドウ酒1単位の生産に120/100＝1.2単位のラシャを要するのに対して，ポルトガルではブドウ酒1単位の生産が，80/90＝0.88のラシャで済む。ここで，ラシャを価値基準に置くと，ブドウ酒1単位の生産に要する単位費用は，1.2単位＞0.88単位でイギリスよりポルトガルのほうが安い。このためポルトガルは相対的にブドウ酒の生産に，イギリスはラシャの生産にそれぞれ比較優位を持つことになる。すなわち，式補論－2の関係は，「2財の相対価格を2国について比較し，相対的に安い財が比較優位を持つ」ということを示唆している。結局，式補論－2において，**『1国内の単位生産費の比率を他国のそれと比較して，比率の小さい方の分子の商品，比率の大きい方の分母の商品にそれぞれ比較優位がある』**というのが「比較優位の理論」である[5]。

そこで，両国がそれぞれ比較優位を持つ商品に生産を完全特化したなら，イギリスは，100人＋120人＝220人の労働投入によって1単位当り100人を要する

補論　ある自由貿易主義理論の若干の問題点について

ラシャを220/100＝2.2単位も生産でき，一方ポルトガルも90人＋80人＝170人の労働投入により，1単位当たり80人を要するブドウ酒を170/80＝2.125単位生産できるであろう。特化以前には2国が2単位ずつ合計4単位生産していたものが，国際分業を通じて同じ労働投入量によってイギリスはラシャを0.2単位，ポルトガルはブドウ酒を0.125単位増産でき，両国で合計して4.325単位生産できるようになったのである。以上を整理したものが表補論−2で示されている。

　さて，ここで相手国が必要とする商品を1単位ずつ輸出し合うとしよう。するとイギリスは，ポルトガルにラシャ1単位を輸出することによりポルトガル国内で9/8（＝1.125）単位分のブドウ酒と交換でき，このブドウ酒9/8単位をイギリスに持ち帰ってもう一度イギリス国内でラシャと交換すると，9/8×120/100＝1.35単位のラシャを得られる。一方ポルトガルも，イギリスにブドウ酒1単位を輸出してイギリスでラシャと交換すると，ポルトガルは，イギリス国内において12/10（＝1.2）単位のラシャと交換でき，このラシャ12/10単位をポルトガルに持ち帰り，ポルトガル国内でブドウ酒と交換すると，(12/10)×(90/80)＝1.35単位のブドウ酒を得ることができる。かくして，両国共に貿易によって利益を得ることになる。このように，表補論−1の数値例のもとでは両国で貿易を行う誘因が存在することになる[6]。

　ただし，「比較生産費説」には次のような仮説が設定されていた。つまり，2国2財の単一生産要素モデル，国内要素移動の完全性，国際間の要素移動ゼロ，収穫不変，固定的労働投入係数，生産要素市場及び生産物市場の完全競争状態，生産要素の完全競争状態，自然的・人為的貿易障害ゼロ，外部経済・不経済の不在，等々である[7]。

　ところで，前掲の表補論−1の仮説例は，自由貿易の原理があたかも普遍的真理であるかのように例証するため，しかも産業革命最中の「世界の工場」としてのイギリスに好都合な事例であった。なぜなら，表補論−1のポルトガルの労働投入量を2財について相互に入れ換えると（ブドウ酒の単位費用80人から90人とし，ラシャの単位費用を90人から80人に置き換えると），結果は両国にとっ

217

て相互の利益を生まないケースが生じるからである。置き換えられた数値例に従って表補論−3によって「比較生産費説」を証明しようとすると，理論に矛盾生じることになる。式補論−1にならって表補論−3から式補論−3，式補論−4が成り立つ。

式補論−3

$$\frac{ポルトガルのブドウ酒の単位費用（90人）}{イギリスのブドウ酒の単位費用（120人）} < \frac{ポルトガルのラシャの単位費用（80人）}{イギリスのラシャの単位費用（100人）}$$

という式から，依然としてポルトガルはラシャよりもブドウ酒の方が相対的に費用は安く，ブドウ酒に特化することになる。一方，イギリスも

式補論−4

$$\frac{イギリスのラシャの単位費用（100人）}{ポルトガルのラシャの単位費用（80人）} < \frac{イギリスのブドウ酒の単位費用（120人）}{ポルトガルのブドウ酒の単位費用（90人）}$$

式補論−4の関係から，相対的に劣位の程度の小さいラシャの生産に特化した方が有利である。

また，前述のように2国間における労働の質の差異を考慮して1国内での2財の費用を比較すると，次のようになる。

式補論−5

$$\frac{ポルトガルのブドウ酒の単位費用（90人）}{ポルトガルのラシャの単位費用（80人）} < \frac{イギリスのブドウ酒の単位費用（120人）}{イギリスのラシャの単位費用（100人）}$$

式補論−6

$$\frac{ポルトガルのラシャの単位費用（80人）}{ポルトガルのブドウ酒の単位費用（90人）} > \frac{イギリスのラシャの単位費用（100人）}{イギリスのブドウ酒の単位費用（120人）}$$

補論　ある自由貿易主義理論の若干の問題点について

　前述のように，１国内の単位生産費の比率を他国のそれと比較して，比率の
小さい方の分子の商品，比率の大きい方の分母の商品にそれぞれ比較優位があ
るということから，式補論－５において，依然としてポルトガルはブドウ酒に
イギリスはラシャに比較優位があることが確認される。２国がそれぞれ比較優
位をもつ財に特化すると表補論－４のようになる。

　しかし，表補論－４から明らかなことは，イギリスはラシャに特化すること
で100人＋120人＝220人を投入して１単位当たり100人を要するラシャを2.2単
位生産できる一方，ポルトガルはブドウ酒に特化するため90人＋80人＝170人
を投入して１単位当たり90人を要するブドウ酒を約1.9単位しか生産できない
ことである。したがって，この事例は，「比較生産費説」に従って理論を実践
した場合，両国の相互利益を生まない結果を如実に示したことになろう。

　かくして，「比較優位の理論」は，仮説が非現実的であるばかりか，理論そ
のものが証明に有利な仮説例についてだけ妥当する特殊理論であり，不変的妥
当性を有する一般理論たりえないと言うことができよう[8]。

■第３節　自由貿易理論の理論的支柱

　国際経済学の分野においては，旧式のパラダイムの理論的拠り所である「比
較生産費説」が，長らく途上国向け開発理論の主流を形成してきた。万国に遍
く利益と恩恵をもたらすと流布されてきたこの「比較優位の理論」に基づいて，
IMF，世界銀行並びに先進諸国の金融機関は，累積債務問題に取り組んできた。
それにも拘らず，実際にその理論を適用された多くの途上国においては，貧困
と飢餓が解消に向かうどころか，いっそう悪化の一途をたどっている。「南」
の，つまり途上国の最も貧しい人々が「北」の，つまり先進国の最も豊かな
人々を資金的に援助するという構造は，修正されるどころか，ますますもって
強固になりつつある。つまり現行の主流の開発モデルが拠って立つ「比較優位
の理論」は，第二次大戦後一貫して久しく「南」に適用されてきたものの，途
上国内の民衆の苦悩と抑圧とを緩和するどころか，逆にそこでの不正と圧制と
を助長する尖兵の役目をしているのである。

219

「比較優位の理論」に立脚する主流脈の開発モデルを途上国に適用しようとする経済学者たち（IMF お抱えの経済学者たちを含む）は，もはや自ら意識しようとしまいと，世界経済を支配し，「南」から容赦なく利潤を搾り上げる「北」の金の亡者の手先に成り下がってしまったと言われても，反論のしようがないであろう。支配的な旧パラダイムに依拠する開発モデルから利益を得ている途上国内の支配階層は，自国民に対して裏切り行為をしており，一般民衆は債務地獄で断末魔の叫び声を上げている。昨今では，この主流派の開発モデルの潮流に乗った経済学者たちは，「比較優位の理論」をバックボーンとする「グローバリゼーション」の御旗を掲げつつ，邪悪で専横な振る舞いをいっそう助長させていると言えよう。

「比較優位の理論」は，本質的に先進国に有利に構築された理論であることを看取し，この理論の前提条件を変えてみた場合，理論は空中分解することを示唆した文献も見受けられる。他方，P.A. サミュエルソンのようにこの理論を絶賛する人もいれば，この理論は始めからA国とB国の２国のうち，より発展した先進国に有利になるように案出されたものであることを十分に承知しながら，あえて黙認してきた人々もいる。

■第 4 節　「比較優位の理論」と累積債務問題の関係

IMF が途上国に課したところの「比較優位の理論」に依拠する施策が，途上国のデット・サーヴィス・レーシオ（Debt Service Ratio ＝年間元利返済額÷財・サーヴィス）を上昇させ，途上国の債務負担を増大させた事実は動かし難い。つまり，幾多の途上国における累積債務の発生は，IMF がそれぞれの途上国に対して課した均一的かつ画一的経済調整政策に起因する場合が多い。それでは何故途上国側は，この破壊的な経済調整政策を自国に導入したのであろうか。その理由は，各途上国政府とその国の支配層が外資を一般民衆のために使用せず，己の利益に直結する部門に振り向けたからに他ならない。彼ら支配層は，国際的コンソーシャム（国際借款団，つまり先進国の政府，国際金融機関及び各国の民間銀行の集合体）と緊密な関係にある。先進各国の債権銀行は，債

補論　ある自由貿易主義理論の若干の問題点について

務各国の分断化を図るために協力し合ってきた。一方，途上国内の政府や官僚たちは，債務各国との連携を怠ってきた。なぜなら債務各国の支配層は，自国の産業振興よりも自分たちの利益に直結する IMF の勧告に従い，「IMF の構造調整プログラム」に沿って自国の産業構造を輸出指向型産業構造へ転換する政策を受け入れたのである[9]。

　債権国，および IMF を始めとする国際金融機関に属する官僚たちについてみると，自分たちが押し付ける政策が，債務国の住民の死活問題に発展することを考慮するほど繊細な人間ではない。彼らは長期にわたる「南」「北」間の不平等な政策，ハイリスクの貸付け，一次産品価格の低迷，「南」の経済の停滞，等々に対して，何ら責任を感じる立場にはないらしい。彼らの仕事とは，グローバリゼーションを旗印として，正統派と称される経済理論（「比較優位の理論」）に従って「南」を国際貿易の枠組みへ無理やり押し込むことであって，その帰結として債務諸国に失業，耐乏生活，飢餓を原因とする暴動の発生，ひいてはイスラム原理主義の台頭を生んでも，かれら官僚の関知するところではない[10]。

　途上国の工業化開発モデルは，総じてどの国のモデルも模倣的，画一的，かつ均一的にして弾力性に欠け，各国の国内事情を無視したモデルが多い。このモデルは，グローバリゼーションという念仏を唱えながら世界市場と国際資本の標準的要求に沿った対外指向型への産業構造の転換を途上国に求めるもので，途上国内の小規模農業切捨て策を始めとする以下のような悲惨な結果をもたらすことになった。それらは，途上国政府による国際機関及び先進国の官僚の偏向的嗜好への追随 → 均一的・一律的開発モデルの導入 → 浪費的巨大プロジェクトへの投資 → 資本コスト膨張→官僚の汚職 → 入札時の最高値の落札（フィリピンのバタアン原始力発電所，トーゴの悲劇的鉄鋼プロジェクトの例）→ 高値が安値を駆逐する工業上のグレシャムの法則の確立 → 高価格維持の独占・寡占体制の確立に至る道である。つまり，汚職・収賄と結びついた工業化のための誤った開発モデルが，途上国における累積債務の頭金になったのである[11]。

　債務の減少を試みる IMF・世銀及び債務国政府によって推進される開発プ

221

ロジェクトが，皮肉にも悲劇的な累積債務問題を引き起こした。このモデルは，債務各国の国内市場を無視し，絶えず変動する国際市場という対外的要求に債務国経済を連動させようとする。

　選択肢が限定され，模倣的，均一的モノカルチャー（単一作物栽培）の生産物の供給を強いられた債務各国同士の国際競争は熾烈で，ローコスト生産の追求のため賃金は極めて低い水準に抑制された[12]。投資は輸出部門に重点的に振り向けられ，生活必需品の部門では資本不足が生じた。同一の一次産品の供給過剰による価格暴落を不可避的にした過酷な国際競争は，IMF・世銀自身が債務国向けに保証した一次産品の国際市場を枯渇させ，この枯渇によって，灌漑，輸送手段，エネルギー供給等のインフラ整備のための借入金の利払いは，不可能になってしまった。一方，IMF の政策は，債務国の国内市場を軽視して景気停滞を生ぜしめ，賃金抑制と購買力低下によって大量失業を助長させた[13]。

　かくして，以下のような構図がモロッコを典型とする債務国に定着したのである。つまり，IMF プロジェクトの強制 → 対外指向型経済政策の導入（国内自給自足体制の放棄）→ 各国一律モノカルチャー生産様式の定着 → 国際市場への同一作物の供給過剰 → 一次産品価格の暴落 → 国際市場の枯渇 → インフラ整備用の借入金の利払い不能，という構図である。

　もう一方の構図は，IMF プログラムの強制 → 輸出指向型経済への転換 → 国内市場軽視 → 国内景気停滞 → 賃金抑制策 → 購買力低下 → 大量失業 → 貧困の発生 → 暴動の発生 → イスラム原理主義の台頭，という構図である[14]。

【注】

1）J.Viner, *Studies in the Theory of International Trade*, reprinted, 1955, George Allen & Unwin LTD, pp.439-440.

2）小宮隆太郎・天野明弘『国際経済学』（岩波書店，1972，18-19頁）参照。

3）［比較生産費説］の理論は，一般的には D. リカードの *on The Principles of Political Economy, and Taxation*, 1817において 刊行物として発表されたものが最

補論　ある自由貿易主義理論の若干の問題点について

初であると言われているが，1881年になされた（E.Leser, *Untersuchungen zur Geschichte der National-ökonomie*, I, 1881, pp.82-83, note.）における E. レーザー（Leser）の指摘によると，この理論の発見者は R. トレンズ（Torrens）であるとされる。トレンズは Torrens, *An Essay on External Corn Trade* (1815, pp.264-65) において「比較生産費説」の原型を提示している。この点については，J.Viner, *op. cit.*, p.442のヴァイナーによるトレンズからの引用文を参照されたい。理論の先駆性をめぐってのトレンズ自身によるリカードに対するクレームについては，Torrens, *Essay on the external corn trade* (4th ed., 1927, p. vii) を見られたい。その後，リカードとトレンズのいずれが理論の先駆者であるのかについての論争において，トレンズを先駆者とする主張は，セリグマンによって E.R.A.Seligman, "On some neglected British economists", *Economic journal*, XIII (1903, pp.341-47) において行われ，これに対してホランダーは，J.H.Hollander, *David Ricardo: a centenary estimate* (1910, pp.92-96) においてリカードの理論的先駆性を指摘している。ただし，ホランダーの推測によると，リカードとトレンズは1815年に既知の間柄であり，トレンズの1815年の文献は，リカードとの討論に負うところがあるとしている（Viner, *op. cit.*, p.443）。

4）「比較生産費説」は1817年リカードの『経済学及び課税の原理』によって明示され，リカードは1819年には第2版，次いで第3版を出版した。第2版における「比較生産費説」の説明は，*On The Principles of Political Economy, and Taxation*, 2d ed. (John Murray, 1819, pp.145-48)，邦訳としては堀経夫訳「経済学および課税の原理」P. スラッファー編『デイヴィド・リカードウ全集』第1巻（雄松堂書店，157-158頁）を見られたい。

5）天野明弘・渡部福太郎編『国際経済論』〔第2版〕（有斐閣，1981年，15-17頁）参照。

6）同上書，17-18頁参照。

7）同上。

8）M.A.G. Van Meerhaeghe, *Economic Theory: A Critic's Companion*, Boston, Martinus Nijhoff, 1980.（中村賢一郎訳『経済理論入門―経済学説の批判的研究―』学陽書房，1982年，224-227頁）参照。

9）Susan George, *A Fate Worse Than Debt*, Penguin Books LTD., 1988, p.6.（向壽一『債務危機の真実―なぜ第三世界は貧しいのか―』朝日新聞社，1989年，7頁）参照。

10）*ibid.*, p.7. 同上訳，12頁参照。

11）*ibid.*, pp.14-19. 同上訳，22-29頁参照。

12）S. ジョージによる IMF 批判は，IMF のコンディショナリティーに内在する本質的な厳しさに対しては勿論だが，むしろ批判の対象はその均一性並びに一律性に対してのものである。実際の IMF のコンディショナリティーは，クライテリアを通

貨供給量，インフレ率，国際収支といったマクロ変数に限定するケースが多いと言われている。ただし，これに対しては反論がないわけではない。IMF が non discriminatory な取扱いをするということを意味しているわけではない。たとえば，「それが示威的なものでない限り IMF は国によって異なった取扱いをすることがある」（滝沢健三「国際金融不安の防止システム」竹内一郎・香西泰編『国際金融不安』有斐閣，1984年，231頁）。また，「一律性」を有すか「弾力性」を有すかの判断についての詳細な説明は，奥田宏司『途上国債務危機と IMF，世界銀行—80年代のブレトンウッズ機関とドル体制—』（同文館，1989年，68-79頁）を参照されたい。その中で奥田は T. Killick ed. *The Quest for Economic Stabilization : The IMF and the Third World*, (1984, pp.204-205) から以下の引用を行っている。「われわれは，弾力性について 2 つの極端な見解を斥けることができよう。その極端な見解の 1 つは，IMF は固定した諸政策を一律に課しているという見解であり，もう 1 つは，IMF の調整計画が大幅に変更されてしまい，国際収支悪化の真の原因をあいまいにしているという見解である。しかし上述のことから明らかになったことは，『抑制された弾力性』である。すなわち，限られた制限内で各国の状況に応じて Conditionality を変更させるという試みである」（奥田宏司，前掲書，78頁）。

13) 厳格な IMF の政策についてのさまざまな評価として，「いずれにせよ，これまでの展開過程は，外国為替ギャップの一部を銀行融資で賄いつつ，IMF の厳格なコンディショナリティーに従うという枠組みにあった。その結果，対外収支はきわめて好調であったが，国内面では劇的なほど不調であった。…成長は劇的にマイナスに転じた」（R. Dornbusch, *Dollars, Debt and Deficits*, MIT, 1986. R. ドーンブッシュ，翁邦雄也訳『現代国際金融』 HBJ 出版局，1988年，166頁）という見解や，コンディショナリティーという「この薬は苦いばかりか効き目がないことがはっきりしてきた」（毛利良一『国際債務危機の経済学』 東洋経済新報社，1988年 7 頁）という見方が有力である。

14) S. George, *op. cit.*, pp.77-78. 前掲邦訳，113-115頁参照。

おわりに

　世界経済を論じるに当たり金本位制度から言及したが，日本もその制度下で翻弄された歴史があったことは，「はじめに」でも述べた通りである。その際，金本位制について先達たちの多くの労作の一端を参考とさせて頂いた。そこで，日本の金本位制への復帰に際しての金解禁についての分析については，近代経済学からのアプローチとマルクス経済学からのアプローチを比較検討した。そこからこの分野の論考で秀作である，吉田賢一「金解禁（昭和5年～6年）の歴史的意義—井上準之助の緊縮財政政策—」『北海道大学経済学研究38-3』1988年を見い出し，それを主要文献として参考とさせて頂いた。吉田氏にはこの場をお借りして謝意を表したい。また，第4章，第5章ではスーザン・ジョージの文献を多く参考とさせて頂いた。彼女の労作から大いに啓発され，守旧的，保守的自己保全体制への批判的分析の視点が養われた。第9章のセルビアについての情報は，在セルビア日本大使館『セルビア情勢』を参考させて頂いた。歴代の長井忠大使，角崎利夫大使，黒木雅文大使から現地にて情勢をご教示頂いた。また，過去，今夏10度程セルビアを訪れたが，その度にベオグラード大学の山崎洋先生，在ベオグラード三菱商事，元顧問の本田裕保氏から貴重な情報の提供を受けた。この場をお借りして深く謝意を表したい。

　さて，昨今の日本の保守化には大いなる懸念を感じざるを得ない。本書は世界経済をクリティカルシンキングに則って俯瞰したものであるが，第二次大戦後のいくつかの危機であるニクソンショック，オイルショック，累積債務問題，産業空洞化等の出来事の裏面を炙り出し，本質に迫れれば良いと思い執筆した。それがどこまでできたかは，読者の判定を仰ぎたい。日本の一連の右傾化は，戦前への道，いつか来た道に酷似している。世界経済を市民の目から，リベラルな立場から俯瞰することを心掛けたつもりである。本書は奉職する神奈川工科大学におけるリベラルアーツの一環としての「経済学」及び「国際経済論」の講義資料を基に執筆したものである。大学におけるリベラルアーツのミニマムな教養としては，いささか専門的ではあるが，市民の教養を意識してリベラ

ルな立場に立った判断能力を啓発する書としてであれば，その役目を果たしていると思いたい。

　現在，世界は種の絶滅，地球温暖化問題，貧困問題，テロ，難民・移民問題，人種差別，地域紛争，格差問題等の多種多様な問題を抱えている。こうした地球上の諸問題に立ち向かう姿勢の根底にリベラルな「市民性の涵養」を求めてはどうであろう。この部分の欠落こそが，人間社会の絆の弱体化，ヘイトスピーチ，過労死に象徴される人間生活の質の低下，誤った指導者の選出，秘密保護法，マイナンバー制度，共謀罪，集団的自衛権等の安保法制，原発再稼動，武器輸出解禁，憲法改正等の一連の趨勢に繋がっていると思わざるを得ない。教育学者ボイヤー（Boyer, Ernest L.）の言葉を借りれば，「視野，経験，知識，感度の拡張こそが，教養教育の真髄である」。

　保守的理念に支配されている人々の多くは，主体性を失った世論に迎合し，悪しき慣習，誤った常識に固執し，権威への無批判的かつ盲目的な追従に陥りがちであるので，リベラルな「市民性の涵養」の理念に立った教養教育によって，科学性，社会性，批判性の発展を目指したいと思う。こうした発想を拠り所とした理念は，さらにリベラルな発想へと発展しよう。教育の質の低下がもたらした若年層の政治的無関心，無知に対峙すべく啓蒙活動が求められていることからも，拙著が今日の日本の保守化，右傾化に抗する意思の表れであることをご理解頂きたい。

　末尾ではあるが，学文社社長の田中千津子氏には拙著の無理な企画を快諾して頂き，厚くお礼を申し上げたい。また，編集，校正については，松澤益代氏から多くの貴重な助言や的確な示唆を頂き，心より謝意を表したい。

2018年2月7日

尾﨑　正延

索　引

あ　行

IIF（国際金融協会）　86
IMF の構造調整プログラム　221
IMF・GATT 体制　29
IMF のコンディショナリティー　78, 104
イギリスの EU 離脱　179, 209, 211
イギリスの金本位制離脱　27
イスラム原理主義　221
意図的高金利政策　34
意図的デフレ政策　5, 7-8
犬養毅　18
井上準之助　5, 7
HIPC（重債務貧困国）イニシアチブ　100
エキュー（ECU）　164
円借款　139
円高不況　39
円建て　12
欧州委員会　164
欧州為替相場メカニズム（ERM）　164
欧州共同体（EC）　164
欧州経済共同体（EEC）　164
欧州人権条約　210
欧州石炭鉄鋼共同体（ECSC）　164
欧州中央銀行（ECB）　165
欧州通貨機構（EMI）　167
欧州通貨システム（EMS）　164
欧州通貨同盟（EMU）　165
欧州連合　165
OECF　125
ODA　125
OPEC の石油カルテル化　33

か　行

海外経済協力基金　125
解禁恐慌　9
外国貿易　1

開発経済学　127, 147
価格の透明化　171
画一的モノカルチャー生産様式　134
拡大 EU　175
貸倒引当金　61
貨幣数量説　1
貨幣法　1
カルタヘナ合意　112
為替安定基金　106
為替管理　142
関税　142
関税・貿易一般協定 GATT　29
完全競争　217
完全雇用　29, 170
機会均等条項（シェアリング条項）　91
逆オイルショック　36
旧平価での金解禁　4
協調介入　40
金貨本位制　2
金現送点　1
銀行券　1
金地金本位制　2
金・ドル兌換停止　30
金・ドル本位制　30
金の退蔵　6
金平価　5
金本位制度　1
金本位制のゲームのルール　1
金融恐慌　3
金輸出解禁　4
金流出　16
クーデンホーフ＝カレルギー伯爵　163
クラウディングアウト効果　49
グローバリゼーション　220, 221
経済学及び課税の原理　132, 149
経済学の国民的体系　132
ケインズ案　29

227

ケインズ経済学　28
現地調達率　185
高関税障壁　188
工業上のグレシャムの法則　221
構造調整政策　128
公的債務残高　168
功利主義　194
効率至上主義　147
合理的期待形成学派　128
国際安定基金　29
国際競争力　1, 4
国際協力事業団　129
国際経済学　219
国際司法裁判所（ICJ）　198
国際清算同盟　29
国際通貨基金 IMF　29
国際復興開発銀行 IBRD　29
国際分業　213, 214
国際貿易の自動調整メカニズム　5
コソボ紛争　177
国家独占資本主義　22
固定為替相場制度　25
固定金利付債権　97
固定的労働投入係数　217
コペンハーゲン基準　175
コンソーシアム　179

さ　行

在外正貨　3
在外正貨払下げ　4
財政赤字　49, 168
財政規律遵守　168
財政金融緊縮策　19
財政・金融政策　127
最適経営規模　183
債務減免措置　57, 62
財務省証券本位制度　35
債務の株式化　93
錯誤政策　8
サプライサイド　141

産業空洞化　155
CEFTA（中欧自由貿易協定）　181
ジェノバ会議　2
シェンゲン協定　165
資源配分の効率化　128
市場金利　139
市場経済至上主義　170
市場原理　36, 126, 130
市場原理の限界　134
市場の失敗　135
市場メカニズム　128
実質利子率　50
シニョリティー　62
資本集約型工業政策　53
資本集約的輸入代替産業　56
資本主義社会　193
資本逃避　48
社会主義　193
借款　138
収穫不変　217
重債務国　49
収斂基準　168
需要管理政策　141
証券化　93
昭和恐慌　16, 19
食料補助金　48
所得移転　61
所得再分配政策　166
新国際経済秩序　44
新古典派経済学　127, 128
シンジケート・ローン　51
新平価金解禁　20
新保護貿易主義　132
信用状　190
スタグフレーション　34, 36
スミソニアン協定　32
政策協調　40
政策金利　205
清算金　211
静態的比較優位　131

索　引

制度学派　166
世界恐慌　6, 12
世界銀行　29
世界食糧会議（WFA）　43
世銀の構造調整アプローチ　127, 131
絶対生産費説　213
絶対的貧困　46
絶対優位　21

た　行

第一次オイルショック　34
第二次オイルショック　34
高橋是清　2
兌換紙幣　1, 25
田中義一　4
WTO　200
中央銀行　2
賃金標準化　173
適正規模の政府　170
デット・サービス・レーシオ　42
デット・リリーフ　58
動態的比較優位　132
徳政令　118
特化　213
特恵関税　185
ドル・石油・リンク制　33
ドル建て　11, 33

な　行

ニクソンショック　30
日銀特融　13

は　行

ハイパーインフレーション　195
バターン原子力発電所　134
浜口雄幸　5, 7
原敬内閣　2
パリ・クラブ　89
バンコール　29
汎ヨーロッパ運動　163

BIS　93
比較生産費説　41
比較優位の理論　41
ファシズム　21
付加価値税　202
不換紙幣　ⅰ, 31
不胎化　6
プラザ合意　39
ブラジル債務危機　73
ブラジルのモラトリアム宣言　64
ブラッドレー提案　57
不良債権　3
ブレイディ提案　75, 80
ブレグジット　179
ブレトン・ウッズ体制　29, 31
ベーカープラン　57
変動相場制　31
法人税率　155
ホワイト案　29

ま　行

マーストリヒト条約　165
マクロ経済政策　128
マジャールスズキ　176
マネーフロー　118
マネタリズム　90
マルクス経済学　28
マルコス政権　103, 134
満州事変　19, 27
ミクロ経済政策　128
宮沢構想　72
宮沢・ブレイディ提案　88
ミュルダール　166
ミル，J. S.　16
民営化　138
民主主義　194
名目利子率　50
メキシコ債務危機　86
メニューアプローチ　82
モノカルチャー（単一作物栽培）　222

229

モラル・ハザード　59

や　行

EURATOM（欧州原子力共同体）　164
ユーロダラー　35
ユニタス　29

ら　行

リスケジュール（債務返済繰り延べ）　58
リスボン条約　179
リーマンショック　197

流動性選好　27
累積債務問題　36, 41
レーガノミクス　36, 44
労働価値説　216
労働集約型産業　42
ローマ条約　179

わ　行

若槻礼次郎　18
ワシントン軍縮条約　2

著者略歴

尾﨑 正延

1947年　東京江戸川区に生まれる
1977年　早稲田大学大学院経済学研究科博士前期課程修了
1981年　明治大学大学院政治経済学研究科博士後期課程単位取得満期退学
現　　職　神奈川工科大学教授（2018年3月現在）
主要著訳書　J.M. ジャヌネ著 "Pour Un Nouveau Protectionnisme" 『新保護貿易主義』（共訳，学文社，1985年）。『新版経済学要論』（学文社，1999年）。日本民俗経済学会編『民俗経済学研究 I 』（共著，青山社，2003年）。日本民俗経済学会編『グローバル化と民俗文化—民俗経済学研究 II —』（共著，現代図書，2005年）。日本民俗経済学会編『地域経済と民俗文化—民俗経済学研究 III —』（共著，現代図書，2008年）。『現代社会を読み解く知』（共著，学文社，2016年）　他
主要論文　"Une Etude sur le Plan de Miyazawa"『神奈川工科大学研究報告A』人文社会科学編第17号，1993年. Political and Economic Position of Serbia From Patriotic Citizen's Viewpoint, *Research Reports of Kanagawa Institute of Technology*, Part A. No.A-34, 2010.

リベラル世界経済論　　　　　　　　　●検印省略

2018年3月10日　第1版第1刷発行

編著者　**尾﨑　正延**

発行者　**田中千津子**

〒153-0064　東京都目黒区下目黒3-6-1
電話　　03 (3715) 1501 (代)
FAX　　03 (3715) 2012
http://www.gakubunsha.com

発行所　株式会社 **学文社**

©2018 Ozaki Masanobu　　Printed in Japan　印刷　東光整版印刷
乱丁・落丁の場合は本社でお取替えします。
定価はカバー・売上カードに表示。

ISBN 978-4-7620-2783-3